SANANDO la HERIDA **MATERNA**

Aura Medina de Wit

SANANDO la HERIDA MATERNA

Limpia el espejo de tu linaje femenino,
cultiva tu verdadero ser

AGUILAR

El papel utilizado para la impresión de este libro ha sido fabricado a partir de madera procedente de bosques y plantaciones gestionadas con los más altos estándares ambientales, garantizando una explotación de los recursos sostenible con el medio ambiente y beneficiosa para las personas.

Sanando la herida materna
Limpia el espejo de tu linaje femenino. Cultiva tu verdadero ser

Primera edición: febrero, 2022

D. R. © 2021, Aura Medina de Wit

D. R. © 2022, derechos de edición mundiales en lengua castellana:
Penguin Random House Grupo Editorial, S. A. de C. V.
Blvd. Miguel de Cervantes Saavedra núm. 301, 1er piso,
colonia Granada, alcaldía Miguel Hidalgo, C. P. 11520,
Ciudad de México

penguinlibros.com

Penguin Random House Grupo Editorial apoya la protección del *copyright*. El *copyright* estimula la creatividad, defiende la diversidad en el ámbito de las ideas y el conocimiento, promueve la libre expresión y favorece una cultura viva. Gracias por comprar una edición autorizada de este libro y por respetar las leyes del Derecho de Autor y *copyright*. Al hacerlo está respaldando a los autores y permitiendo que PRHGE continúe publicando libros para todos los lectores.

Queda prohibido bajo las sanciones establecidas por las leyes escanear, reproducir total o parcialmente esta obra por cualquier medio o procedimiento así como la distribución de ejemplares mediante alquiler o préstamo público sin previa autorización.
Si necesita fotocopiar o escanear algún fragmento de esta obra diríjase a CemPro (Centro Mexicano de Protección y Fomento de los Derechos de Autor, https://cempro.com.mx).

ISBN: 978-607-380-967-2

Impreso en Colombia – *Printed in Colombia*

*Tu tarea no es encontrar el amor
sino sólo buscar y encontrar todas las barreras
que has construido en contra de él.*
Rumi

Índice

Introducción 11

Primera parte. MUJERES BUSCANDO

Una madre 19
La herida que rompió el espejo................................... 22
De desamores y vacíos emocionales........................... 59
El nido narcisista 91
Hija buena-hija mala 116
Simbiosis con mamá... 145
La eterna danza entre lo femenino y lo masculino ... 172
La mujer en el espejo roto 192
De niñas heridas a sacerdotisas.................................. 216
Mi cuerpo, mi templo... 231

Segunda parte. MUJERES SANANDO MUJERES

Luz y sombra de los arquetipos femeninos 251
Abrazando mi energía femenina 277

Bibliografía.. 321

Introducción

Empecé este libro justo cuando cerraba un ciclo de vida con mi madre.

Mientras escribía esta primera hoja, sentada en su comedor, enfrente de mí, mi hermana Patricia trabajaba en su propia laptop, mi hija Dassana y mi sobrino Max revisaban los estantes de la cocina, y separaban lo que era para empacar, lo que se iba a tirar y lo que alguien quisiera llevarse, y entre empacada y empacada echaban ojo a las fotos que mi madre rescataba, literalmente, del baúl de los recuerdos, y se reían de cómo nos veíamos a la edad de ellos.

Yo veía de reojo todo lo que estaba sucediendo a mi alrededor, pensaba: "En pocos días esta casa estará vacía, mi madre ya no vivirá en ella y todos estos muebles que han estado con ella por años se habrán repartido, lo mismo los cuadros, esculturas, casets viejos, macetas y cosas que no se llevará con ella a Jalisco".

Durante varias semanas estuvimos revisando tanta chuchería guardada, tantos referentes a diferentes épocas desde que mis padres eran jóvenes, se casaron, nos tuvieron, crecimos, bodas, bautizos, etc. En esos días me fueron invadiendo muchas emociones, miedo quizá la más fuerte. Miedo de asomarme a la ventana del estudio —vivía justo atrás de la casa de mi madre— y ver su casa vacía. Por las mañanas me gustaba asomarme y checar si la cortina de su recámara ya estaba abierta, lo cual indicaba que ella ya había despertado; a veces la veía ya en la cocina, preparando su desayuno, una naranja cortada a la mitad con chile piquín, un huevo, una tortilla y después café con pan dulce. Todos los días lo mismo, a menos que fuéramos a desayunar a otro lugar.

Escribo esto con mucha nostalgia y añoranza, ya que hace dos meses que mi madre se fue a Jalisco. Antes de irse se quedó con nosotras —mi hija y yo— en la casa a donde nos mudamos hace poco, en un arranque espontáneo por haber encontrado una casa con un gran jardín y una vista sensacional afuera de San Miguel. Esas semanas no pude escribir casi nada. Además de ella, estaba mi hermana Patricia, que prolongó su estancia para apoyar a mi madre y a mí en el proceso de la mudanza. Fueron unas semanas muy lindas. Yo estaba nerviosa porque entonces tenía dos perros y mi madre nunca fue fan de los animales, me daba miedo que la tiraran al salir al patio o que la molestaran, pero nada de esto pasó, se portaron bastante bien y ella incluso se acostumbró a tenerlos cerca.

Como ya comenté, durante las semanas que estuvo en casa no me sentía con ganas de escribir, no sé exactamente qué pasaba, pero me sentaba y no salía nada, o algunas palabras que luego borraba. Decidí relajarme y disfrutar que ella y mi hermana estaban de visita y así lo hice. Patty se fue y unos días más tarde me fui a Jalisco con mi hermano a llevar a mi madre al rancho de mi otro hermano.

De regreso en casa, ya sin la presencia de mi madre o mi hermana, dos figuras femeninas sumamente importantes para mí, pude sentarme y retomar la escritura, intentando quitarle importancia al hecho de no haber podido escribir mientras mi madre estaba en mi casa.

Decidí tomarme el tiempo para indagar un poco qué pasaba en mí, y encontré miedo de traicionar a esa madre, a esa mujer que hoy a sus 82 años no tiene nada que ver con la madre dura y a veces demasiado severa de la que hablo en este libro y con la que tantos conflictos tuve durante mi vida.

Introducción

Y digo esto en un sentido totalmente positivo. Mi madre, como comento en un capítulo, rompió con la rigidez de muchas de sus estructuras familiares. Se abrió a tomar terapia, a probar la meditación y no sólo a probarla, se convirtió en una de las practicantes más entregadas y disciplinadas de vipassana primero y de otras escuelas tibetanas después.

Sí, en esencia sigue siendo la misma mujer de siempre, pero sus maneras, su personalidad cambiaron, suavizándose y dulcificándose; mi madre de hoy está más allá de las formas y las dificultades de nuestra relación y de algún modo es como si yo estuviese protegiéndola al escribir acerca de esas dificultades y de cómo muchas cosas que vivimos me afectaron tan profundamente.

Decidí retomar la escritura con mucho respeto hacia ella, pero también desde la visión de lo que para mí ha sido real y verdadero. Los eventos, los ejemplos de este libro están por supuesto basados en mi propia percepción de las personas que describo, las situaciones que viví y en mi sensación de cómo afectaron mi vida.

Seguramente mis hermanos y muchas de las personas con las que crecí tienen sus propias percepciones y quiero ser clara en que mi perspectiva no es la verdad absoluta, es tan sólo eso, mi propia impresión.

A mi madre le agradezco profundamente la vida y lo que me dio, tomo lo que me sirve, que es mucho, y dejo atrás todo aquello que no funciona para mí. Y, sobre todo, me hago responsable de mis limitaciones, de mis carencias, de mis dificultades soltándola a ella y a mi padre con respeto y agradecimiento y sobre todo con mucho amor.

En los años que llevo de investigar y experimentar con el tema de la codependencia siempre me ha llamado la atención este primer vínculo madre-hija. Como he comentado y seguiré profundizando a lo largo de este libro, siempre sentí que mi relación con mi madre era particularmente difícil, de hecho, sé que lo fue. Pero lo atribuía a las grandes diferencias de temperamentos de ambas.

Sí, es cierto, esas diferencias existen, aunque también compartimos características muy similares que antes no supe ver, pero ahora puedo darme cuenta de cómo por años hemos proyectado una en la otra situaciones emocionales no resueltas, en especial nuestro daño tan profundo en la parte femenina y cómo ambas nos posicionamos en lo masculino para salir adelante, sacrificando nuestra suavidad, intuición, sabiduría y amor hacia nosotras mismas, y esto es justo lo que me comprometí a sanar y recuperar en todos estos últimos años.

He visto cómo por años una parte mía muy inconsciente le seguía exigiendo a mi madre la restitución de lo femenino, pretendiendo que fuese ella quien resolviera esas carencias emocionales y mis dificultades como mujer. Esto creó una relación conflictiva, codependiente y difícil de manejar para ambas. Y también me provocó una situación de estancamiento en mi propio desarrollo. Me quedé atorada con una parte mía que se negaba a crecer hasta que mamá me pagara la deuda.

Así pues, este libro nació de esa búsqueda interna, de querer entender y poder resolver esa codependencia. Con los años y a través del trabajo terapéutico me di cuenta de lo importante que ha sido mi madre para mí y de lo mucho que eso me molestaba, y de cómo proyecté esa necesidad de ser cuidada, nutrida, amada, aceptada en las parejas de mi vida.

Trabajar conmigo, aprender a convertirme en mi propia madre, darme lo que tanto he buscado afuera, ha sido un gran logro en mi vida. Y eso es lo que pretendo compartir en este libro.

En mi trabajo veo muchas mujeres con dones y fuerza increíbles, mujeres atoradas en el miedo y en la falta de confianza en sí mismas, que por un lado logran mucho en el hacer, pero son como niñas en cuestiones de relaciones y por ende se unen con parejas igualmente inmaduras.

Me identifico con muchas de ellas, reconociendo lo importante que es resolver los temas con la madre, ya que si no lo hacemos nos

Introducción

pueden llevar a sabotear nuestra vida a partir de las culpas, vergüenzas e inseguridades.

Este libro ha sido el resultado de varios años de leer, investigar, estudiar el trabajo de otras mujeres en este mismo tema. He encontrado verdaderos tesoros en esta búsqueda y elegí aquellos libros, autoras, psicoterapeutas que más me han ayudado en mi propio proceso para compartirlos aquí. Hay mucho afuera, quisiera tener la capacidad de sintetizar todo lo que he leído y plasmarlo en este libro, aunque me parece que no terminaría, pero me ha dado mucha alegría darme cuenta de la cantidad de mujeres que estamos en este mismo intento de sanación y autodignificación.

Al crear este libro he ido tejiendo mis reflexiones con ideas y palabras de otras personas. Me siento muy bendecida por todo lo que he aprendido y trabajado en paralelo a la escritura durante estos meses, ha sido literalmente un proceso de terapia, con catarsis incluida para mí.

Quiero aclarar que éste no es un libro contra las madres. Yo soy madre y si de algo me he percatado es de todos los errores que cometí, por ello es importante hacer esta lectura desde la perspectiva de hijas.

Como indica Bethany Webster en la introducción de su libro *Discovering the Inner Mother* (Descubriendo a la madre interior): "Es desde la perspectiva de hijas que sanamos la herida materna. A medida que nos vamos haciendo más conscientes de las formas en que fuimos criadas y el impacto que esta crianza tuvo en nosotras, nuestra manera de ser madres seguramente irá cambiando de forma positiva y como resultado, crearemos vínculos más fuertes y sanos con los hijos".

Recordemos que somos más que hijas y madres, somos mujeres, seres en continuo desarrollo y crecimiento y hay una vida de luz y brillo esperándonos más allá de nuestras historias de niñez, de nuestras carencias y heridas.

Abracemos la mujer que somos, abracemos nuestros dones sin vergüenzas, culpas, miedos. Encarnemos a la Conciencia Femenina amorosa, benevolente y compasiva que duerme dentro de nosotras, esperando despertar.

Los seres humanos estamos muy confundidos acerca del poder. Hombres y mujeres. No puedo hablar por ellos, pero como mujer me he perdido intentando encontrarlo afuera. Con los años, las experiencias y el trabajo personal he ido entendiendo que ese poder está adentro, por eso no lo había podido encontrar.

EL PODER FEMENINO NO ES ALGO QUE TENGAMOS QUE BUSCAR, ES ALGO QUE SIMPLEMENTE TENEMOS QUE ASUMIR.

PRIMERA PARTE
MUJERES BUSCANDO

Una madre

Está allí, pero está ausente. Está allí, pero sus fantasmas la tienen tomada. La habita un remoto sufrimiento que apenas le permite reparar en los demás. Tiene tres hijos: dos varones y una niña. Viven en Indochina. Son muy pobres. La madre es viuda, profesora en una escuela primaria. Su hija, Marguerite Donnadieu, se convertirá en una de las más grandes escritoras en lengua francesa. *El amante*, su novela más conocida, retoma los temas que la obsesionan y que estaban ya escritos de manera más detallada en la que me parece la más bella y tremenda de sus obras: *Un dique contra el Pacífico*. Pareciera que el amante es un hombre chino. Pareciera que ése es el centro de la historia. Pareciera, porque casi podría afirmar que el verdadero amante de Marguerite Duras fue su clan. La madre. El vínculo cerrado con su madre y con sus hermanos. El vínculo con la humillación y el dolor.

"Nuestra madre no previó eso en lo que nos convertimos a partir del espectáculo de su desesperación", escribe Marguerite, quien en algún momento decidió cambiar su apellido y adoptar el Duras, nombre de la comuna francesa de donde viene el padre muerto. Como si quisiera convocarlo sólo para ella al convocar sus paisajes. Ya no se apellida como sus hermanos, sino como ella misma. La ausencia del padre coloca a Marguerite y a Marie, su madre, frente a frente. La relación madre-hija. Una relación de especularidad, sin duda, que en algún momento tiene que mitigarse. Más vale pronto que tarde. Pero Marie no tiene el tiempo de pensar en su hija, tampoco le interesaría dejarla libre, separarse. Esa niña, esa adolescente, esa continuidad suya encarnada está en el mundo para resolverle la vida. Para ser la esponjita que bebe sus dolores. Para salvarla.

No importa cuán lejos Marguerite intente fugarse, no importa cuánto escriba, la desgracia de la madre se asoma por las ventanas. Y, entonces, escribe de mujeres. Mucho. Las interpela. Las indaga. Se obsesiona con dos arquetipos femeninos: la bella y sofisticada Anne-Marie Stretter y su antítesis: la mendiga. La más deseada y la más olvidada. La más hermosa y la más repulsiva. El canto de la mendiga. Marguerite bebe mucho. Más de lo que el cuerpo aguanta. Cae en coma etílico. Va al hospital. Regresa y sigue escribiendo. ¿Qué son las feminidades?, ¿qué es ser mujer?, ¿por qué hay mujeres miradas y mujeres que no? Mujeres amadas y mujeres que no. La madre sólo miraba al hermano mayor. Su preferido. Si es que le fue dado mirar a alguien. Se colocaba en el centro. Siempre. La madre. Y Marguerite caminó toda su vida en una especie de cuerda floja entre el anhelo de ser mirada y la sensación de invisibilidad. Existir para alguien, desesperadamente.

Afirmando su existencia y dudando de su existencia. "La madre loca", escribe. ¿Acaso se hereda la locura?, ¿acaso se mama?, ¿se contagia? La madre compró una propiedad para sembrar. Soñaba ya con sus riquezas. La madre sueña mucho y alto y sus sueños cada vez se estrellan. La propiedad se inunda. La madre decreta que será capaz de construir diques (con costales) que detengan la fuerza del Pacífico. No lo logró, claro. La compra fue una estafa. La vida se convierte en una repetición de la desdicha materna. Cuánto líquido que anega en la vida de Duras. Las lágrimas constantes de la madre. El mar que arrasa con las esperanzas. El alcohol.

Releí fragmentos de *Un dique contra el Pacífico* cuando la Chatita me pidió este texto. Hay tanto que aprender en el vínculo de Marguerite con su madre. En la manera en que la madre se apropió de cada uno de sus hijos y los conflictuó entre ellos. Y los llamó a negarse. En aras de su amor por ella: negarse.

Se atraían y se repelían los hermanos, como imanes. Se avergonzaban unos de otros. Se avergonzaban de la madre, sobre todo, de su impudicia. La madre, como el Pacífico, lo invadía todo. No supo entender de singularidades, ni de existencias separadas. No le era dado imaginar separar-se. Su hija huyó, sí, como pudo, pero ¿cómo se huye de la madre introyectada? La que traía consigo a donde quiera que fuese. Cuánto quiso amarse, Marguerite. Cuánto se odió. Ese aprendizaje que tuvo tan temprano en la vida y que la marcó tanto: odiarse, avergonzarse de sí misma. En una entrevista le preguntaron por la relación con Marie, y Marguerite respondió: "Era demasiado tarde para reencontrarse. Ya no la quería. Sucedió de pronto, así, como se desama a un amante". Tal vez sucedió como ella dijo. Tal vez.

María Teresa Priego-Broca
Feminista (Tendencia retro)
Maestra en Estudios de lo Femenino, Universidad París 8
Candidata a Doctora en Subjetividad y violencia, Colegio de Saberes.
Escritora. Traductora.

Y gran amiga de mi infancia… Gracias, Tere

CAPÍTULO 1

La herida que rompió el espejo

La herida materna no es algo que nos deba avergonzar o que necesitemos evadir. Es una puerta a nuestro poder y potencial totales.

BETHANY WEBSTER

Quiero comenzar con los siguientes poderosos párrafos del libro *Mi madre, yo misma*, de Nancy Friday, autora estadounidense que escribió sobre sexualidad y liberación femenina. Cuando Nancy inició su trabajo de investigación en la década de los setenta, no existía ningún otro trabajo que explorara la relación madre-hija y la necesidad de las mujeres de profundizar en este asunto si realmente deseaban encontrar su propia identidad.

> A mi madre siempre le he mentido. Y ella a mí. ¿Qué edad tenía yo cuando aprendí su lenguaje, cuando aprendí a llamar a las cosas por otros nombres? ¿Cinco, cuatro? ¿Era tal vez más pequeña? Su negativa, al enfrentarse con algo que no podía decirme, que su madre a su vez no había podido decirle a ella, y sobre lo cual la sociedad nos había ordenado a ambas que guardáramos silencio, entorpece todavía hoy nuestra relación.
>
> A veces intento imaginarme una pequeña escena que nos hubiera servido de ayuda a las dos. Mi madre, adoptando un

aire amable, cálido, reservado y al mismo tiempo desaprobador de su propia conducta, me hace entrar en el dormitorio, en el que duerme sola. No tiene más de veintiséis años. Yo tal vez seis. Colocando sus manos (unas manos que su padre le recomendó que procurara mantener ocultas porque eran "grandes y carecían de atractivo") sobre mis hombros, fija su mirada directamente en mis ojos, a través de los cristales de mis gafas de montura de acero, y me dice: "Tú sabes, Nancy, que el papel de madre no se me da bien. Tú eres una chiquilla encantadora y no tienes culpa de nada. Pero es que me cuesta trabajo adoptar una actitud maternal. De modo que cuando veas que no me parezco a las otras madres, esfuérzate por comprender que ello no se debe a que yo no te quiera. Al contrario, te quiero de verdad. Pero me siento confusa. Sé algunas cosas, e intentaré enseñártelas. En cuanto a lo otro, a lo del sexo y todo lo demás, lo cierto es que no puedo tratarlo contigo porque no sé a ciencia cierta de qué forma tales cuestiones han quedado ensambladas en mi vida. Intentaremos dar con otras personas, con otras mujeres que puedan hablarte y llenar esos huecos. No puedes esperar que yo sea en toda su extensión la madre que tú necesitas. En algunos aspectos, me siento más cerca de ti que me sentí en otro tiempo de mi madre. No experimento esa serena, divina y básica certidumbre que tú supones que ella sintió en un momento semejante. Abrigo todo género de inseguridades en cuanto a la forma de criarte. Pero tú eres un ser inteligente, igual que yo. Tu tía te quiere, tus maestros sienten ya crecer una necesidad en ti. Con su ayuda y con la que yo pueda aportar, procuraremos que te hagas con toda la carga maternal, con todo el amor del mundo. Sucede, solamente, que no puedes esperar obtenerlo todo de mí."

Una escena que nunca hubiera podido ocurrir.

Sanando la herida materna

Cuando me encontré con este libro, en 1992, vivía en Milwaukee, Wisconsin. Caminaba en un día helado de invierno por una calle cubierta de nieve, muerta de frío, tratando de matar el tiempo para recoger a mi hija de alguna de sus clases buscando un lugar donde resguardarme un poco del clima mientras llegaba la hora de que Ligia-Dassana saliera de la YMCA. Al otro lado de la calle vi una pequeña librería y me encaminé hacia ella; a la entrada había una pila de libros ya usados a precios muy rebajados y empecé a hurgar sin pensar en comprar nada, sólo como distracción y para calentarme un poco. Me llamó mucho la atención el título de un libro: *My Mother, Myself...* sin pensarlo demasiado lo tomé, lo empecé a hojear y me atrapó lo que leí... justo este pequeño párrafo que comparto al inicio... mentiras, ¿mi madre me mentía? ¿Cómo? Para mí era claro que yo le mentía, y mucho. Con ella no había manera de hablar de lo que realmente sentía, pensaba y mucho menos de lo que hacía, pero nunca lo había visto de la forma en que la autora lo ponía, y claro, lo compré y me fui muy satisfecha a sentarme dentro del carro encendido —con la calefacción prendida— a esperar a mi hija y a seguir leyendo. En esos años aún no existían las maravillosas librerías-cafeterías que tenemos hoy; comprabas el libro y te ibas a leerlo a otro lado.

Hasta este libro, siempre pensé que yo era totalmente diferente a mi madre, de hecho, eso fue lo que escuché por años: "A ti no te parió tu madre, te tuvo tu padre", "eres igualita a tu padre", "seguro eres hija de un voladito de tu papá".

Aunque mi relación con mi madre fue bastante difícil, por años pensé que era porque yo estaba mal, muy mal. Mi madre, y mucha gente me lo repitió durante mis años de adolescente rebelde, era una mujer extraordinaria, trabajadora, entregada y luchona, y cuando mi padre se fue por problemas financieros que él mismo causó, ella se hizo cargo de nosotros cinco, tomando varios trabajos y viendo que siempre estuviéramos bien. Gracias a ella y a su padre, mi abuelo, tuvimos una adolescencia relativamente buena, pudimos seguir estudiando en buenos colegios, seguir viviendo en nuestra casa, salir de vacaciones, nos apoyó con clases, de niños nos enseñó a nadar, a hablar inglés, nos dio la disciplina del ejercicio, del estudio y del trabajo.

Durante mis años de prepa, los tres mayores trabajamos y aprendimos a ganar dinero que podíamos gastar en nosotros; fue bastante justa en cuanto a tratarnos igual a hijos e hijas —aunque más tarde pude ver que en lo profundo sí existía una cierta preferencia por mis dos hermanos hombres—; nos hizo personas independientes y siempre con la idea de lograr un título universitario y ampliar nuestros horizontes estudiando y viajando, de hecho, logró incluso que mi hermana y yo nos fuéramos un año a Canadá al terminar la prepa. Mi hermano mayor ya había estado un año en Estados Unidos cuando era más pequeño, invitado por mis abuelos paternos, entonces ella quiso darnos algo parecido a las dos hermanas.

Cuando mi madre tuvo que divorciarse, se enfrentó con gran dignidad a una sociedad que no aceptaba el divorcio como algo "adecuado", muchas amigas e incluso familiares le dieron la espalda o la criticaban en todo lo que hacía y no faltó el "amigo" que intentara aprovecharse de su situación… ésta es la forma en que yo percibí a mi madre.

Entre más leía el libro, más me sentía confundida, mi madre no era para nada como aquella que Nancy Friday describía. Una madre del sur de Estados Unidos, totalmente convencional, sin mayores ambiciones que la de ser una esposa y una madre modelo a los ojos de una sociedad tradicional y absolutamente patriarcal y que pretendía que sus hijas siguieran este mismo camino. Nancy Friday no quería ser como su madre, luchaba por no ser como ella, incluso acepta cómo ella rechazaba la vida que su madre tenía, en cambio yo ni siquiera me atrevía a compararme con la mía; mi madre era, como ya lo dije, extraordinaria, casi perfecta —así la veía entonces—, en cambio yo era una niña, una adolescente demasiado emocional, demasiado complicada, demasiado conflictiva, demasiado envidiosa, demasiado esto y demasiado aquello, era demasiado de demasiadas cosas negativas, pero nunca suficiente cuando se trataba de lo bueno, yo no le llegaba ni a los pies a mi madre.

Dejé entonces de leer ese libro que no tenía respuestas para mí y que me llevaba a la misma conclusión: *si yo tenía problemas con mi madre, era porque yo estaba mal*. Cerré el libro y lo guardé, llevándolo conmigo a todos los lugares a donde después viajé. Curiosamente nunca me deshice de él, hubo tiempos en que por mudanzas o por generosidad regalaba libros que ya no quería o que quería compartir con alguien y éste siempre permaneció conmigo, de una casa, de una ciudad, incluso de un país a otro como si inconscientemente lo estuviera guardando para algún día abrirlo de nuevo e intentar una vez más encontrar respuestas que en ese momento no veía.

Cuando decidí divorciarme regresé a casa de mis padres, que se habían vuelto a casar (sí, entre ellos). Mi relación con mi madre había cambiado un poco, yo era madre de una niña de cinco años y me sentía totalmente perdida, no tenía trabajo y dependía de ellos en muchos sentidos. La verdad es que me aterraba vivir sola con mi hija; desde que ella nació sentí miedo de no poder ser una buena madre, de no saber cómo criarla bien, cómo educarla, cómo guiarla… hoy finalmente reconozco que yo no tenía instalado un buen programa de "cómo ser madre". Mi madre, con todas sus grandes cualidades y logros, muy especiales en una mujer de aquella época, tampoco supo crear vínculos profundos emocionales conmigo. Cuando tuve a mi hija, yo seguía, sin saberlo entonces, en el papel de la hija "mala" que buscaba ansiosamente esa mirada de aprobación en mi madre, y al no sentirla, reaccionaba rebelándome y conduciéndome de formas autodestructivas. No tenía el espacio de convertirme en madre para mi hija. Tan fue así que por eso corrí a casa de mis padres al separarme, buscando de forma inconsciente que mi madre se hiciera cargo de ella, al menos en cuanto a lo emocional.

No puedo, o no quiero hablar de cómo se sentían mis demás hermanos y hermanas, porque sería una interpretación mía, no la verdad de ellos. Ésta es mi experiencia y he aprendido que cada hijo, cada hija forma una relación diferente con los mismos padres. Y también he comprendido que el convertirnos en madres no borra los traumas y las dificultades que traemos con nosotras, y hay hijos, hijas que, por compatibilidad, por temperamento, por las mismas proyecciones de las cuales hablaremos más adelante, son más afines a llevarse mejor con uno u otro padre.

En estas familias que hoy conocemos como disfuncionales, y definitivamente la mía lo era, hijas e hijos toman roles en un esfuerzo por adaptarse a la intrincada red familiar. Para mi padre, yo fui algunos años la Hija Dorada, la que a sus ojos tenía todo para ser la triunfadora —esto cambió con los años—. Para mi madre, y para mucha de su familia que era muy cercana a nosotros, yo no cumplía con ciertos requisitos, entre ellos el de ser totalmente obediente como a ella le habían enseñado que los hijos, sobre todo las hijas, tenían que ser. Recuerdo una anécdota que nuestra madre nos repitió durante años, supongo que en su esfuerzo de hacernos un poco más a su manera.

Ella y su hermana mayor fueron enviadas a la Ciudad de México a vivir con su abuela, mi bisabuela, madre de su madre, a la edad de nueve años, para estudiar en una mejor escuela, dado que ambas eran buenas estudiantes y las escuelas de Villahermosa en esos años eran muy básicas. Mi bisabuela Aura, de allí viene mi nombre y el de mi madre, era una mujer amable, pero muy seria. Viuda desde muy joven, siempre con un chongo y ropa de color oscuro. Con ella vivía la tía Alicia, Mami Alice, como le decíamos, mujer mayor que en algún tiempo estuvo casada pero el marido le salió bígamo, y ante esa gran vergüenza, mi bisabuela la divorció o anuló su matrimonio, no lo sé muy bien, se la llevó a vivir con ella enterrando esa terrible historia y por supuesto nunca más tuvo otro hombre en su vida, dedicándose a su madre y a actividades propias de mujeres decentes. Siempre se le conoció como la señorita Alicia.

La anécdota a la que me refiero es que mi madre y tía eran tan obedientes con la abuela, que cuando les prestaba una revista y les decía que no leyeran de tal a tal página, ellas así lo hacían. Cuando escuchaba esto yo siempre pensaba que si a mí me dieran esas instrucciones, justo serían las primeras páginas que leería. Creo que esa diferencia entre mi madre y yo era lo que le asustaba de mí y que yo percibía como rechazo y desaprobación de su parte.

El problema es que muchas madres narcisistas, por su propia inmadurez emocional, intentan imponer sus formas de vida principalmente a sus hijas desde este narcisismo, las ven como una extensión de sí mismas puestas en esta vida para satisfacer esas necesidades infantiles propias, en vez de verlas como seres independientes de ellas, que necesitan aprobación, afecto, aceptación y guía para ir descubriendo sus dones, sus talentos y sus propios deseos de vida. Esto le pasó a ella, mi madre, y yo lo repetí con mi hija.

EL ESPEJO ROTO

Mientras uso esta metáfora, me imagino explicándola durante el taller que imparto sobre el tema madre-hija. Utilizo un espejo roto e invito a las participantes a mirarse en él. Por la quebradura, la imagen está distorsionada, no es posible verse tal como en realidad son. Esto es justo lo que nos pasó cuando éramos pequeñitas.

Cuando somos tan niñas necesitamos vernos en la mirada de nuestra madre, mirar nuestro reflejo para poco a poco ir sintiendo quiénes somos. Y tiene que ser nuestra madre la que nos sirva de espejo.

La herida que rompió el espejo

El profundo vínculo energético, la conexión a muchos niveles es con esa mujer, ninguna otra la puede reemplazar. Puede ayudar, pero no sustituir.

Cuando nacemos obviamente no hay una comprensión de quiénes somos, sólo somos, no hay conciencia, somos energía pura. Y como esponjitas absorbemos lo que existe en el entorno. En especial percibimos a mamá, nuestro centro en ese momento. Y me atrevo a decir que la percibimos de manera más pura y total de lo que ella misma se percibe.

En ese momento somos energía en constante movimiento, llanto, gritos, balbuceos, sonrisas, poco a poco desarrollándonos, pero aún no tenemos idea de quién somos… todavía no hay esa conciencia y en esa energía estamos haciendo lo que cualquier bebé hace: descubriéndonos y poco más tarde descubriendo el entorno. Y así será este proceso, poco a poquito, día con día develando nuestro propio ser en los ojos de nuestra madre, que en los primeros meses para nosotros lo es todo.

Y cuando escribo todo, me refiero a todo. En ese tiempo energéticamente estamos en absoluta simbiosis con mamá —o al menos así debería ser—. La bebé —el bebé también, pero estamos hablando de ellas— no tiene una idea de que es un ser separado de esa madre.

Y aquí me detengo un momento para moverme al lugar de la madre. En mi experiencia propia, de trabajo con tantas mujeres y pláticas con amigas que han tenido niñas, vale decir que muchas reconocemos haber sentido algo similar ante el nacimiento de esa hija: nace la bebé, esa niña que es tan igual a ti —porque en el caso de un niño es una experiencia diferente—, la niña es un ser que es exactamente como tú o como yo: una mujer.

Para nosotras las madres, e insisto, hablo de mi experiencia y de la de otras mujeres que la han compartido conmigo, de pronto surge tanto miedo, tantas inseguridades, y hasta algo de enojo porque esas "cosas" que una pensaba ya enterradas, superadas, que ya se habían quedado atrás, de pronto regresan, surgen quizá hasta con más fuerza y hay confusión y la gran pregunta: *¿qué va a pasar con esta niña?* Seguro tendrá que vivir cosas difíciles como yo las viví: traiciones, humillaciones, abandonos, confusión, miedo, vergüenza. Muchas cosas que le romperán el corazón, como me lo rompieron a mí.

Surgen pensamientos y sentimientos como estos y otros más, en general de manera inconsciente. Y no es que nos permitamos como madres enfrentar todo esto. ¡No, absolutamente no! El mundo (posiblemente más mi madre que los demás) tiene que pensar que sé lo que estoy haciendo, que sí podré con esta tarea de ser madre, al menos demostraré que soy una mujer capaz de criar a mi hija y llevarla a ser una mujer de bien. O algo así, quizá no con estas mismas palabras, pero por ahí va la cosa.

Y claro, nos lo tragamos todo: miedo, ira, desconfianza, terror…

Y llega la temida depresión posparto, y si de nuevo me baso en mi propia experiencia, estoy segura de que se debe —al menos en parte— a esas emociones no expresadas, a la sensación interna de no ser suficiente, y la pregunta queda dando vueltas en la cabeza sin ser tomada en cuenta: *¿qué voy a hacer?* ¿Cómo voy a lograr que mi hija, que es mujer, que es niña, pueda vivir una vida diferente a la mía? Esto a menos que la madre haya tenido una buena infancia, buena adolescencia y sus circunstancias sean favorables, lo cual se sale de la generalidad. Digamos que en culturas tan patriarcales como en las que la mayoría hemos crecido, no fue, ni ha sido fácil ser mujer.

Tristemente, en vez de reconocerlo como mujeres, también hemos participado en esto, con nuestros silencios, nuestro no querer "hacer olas", no querer cuestionarnos pero sí cuestionar la forma en que fuimos educadas y tratadas por nuestras madres y mujeres de la familia. La mayoría callamos cualquier inquietud, o nos la callan y continuamos haciendo lo mismo que nuestras madres y abuelas.

Este "hacer lo mismo" implica repetir condicionamientos, patrones de conducta, mecanismos de defensa totalmente disfuncionales, creencias, ideas erróneas que continuamos pasando de generación en generación, de abuelas a madres, de madres a hijas y de hijas a nietas y así nos vamos.

Quizá leer estos párrafos te mueva y aproveches la oportunidad para echar una mirada a tu espejo roto —hoy internalizado— y con cuidado y compasión notar la imagen que refleja y que te ha definido por años. Es posible que sea una imagen distorsionada dado que es un espejo roto.

Por lo general cuando las madres no hemos hecho un trabajo profundo y sanado nuestra propia herida materna, vemos a nuestras hijas como un reflejo de nosotras mismas, como si esa bebé fuese yo misma y yo por otro lado me transformo en todas las mujeres de mi linaje, y ellas se asoman a través de mis ojos, de las puertas de mi alma, y entonces lo que le transmito a mi hija es el reflejo de los miedos, vergüenza, desconfianza, ira de todas estas mujeres y mi propia sensación de ser inadecuada, de ser insuficiente.

Como hijas buscamos esa mirada ávidamente sin darnos cuenta, porque como ya comenté, la necesitamos para irnos descubriendo y también para encontrar un espacio seguro, amoroso, de aceptación, en el cual ir experimentando con lo que somos y hacemos.

La niña que todas fuimos, madres e hijas, necesita recibir ese amor incondicional, esa mirada de: "Guau… ¡Qué niña tan hermosa!", y sentir el amor absoluto de la madre, que no sean palabras, que realmente lo sienta y lo pueda transmitir a esa bebita.

La cuestión es que en general no tenemos en nosotras lo que se requiere, autoamor, autoaceptación, autorrespeto, para transmitirlo a nuestra hija. No porque no queramos o porque no la veamos bellísima, sino por nuestros miedos, el enojo, las inseguridades y todos los condicionamientos de esta sociedad —muchas veces de nuestra propia familia, incluidos nuestros padres— contra la mujer.

Es importante la pregunta: ¿cómo me siento yo como mujer?, porque al final eso es lo que le voy a transmitir a mi hija acerca de ser mujer. El aprendizaje de una niña con su madre no es a través de lo que la mamá le dice, porque le podemos echar unos rollos buenísimos, pero las palabras serán inútiles y huecas si no están sustentadas con acciones de autoamor y amor hacia ella. Es una transmisión energética, sobre todo cuando somos bebés.

¿Quién sabe? Quizá la madre tenía que trabajar o estaba ocupada y abrumada con otros hijos, quizá deprimida, enferma, atrapada en alguna conducta adictiva, peleando con la pareja. La bebé no puede entender qué está pasando, pero necesita ciertas cosas para desarrollarse y si no las recibe, siente la carencia, una sensación de un gran hueco, donde algo tenía que estar y no está. Esto es difícil puesto que no hay un razonamiento, es más, con los años podemos seguir con este vacío emocional, sin saber que lo tenemos, creyendo que es algo normal, porque así lo vivimos.

Y como hijas, crecemos con ansiedad, con miedo constante a ser abandonadas, rechazadas, no apreciadas, no suficientes, debido a esa experiencia de desconexión con nuestra madre. Porque esta desconexión fue en un momento donde era necesaria tanta cercanía, una verdadera simbiosis y ésta no se dio de la manera que tenía que ser, lo cual nos puede marcar para siempre.

Seguramente la mayoría de las madres hicimos lo mejor que pudimos, hasta donde el corazón pudo. Pero desde nuestra ignorancia, desde nuestras propias heridas y nuestros propios traumas, desde no tener mucho de lo que se requería dar, sencillamente no le dimos a nuestra hija todo lo que ella necesitaba en esos primeros años para formarse. Y ésta es la cadena de dolor —forjada por quién sabe cuántas generaciones— que ha sustituido a los vínculos de amor que todas necesitamos para convertirnos en mujeres plenas y felices.

En algún lado leí o escuché, desgraciadamente olvidé de quién, a alguien que decía o escribía: "Yo me sentía tan amada por mi madre, pero tan amada que no podía imaginar vivir la vida sin ella. Ella estaba todo el tiempo ahí, me abrazaba, me quería, nunca me dejó sola... y un día me di cuenta de que eso no era amor: era su codependencia y ésta me abrumaba y limitaba mi vida y mi individualidad sin darme cuenta. Y cuando me sentía demasiado agobiada e intentaba alejarme de ella, me llenaba de culpa y así poco a poco fui renunciando a mi vida para intentar llenar la de ella".

Karyl McBride, en su libro *Madres que no saben amar*, nos dice que:

> Toda niña necesita sentirse amada incondicionalmente, cuando menos al inicio de su vida. Si no puede verse reflejada en su madre, no tendrá forma de saber quién es. Cada niña fue un NOSOTRAS antes de convertirse en un YO. Necesitábamos sentir cuánto importábamos, sentir que éramos aceptadas totalmente y que éramos merecedoras de amor. También que podíamos depender del amor de mamá. Éstas son las necesidades narcisistas saludables. Si no fueron satisfechas, nuestro sentido del YO SOY resultó perjudicado. Esa niña despojada de estos satisfactores afectará a la adulta haciéndola sentir un insaciable afán de amor, atención y afecto. Las demandas de la niña interior sabotearán las relaciones de la adulta.

En mi caso, el término de *madre* o *padre narcisista* ha sido más fácil y compasivo de entender cuando se habla de seres humanos que traen sus propios traumas, vacíos, carencias, miedos y, sin resolverlos, como la mayoría de nosotros, se lanzan a la aventura del matrimonio y de formar una familia.

Hablar de narcisismo casi siempre es entendido como algo terrible, egoísta, patológico. Freud lo describía como una regresión, una falta de interés en otras personas y la atención absoluta sobre uno mismo, específicamente en la libido (energía) propia.

En su libro *Mi madre, yo misma*, Nancy Friday lo explica quizá de una manera más fácil de entender para muchas de nosotras; aquí lo detallo, intentando simplificarlo para que sea claro cuando hable del narcisismo en alguno de nuestros padres o en nosotras mismas.

Ella menciona la distinción entre esta sensación falsa del ser, a la cual se nombra "narcisismo secundario", mientras que hay un "narcisismo primario, sano".

El secundario es el patológico, es acerca de la distorsión del ser y se convierte en un intento de llenar el vacío en la autoimagen no desarrollada o muy lastimada. Y lo hacemos de forma obsesiva, poniendo toda nuestra atención y preocupación en nuestra persona:

> Éste puede ser expresado con un enfoque excesivo en apariencia, o mediante síntomas físicos y emocionales (hipocondría). Una persona así trata de compensar la falta de atención de que fue objeto en la infancia, muy especialmente durante el primer año de su vida. Recurre para ello a la misma clase de exagerada atención que necesitó en otro tiempo de su madre, pero de la que no disfrutó en aquella etapa de su evolución. El narcisismo secundario se halla marcado por la repetición ansiosa; puesto que es un sustitutivo imperfecto, no podemos dejar que cese.

Y esto nos lleva a entender que hay un narcisismo sano, el primario, el cual es una etapa donde la madre necesita estar totalmente al cuidado del niño, de la niña, atendiendo todas sus necesidades y siendo capaz de comprender que las necesidades de un bebé no son siempre las suyas y que cambian conforme ese bebé crece. Esto requiere de

La herida que rompió el espejo

una madurez que la mayoría de nosotras no tenemos, pues al no haber recibido esta atención, amor incondicional, cuidados correctos, respeto a nuestra autonomía, apoyo, etc., crecemos justo con esos agujeros, vacíos, miedos que se mencionan en el narcisismo secundario. Es importante considerar que hay grados dentro del narcisismo, y bajo esta explicación, yo opino que todos tenemos algo de narcisistas, pero en efecto, hay personas que lo llevan en un nivel tan patológico, de verdadero trastorno, que es difícil relacionarse con ellas.

En las familias disfuncionales —¿habrá alguna totalmente funcional?, yo creo que no— siempre encontramos un padre, una madre narcisista, o ambos, y dependiendo del nivel del trastorno de ellos es el daño que los hijos e hijas reciben.

Este daño debe de ser reconocido si es que queremos sanar esas heridas y traumas recibidos. Dejar de idealizar la infancia, bajar del pedestal a los padres y ver la realidad de frente. Nuestros padres no eran personas malas, a su vez eran niños también heridos, pero es importante reconocer que muchas de las formas en que nos trataron fueron abusivas, invasivas o negligentes.

Como dice John Bradshaw en su libro *Volver a casa*: "Si todavía te sientes inclinada a minimizar o a racionalizar las formas en que fuiste avergonzada, ignorada o usada para que tus padres se desahogaran, necesitas aceptar que esas cosas verdaderamente hirieron tu alma".

Dentro de estas familias siempre hay un padre narcisista dominante y el otro gira alrededor de su órbita, cuidándolo, atendiéndolo y sosteniendo esta conducta infantil narcisista de sentirse el centro del universo. Nada ni nadie es más importante para este padre o madre que sus problemas, sus deseos, sus requerimientos; por desgracia están totalmente desconectados de lo que en realidad los haría sanar y crecer y por lo mismo se quedan en este estado infantil desde el cual ejercen su rol de dictadores, casi dioses para su familia.

Sanando la herida materna

Stephanie Donaldson-Pressman y Robert Pressman en *La familia narcisista* describen a este tipo de familia como "la proverbial brillante manzana roja con un gusano adentro. Se ve muy bien hasta que la muerdes y descubres el gusano. El resto de la manzana puede estar buena, pero ya perdiste el apetito".

La familia entera está en función de las necesidades narcisistas de este padre o madre, incluyendo el o la cónyuge. Esto implica que las necesidades vitales, básicas en las diferentes etapas de los niños, son ignoradas. Cada uno de los hijos, de las hijas, requiere estar disponible para intentar mantener un equilibrio dentro del hogar, un equilibrio dentro de esta locura, por supuesto, lo que suena muy extraño. No recuerdo la fuente, pero una frase que leí en algún texto me parece que resume esta situación: "La familia narcisista es como una secta en miniatura".

Y aunque un padre narcisista es difícil y doloroso, *el daño que causa una madre narcisista a las hijas es muy fuerte*, y es el que abordaré en este libro. Por supuesto que a los hijos también les afecta y mucho, pero dado que el tema principal es el vínculo madre-hija, me enfocaré en el entendimiento de esta relación tan complicada e importante para el desarrollo de las mujeres.

En esas familias, el desarrollo de identidad de las hijas no es importante, o al menos no tanto. Ellas deben cumplir con las necesidades narcisistas de la madre y someterse al ideal de ella sobre sus hijas, es decir, cumplir con lo que la madre espera de las hijas, independientemente de si tiene que ver con lo que las hijas desean o anhelan para su propia vida. Siempre que toco este tema me viene a la mente el personaje de Tita, la hija menor en *Agua para chocolate*, una novela rosa escrita por Laura Esquivel, publicada en 1989 y hecha película posteriormente, que trata acerca de la vida de una mujer, sus amoríos y la relación de ésta con su familia.

Tita, siendo la menor, tenía la función de encargarse de la madre, quedarse con ella para atenderla y, por supuesto, olvidarse de su propia vida. Quizá de una manera menos drástica, a veces igual, existe ese paradigma cultural, donde especialmente las hijas tienen que asegurarse de que su vida se trace de acuerdo con los parámetros de las madres y, por supuesto, las incluyan en ella.

Esta situación crea entonces una relación de profunda codependencia con la madre, misma que más tarde llevaremos a las demás relaciones significativas de nuestra vida, entendiendo como codependencia un estado de profunda desconexión que se caracteriza por una total pérdida de identidad. Ser codependiente significa estar alejada de mis sentimientos, necesidades y anhelos reales.

En pocas palabras, es NO saber quién soy, ni qué siento, o necesito, menos lo que quiero hacer con mi vida.

Historia de Alma

Soy la mayor de tres, dos hermanas y el menor, un hermano. Nunca di problemas, siempre fui la niña que hacía las cosas que se esperaban de ella, sin "molestar" a nadie. Mi madre gritaba a los cuatro vientos que mi hermana era un problema y toda su atención estaba en corregirla, regañarla, castigarla y hacerla sentir que era de verdad una niña "muy mala", yo, pues como que no pintaba. Si alguien le preguntaba a mi madre por mí, su respuesta era siempre: "Bien, ella está bien, el problema es esta otra niña".

Mi hermanito era el "niño dorado" para mi madre, no importa qué hiciera, siempre lo justificaba y nos hacía cuidarlo, atenderlo, ver que no le hiciera falta nada. De verdad creía que eso era normal, "como era el hombre de la casa" —mi padre salió huyendo— nos tocaba a las mujeres hacerlo sentir el rey. Con los años me percaté de esta sensación interna de ser invisible para los demás y siempre queriendo complacer a todo mundo. Mi hermana "problema", soltera de 38 años, hasta la fecha vive con mi madre y siempre, como dice ella, la hace renegar, pelean constantemente y estar con ellas más de 10 minutos es un infierno.

Mi "hermanito" vive también allí, aunque entra y sale como se le da la gana, a veces trabaja, a veces no, pero no aporta. Las que mantenemos la casa materna somos mi hermana y yo; aunque yo esté casada y tenga que apoyar a mi marido y a mis hijos, la madre es primero. Es mi obligación.

Profundizar en este tema durante tantos años me enseñó que hay diferentes procesos en las distintas etapas de desarrollo de los niños y las niñas y que seguramente en cada caso, dependiendo mucho de la propia historia de nuestros padres, recibiremos más o menos apoyo para ir pasando por cada etapa.

En mi caso, las personas me percibían siempre como una niña, más tarde una adolescente y luego una mujer fuerte, competitiva, extrovertida, con dotes de líder, esto me lo repetían una y otra vez mis padres, maestros, amigos, etc. Sin embargo, yo me sentía diferente; sí veía esa fuerza en mí, mi energía vital, mi entusiasmo por la vida, pero no tenía ni idea de qué hacer con eso, sentía mucha ansiedad, mucho miedo de no ser querida, no ser aceptada, me sentía criticada, juzgada.

Cada vez que entraba en un lugar, mi casa, casa de mis tías o abuelos, al salón de clases, reuniones de amigos, siempre tenía esta profunda sensación de ser mirada con burla, desaprobación, crítica, y si algunas personas hablaban en voz baja o secreto, mi impresión era que decían algo malo acerca de mí. Por un lado, era buena en lo que hacía, mis logros en la escuela, la natación, ballet acuático, competencias en bicicleta, subir árboles, montar caballos, dibujar, hablar en público. Mis calificaciones académicas siempre fueron buenas, mejores en algunas materias que en otras, así como mi desempeño en actividades deportivas que me gustaban, lo mismo en oratoria, declamación, todo lo que era "hacer", lo realizaba bastante bien, pero siempre estaba la sensación de "no ser suficientemente buena".

Años más tarde, ya divorciada y con una hija pequeña a quien mantener, entré a trabajar en una empresa que me encantaba. Me las ingeniaba para ser vista esforzándome y siendo la empleada modelo, puntual, eficiente, amable, lista para trabajar horas extra y llevar no puesta, sino tatuada la camiseta de la empresa. Esto me llevó a subir de puesto relativamente rápido, pero en el fondo, tenía una impresión interna de no ser suficiente, eso que hoy se conoce como el síndrome del impostor, así me sentía yo, una impostora que no podía reconocerse en sus talentos y habilidades y por lo mismo vivía en ansiedad y miedo de que alguien descubriese que yo no era tan inteligente, buena, eficiente, etc. Y entonces trabajaba más, me quedaba más tiempo en la oficina, quería demostrar que, aunque en mi vida emocional era un desastre, al menos en este espacio sí la hacía.

Y mientras continuaba escalando los peldaños del mundo corporativo, mis relaciones iban de mal en peor, tanto en las amorosas como con mi hija y con mi madre. Mi gran refugio, a pesar de mis miedos e inseguridades, el lugar donde al menos me sentía apreciada y vista, era justo en la oficina, entre compañeros y compañeras de trabajo, allí es donde ponía todo mi tiempo, energía, esfuerzo para compensar estas sensaciones internas de inadecuación.

Hoy mirando hacia atrás y mientras escribo este libro me llegan muchas ideas de qué era lo que sucedía, y cómo esto mismo lo he escuchado continuamente de otras amigas o en los talleres y sesiones con mujeres. "Tengo logros, soy buena en lo que HAGO" —y resalto la palabra *hago*—. ¿Por qué entonces me siento así? ¿Por qué sigo sintiendo que NO soy suficiente? Inadecuada, defectuosa, inapropiada y fuera de lugar, sobre todo cuando se trata de relaciones y emociones.

Por otra parte, están estas otras mujeres con quienes trabajo con frecuencia que son unas maestras en el arte de construir nidos, crear vínculos amorosos, tener amistades, relaciones duraderas, estabilidad emocional, pero que son profundamente dependientes de los maridos, hijos e incluso padres. Para quienes salir al mundo a perseguir sus sueños, si es que los tienen aparte del matrimonio y los hijos, se mira como algo imposible.

Casi todas ellas, siempre hay excepciones, tienen lazos muy fuertes con sus padres, principalmente la madre. El cordón umbilical es muy fuerte para ellas, la madre sigue siendo la figura principal de su vida, es su consejera, su amiga, su compañera incluso en muchas actividades. Siempre con la inseguridad interna y el profundo miedo al abandono. Y cuando no hay esa relación con la madre, por la razón que sea, ese mismo cordón umbilical se transfiere al esposo, a los hijos, amistades, etc. Pero siempre desde esta necesidad infantil de apoyo y de protección.

Para profundizar en esto, cito otro párrafo de Nancy Friday de *Mi madre, yo misma*: "Nosotras extraemos nuestro coraje, nuestro sentido de afirmación, la capacidad de creer en nuestro valor, incluso hallándonos solas, para cumplir nuestra misión, para amar a los demás y sentirnos amadas de la 'fuerza' del amor que de niñas inspiramos a nuestra madre, exactamente igual que la última dina de energía existente en la tierra vino originalmente del sol". Las primeras impresiones son las que cortan más profundo.

Como menciona esta misma autora, esto es algo difícil de entender intelectualmente. Muchas mujeres se han convencido de que lo saben todo acerca de la relación con su madre, y que ya han terminado con eso: "ya tomé varios talleres", "ya he tomado terapia", "ya lo dejé atrás", bueno, yo también lo creía, pero después de años de trabajo personal llegué a la conclusión de que ni lo sabía todo, ni entendía mucho y que para nada lo había ya resuelto.

Hoy podemos encontrar mucha información que nos indica qué tan profundo nos afecta a las mujeres una relación no resuelta con la madre. Inconscientemente nos limita por las creencias, ideas, patrones mentales y miedos que surgen de épocas muy tempranas. Al final, todas esas creencias, esos condicionamientos, estarán gobernando nuestra vida, sin que nos demos cuenta de ello. Ansiedad, miedo, vergüenza, culpa, todo ello surge de estas creencias y condicionamientos y estos sentimientos crean conductas totalmente inmaduras. *Ésta es nuestra niña interior herida y aterrada.*

En la actualidad, con tantos talleres, cursos sobre empoderamiento femenino, sobre sanación de estas heridas de la infancia, traumas, condicionamientos, decretos, etc., intentamos esto o aquello, trabajamos duro, vamos a terapia, pero hay algo que en lo profundo no acaba de sanar, de estar bien, y a mí me parece que en el caso de nosotras las mujeres es precisamente la *herida materna.*

Para entender con más claridad este concepto de la herida materna tomaré algunas ideas de la escritora y psicóloga Bethany Webster, de su trabajo de investigación que la llevó a escribir el libro de reciente edición *Discovering the Inner Mother*.

LA HERIDA MATERNA

Esta herida es el dolor de ser mujer que ha sido pasado de generación en generación en las culturas patriarcales.

Incluye todos los mecanismos de defensa disfuncionales que se utilizan para lidiar con ese dolor.

Esta herida incluye:

- **Compararse:** no sentirnos suficientemente buenas.
- **Avergonzarse:** una sensación consistente de que algo no está bien conmigo.
- **Disminuirse:** sentir que tengo que permanecer pequeña para obtener amor.

- **Culparse:** una sensación continua de culpa por querer más de lo que tengo.

Esta herida se puede manifestar de las siguientes maneras:

- No ser tú en tu totalidad para no lastimar a otros, sobre todo a la madre.
- Tener una alta tolerancia al trato abusivo de los demás.
- Cuidar emocionalmente a los demás.
- Competir compulsivamente contra otras mujeres.
- Autosabotaje.
- Ser muy rígida y dominante.
- Condiciones tales como desórdenes alimenticios, depresión y adicciones.

El costo de no sanar la herida materna es vivir tu vida indefinidamente con:

- Una sensación vaga y persistente de "hay algo mal conmigo".
- No vivir tu potencial por miedo al fracaso o a la desaprobación.
- Tener límites débiles y un sentido poco claro de quién eres.
- No sentirte capaz ni merecedora de crear esa vida que anhelas.
- No sentirte segura para tomar tu espacio y hablar tu verdad.
- Acomodar tu vida para no "hacer olas" (no crear problemas).
- Autosabotearte cuando te acercas al resultado deseado.
- Inconscientemente vivir esperando el permiso o la aprobación de mamá para reclamar tu propia vida.

Después de leer estos puntos me parece muy claro que para encontrar ese verdadero empoderamiento que las mujeres anhelamos

La herida que rompió el espejo

y buscamos desde hace años, más que hacer y lograr, primero necesitamos tomar una pausa y autoindagar un poco en nosotras descubriendo esas carencias, miedos, vergüenzas, que nos mantienen amarradas a la idea de que no somos suficiente.

Entender por supuesto que, aunque esto lo heredamos de la madre, no es culpa de ella, es una herida pasada de generación en generación. Y para complementar esta idea, tomo prestada la frase de Viktor Frankl: "Somos seres espirituales teniendo una experiencia humana en cuerpos físicos", y entonces entender que, siendo estos seres espirituales, nuestras madres son los canales que elegimos o necesitamos para entrar a esta experiencia humana y trabajar aquello que nuestro espíritu necesita experimentar y aprender.

Desde esta visión, me parece que nuestro trabajo de entrar e indagar para sanar nuestra historia con nuestra madre puede ser desde el amor y no desde buscar culpables y verdugos, somos víctimas de víctimas que a su vez fueron criadas por víctimas, pero por lo mismo necesitamos reconocer esto y dar los pasos necesarios para salirnos de esos roles que encarcelan nuestra creatividad, pasión, apertura, etc., y terminar con este legado de desamor y confusión que se ha ido creando a través de generaciones.

Además, es la forma necesaria para no perpetuar estos condicionamientos hacia nuestras hijas y las hijas de ellas; alguien tiene que parar esta inconsciencia y cada una de nosotras somos responsables, ésta es la palabra correcta: *responsabilidad*. La responsabilidad de nuestra vida y nuestra plenitud está en nosotras, no en el pasado herido ni en el futuro incierto, sino en este momento, aquí y ahora.

Entonces, antes de seguir adelante, las invito a aceptar esta responsabilidad, el trabajo no es con la madre externa o la abuela o nadie en este sentido, es conmigo, adentro de mí y con mis introyectos, mis condicionamientos, heridas emocionales y conductas que ya hice mías. A la madre, al padre, les agradecemos lo que sí hicieron y nos dieron (aunque fuese sólo la vida, que ya es mucho) y continuamos con el trabajo internamente, con la madre interior. Por supuesto, como toda relación que queremos sanar, será necesario definir qué tan cercana deseamos esa relación con la madre externa y aprender a establecer límites.

Les comparto una pequeña historia, escrita por Patricia, participante de mi taller "Mi madre, mi espejo roto":

Historia de Patricia

En mi familia somos cinco, mis papás, un hermano mayor, mi hermana y yo, que soy la menor.

Recuerdo que en mi infancia crecí con muchos miedos y ansiedad, no había golpes, pero sí un nivel de estrés que una niña no entiende y, por supuesto, no sabe cómo manejar.

Mis papás peleaban mucho porque mi padre siempre ha sido muy poco tolerante, las cosas son a su manera y si necesitaba algo, lo debía tener apenas y terminaba su solicitud.

Por otro lado, mi madre siempre vivió pendiente de todo lo que él hacía, si llamaba por teléfono, si iba a comer a la casa, todos nos teníamos que cuadrar ante las órdenes de él. Las comidas siempre fueron de grandes silencios incómodos mientras él estaba presente; en el momento en el que se retiraba sentíamos un gran alivio y "empezaba la fiesta".

A pesar de esto, yo admiraba a mi papá, siempre lo vi fuerte, con gran carácter, un hombre muy generoso. Fue por mucho tiempo pilar de mi abuela, de mis tíos, en fin... de todos. Para mí era muy importante su opinión y aprobación. Mi papá viajaba mucho, estaba un mes fuera y sólo venía un fin de semana.

Mi mamá, ahora lo sé, siempre fue una niña... nos cuidó y procuró muy a su manera, aun así, el recuerdo y coraje que siento al recordar

La herida que rompió el espejo

mi niñez era que toda su atención siempre era hacia mi papá. Si yo estaba platicando con ella y en ese momento mi papá nos llamaba o sonaba el teléfono, de inmediato interrumpía abruptamente diciendo: "Shhh, cállate, es tu papá". Lo celaba, vivía siempre con los nervios de punta, estresada por hacer la comida, por tener la ropa lista. En las noches mi mamá lloraba mucho y en vez de sentir pena por ella me llenaba de coraje porque no entendía lo que pasaba.

Aunque "el malo de la película" era mi papá, mi rencor siempre fue hacia mi madre. Por no tener el valor de divorciarse, por poner a mi papá siempre primero y hacer que todo girara en torno a él.

La mayor parte del matrimonio de mis papás eran largos periodos sin hablarse, era mucha tensión. Todo esto se reflejaba en noches seguidas en las que soñaba que me dejaba caer del primer piso de mi escuela primaria, era una sensación de caer al vacío que me despertaba. Otras veces me dormía diciendo: "No tengo ganas de vivir"; nunca tuve intentos suicidas, sin embargo, sentía tristeza, desánimo. En estos momentos que escribo y recuerdo cómo fue esa parte de mi vida, siento un nudo en la garganta, un hueco en el estómago por recordarme chiquita, sola, preocupada, ahogada en un vaso de agua creyendo que así era la vida.

Con el pasar del tiempo fui teniendo cierta independencia y rebeldía. Siempre cuestioné el comportamiento de mi mamá, y hasta cierto punto le tuve mucho coraje por no darme esa protección ni tranquilidad que todos los niños deben tener. Ya en la universidad fui más independiente, me refugié en mis amigos y en el estudio. Mi abuela paterna murió y en ese momento mi papá se vino abajo, entró en una gran depresión, y se refugió en el alcohol. Nosotros nunca tuvimos problemas económicos. Siempre vivimos muy bien, pero con el alcoholismo de mi papá todo cambió.

Empecé a trabajar para poder pagar la universidad, salí adelante, conseguí un buen empleo y he sido exitosa profesionalmente.

Sanando la herida materna

La ansiedad que viví de niña se traspasó, laboralmente, a la figura de autoridad (y más si era una mujer) que tenía en mis trabajos. Buscaba seguridad, tenía una fuerte necesidad de aprobación, y aunque tuve muy buenas retroalimentaciones siempre me persiguió (y hasta la fecha) el famoso síndrome del impostor.

Me volví una persona sumamente controladora, con muchos miedos, inseguridades.

Viví llenándome de actividades, cursos y títulos para demostrar a todos que yo valía, que yo cuento, que yo puedo… me era muy difícil sentarme en un sillón y ver películas o simplemente estar sin hacer nada. En el momento que paraba sentía que estaba perdiendo el tiempo, no sabía cómo estar conmigo.

Me dejé pasar por alto, ignoré mis sentimientos, ignoré mi intuición…

Un día viendo una película tuve un momento de epifanía total: descubrí que el sentimiento de rechazo lo había aprendido de mi madre; el sentimiento de pensar que la gente no me quiere, el sentirme marginada o que I'm not good enough (no soy suficientemente buena) había sido totalmente heredado…

Respiré… sentí un gran alivio. Descubrí algo que me había atormentado por años, en todos los sentidos, que, si bien yo había tenido buenas oportunidades laborales, también había permitido malos tratos a los que, por el estrés al que había estado acostumbrada desde niña, dejé pasar. Era algo conocido.

Actualmente tengo una relación cordial con mis papás porque aprendí a poner límites a ambos, ser independiente de ellos por supuesto que hace todo más llevadero. Los amo y ahora sé que hicieron lo que pudieron con las herramientas que ellos tenían en ese momento.

Mis papás tienen casi 45 años de casados y hasta la fecha siguen la misma dinámica: periodos largos sin hablarse, mi mamá vive de quejas y reproches.

La herida que rompió el espejo

Y yo... decidí crecer, ir a terapia, adoptar nuevos pensamientos, retar mis prejuicios, conocerme, valorarme, escucharme... simplemente EVOLUCIONAR.

La historia de Patricia puede ser diferente en la superficie, en las circunstancias, pero en el fondo es muy parecida a la de la mayoría de las mujeres que crecimos en una familia, producto de una sociedad patriarcal, donde el papel de la mujer es secundario al del hombre. Como niñas que fuimos testigos de la sumisión, de la ira reprimida de nuestra madre, algo se enferma dentro de nosotras. Nuestra madre es supuestamente esa persona que de manera energética debe enseñarnos cómo ser mujeres en este mundo, es nuestro ejemplo, nuestro espejo.

Y cuando ese espejo está tan roto, tan carente, la imagen que nos refleja es algo similar a lo que ella misma está viviendo dentro de ella; aun cuando intentamos salirnos del molde, vivir una vida diferente, estudiar, volvernos independientes y lanzarnos a conquistar al mundo, dentro de nosotras llevamos a esa niña asustada, avergonzada y confundida que intentamos enterrar, olvidar, pero que a través de los años continúa controlando nuestra vida desde lo profundo del inconsciente.

En su libro *Madres que no saben amar*, Karyl McBride dice que "la niña necesita sentirse amada incondicionalmente al inicio de su vida. Necesita ver su reflejo en los ojos amorosos de la madre, antes que siquiera percatarse de que el padre existe. Si este espejo amoroso y limpio no está allí para ella, si no puede verse nítidamente en la madre, la hija no tiene forma de saber quién es. Es muy posible que el reflejo que recibe es una mirada cargada de negatividad, juicios, crítica y con esto crecemos, esta mirada es lo que nos da un sentido de quien somos".

En el inicio de este capítulo mencioné las formas en que esta herida materna se crea en nosotras. Ahora hablaré un poco más de cada una de ellas.

Compararse: no sentirse suficientemente buena

Vivo comparándome con otras personas, nunca antes me había dado cuenta, pero cuando empecé a observarme, me percaté de que siempre que llego a algún lugar lo primero que hago es compararme con las personas que están allí, bueno, corrijo, con las mujeres que están en el lugar, su ropa, su edad, su peso, su apariencia. Trato de socializar, pero la verdad para mí es muy incómodo porque no puedo parar esos pensamientos que me hacen sentir mal conmigo misma. Incluso en mi lugar de trabajo, aunque me encanta lo que hago y lo hago bien, nunca me lo creo porque siempre me comparo con mis compañeras y, por una u otra razón, llego a la conclusión de que no soy tan buena como las demás, siempre me encuentro fallas, errores, defectos. En mi cabeza, ellas siempre ganan.

Laura

Por desgracia, las formas de educar que hemos aprendido de nuestra madre (porque seguro fueron usadas en nosotras) son métodos tan dañinos como comparar, creyendo que de esta manera estamos guiando a nuestras hijas (hijos también, pero dado que estoy tocando la relación madre-hija en este libro me limitaré a hablar de las mujeres). Aunque sí quiero comentar que normalmente en estas sociedades patriarcales, por el mismo condicionamiento de las mujeres a sentirse "menos que", proyectan sus frustraciones de manera directa sobre las hijas, a ellas las sienten como una extensión de sí mismas y por ello es muy frecuente, por no decir normal, que las madres sean mucho más duras con las hijas que con los hijos.

Cuando la madres nos *comparan*, lo que como hijas recibimos no es una forma de educación funcional, es un mensaje de "tú no estás bien, tienes que ser como alguien más". Y esto causa un gran daño a la autoestima tierna de la niña, autoestima que aún no se ha desarrollado, la niña aún no está consciente de su valor y no conoce sus recursos para enfrentar y superar esta sensación de "algo en mí no está bien".

Sería excelente que la niña pudiera voltearse y decirle a la madre, o abuela, o quien sea que la está comparando: "Ésta soy yo y ser yo está muy bien, tú eres la que necesita trabajar en aceptarte para que no me lo eches a mí", pero esto es imposible, lo que sí sucede es que esa niña empieza a creer que en verdad no está bien ser como es, que hay algo dañado, defectuoso en ella.

Avergonzarse: una sensación consistente de que algo no está bien conmigo.

> *Crecí pensando que tenía que complacer a todo mundo, aterrada de no lograrlo. Cuando alguien se molestaba conmigo, cuando me equivocaba en algo, aún ahora, lo primero que quiero es desaparecer, literalmente que la tierra me trague. Cada seis meses, cuando en la empresa que trabajo toca hacernos una evaluación, me pongo tan mal que me enfermo. No soporto la retroalimentación de mi jefa o de nadie en realidad, no es que ella sea una mala persona o muy estricta, pero siempre siento que me critica y me hace sentir que lo que hago no está bien hecho. Ahora estoy entendiendo que esto no es así, ella está haciendo su trabajo y es bastante prudente, soy yo quien se altera cuando algo no me sale perfecto, y la verdad es que casi siempre es así. No tolero equivocarme, pero peor aún es que alguien se dé cuenta.*
>
> Olga

Ésta es una de las heridas de la infancia que seguramente ya han escuchado nombrar, la herida de la humillación, la cual es muy importante reconocer y sanar, ya que intoxica con vergüenza todas las áreas de nuestra vida adulta, y por lo mismo dedicaré un capítulo para hablar de ella con mayor profundidad más adelante, pero por ahora quiero mencionarla como parte de lo que implica la herida materna. Una sensación quemante, asfixiante, que tiene que ver con las formas en que fuimos humilladas de niñas, llenándonos de vergüenza y haciéndonos sentir que lo que somos es algo terrible. Es hacernos sentir y creer que nuestra madre se avergüenza de nosotras, de lo que somos.

Así lo expresa Karyl McBride: "Una mujer adulta puede buscar y encontrar su propio valor. Puede guiarse a sí misma en un camino para encontrar ese sentido de valía personal. Pero durante esa época tan delicada de la infancia, la niña necesita ayuda para determinar ese valor, y justo es la madre la que lo unge como aceite en su alma".

Disminuirme: sentir que tengo que permanecer pequeña para obtener amor

Siempre creí que tenía que actuar como si no fuera bonita para no molestar a mi madre. No entendía de dónde surgió ese pensamiento, pero siempre me daba vergüenza o miedo cuando alguien me elogiaba en frente de mi madre, era literalmente como si la estuviese traicionando. Años más tarde, cuando me gradué de la universidad con honores, no quise que mi madre o mi única hermana estuvieran en la ceremonia, me daba mucha pena, como si fueran a sentir que yo les embarraba en la cara mis éxitos cuando ellas, sobre todo mi madre, siempre se sentían fracasadas. Hasta la fecha, cuando visito a mi madre, nunca hablo de lo bien que me va en el trabajo, de lo que gano, de lo que he logrado. Alguna vez que lo intenté hacer, mi madre me dijo: "Cállate que vas a hacer sentir mal a tu hermana". Aún hoy, después de tiempo en terapia, cuando mis compañeras me elogian, intentó minimizar mis logros, apariencia o lo que sea que ellas admiran, me siento muy mal y trato de pasar desapercibida para no incomodar a otras personas, especialmente a otras mujeres.

Norma

Para una madre narcisista, llena de inseguridades no aceptadas, ella tiene que ser el centro de la atención. ¡Ay de la hija que pretenda ser "mejor" que ella o, mejor dicho, que pretenda salirse de los parámetros de conducta y desempeño impuestos por ella!

Por lo mismo, crecemos con la idea de que, para ser amadas, aceptadas, es importante no brillar demasiado, no incomodar a otras personas, léase la madre. Las hijas de madres narcisistas, las que toman el rol de la "hija buena" —hablaremos más de esto en otro capítulo— renuncia a sus gustos, su vida, su propia personalidad para no "hacer olas" y arriesgarse a perder los cachitos de aprobación y amor de la madre.

Esto por supuesto, al no resolverlo en nuestra vida, lo transferimos, es decir, lo pasamos a toda nuestra vida, nuestras relaciones. Nos quedamos "pequeñas" porque crecer en nuestro potencial, hacer las cosas que nos hacen felices, tener relaciones sanas y plenas, un buen trabajo, o lo que sea que anhelemos, podría tomarse como una especie de traición, como bien lo dice Norma. ¿Quién soy yo para ser mejor, para tener una buena relación con un hombre, una vida plena, para ser feliz? Éste es el programa instalado en nuestra cabeza.

Culpa: una sensación continua de culpa por querer más de lo que tengo

En resumen, podemos decir que tal como lo indica la doctora Karyl McBride en su libro ya mencionado, todas las niñas, desde que nacen, necesitan sentir que son amadas profunda e incondicionalmente por su madre, todo el asunto del padre vendrá después, pero ésta es una condición imprescindible para que esa niña pueda desarrollar un sentido de valía personal sana, completa. Si esa mirada de la madre no sucede, está distraída, ausente, la niña no tiene forma de verse a sí misma y como consecuencia vivirá buscándose en las miradas de otras personas a lo largo de su vida.

Sanando la herida materna

Hace poco, durante una conferencia sobre este mismo tema, contaba cómo tuve el gran privilegio de participar en el trabajo de Sexual Grounding (arraigo sexual), un método terapéutico desarrollado por Willem Poppeliers, psicólogo clínico y psicoterapeuta corporal holandés quien por algunos años vino a México a impartir su técnica. A lo largo de dos años estuvimos trabajando con él, quien venía cada cierto tiempo para irnos una semana a un lugar de retiro para hacer este trabajo intenso y profundo.

Él nos mostró un modelo de sanación basado en la experiencia del triángulo primario: padre-madre-hija (o hijo). Más adelante profundizaré en este trabajo, ya que me parece de vital importancia para entender nuestra relación con los padres y la forma en que yo me relaciono internamente entre mis partes. Lo que quiero compartir en este capítulo en referencia a ese trabajo es que antes de participar en él, yo estaba convencida de que mi mayor conflicto en mis relaciones de pareja se debía a un padre semiausente, pero durante el proceso de arraigo pude darme cuenta claramente de que mi sensación de ser inadecuada, de ser rechazable, no venía de mi padre, sino de mi madre.

En una de las dinámicas del proceso me sentí como una niña muy, muy pequeña buscando la mirada de mi madre, buscando mi reflejo en su mirada. No la encontré, por la razón que fuera, nunca me sentí vista por ella. Quizá estaba muy ocupada con mi hermano mayor, con las labores de la casa, con sus cosas, la cuestión es que esa mirada tan importante no estuvo.

Tiempo después encontré la mirada de mi padre, y lo sé porque con él sí me sentía vista, aunque llegué a este momento del proceso sin los recursos que debí haber aprendido de mamá, sin su apoyo o presencia energética, entonces me perdí en papá y en la búsqueda de mi propia identidad en la mirada de los hombres de mi vida.

La herida que rompió el espejo

La cuestión es que esto no tenía que haber venido de papá, no sin antes obtenerlo de la madre porque es lo que la hija necesita, el espejo en la mirada de la madre.

Cuando esa mirada está llena de culpa, de vergüenza, de dolor por ser mujer en una sociedad que no nos ha tratado bien, entonces eso es lo que tomamos para nosotras, con esa parte de mamá nos identificamos.

En mi caso, no estaba, y ya más grande cuando la lograba atraer hacia mí, era una mirada de desaprobación, de enojo, de crítica. Como muchas mujeres —incluyendo nuestra madre—, no pude crear ese vínculo primario tan importante con mamá.

Aunque hoy puedo verla y entender muchas cosas de su propia vida, en un momento dado tuve que reconocer mis carencias, mis heridas y dejar de justificarla y a veces atacarla a ella para hacerme cargo de las heridas y carencias de mi niña herida.

Parte de entender lo doloroso de la herida materna es comprender que es un rol idealizado por la familia, la sociedad, la cultura. Algo que siempre he escuchado decir es que el único amor incondicional es el de la madre. Si esto es cierto, por qué cientos de mujeres, yo entre ellas, crecemos sintiendo que somos una verdadera decepción para nuestras madres, muchas lo tienen consciente, otras no tanto, pero es de las sensaciones y creencias que más me toca trabajar con las mujeres. "Nunca me sentí suficiente a los ojos de mi madre, no importa lo que hacía, siempre faltaba o sobraba algo. Ante ella, mi vida está llena de errores."

Esto lo sentí como hija, pero como madre, siento que debo alzar la mano y defenderme a la vez que defiendo a todas las madres del mundo. ¿Cómo sentir un amor incondicional, una aceptación total hacia mi hija, si nunca lo recibí de niña? Si la mirada de mi madre, y seguro la de la abuela hacia ella, y la bisabuela con la abuela, estaba llena de dudas, de juicios y críticas, primero hacia ellas mismas y luego hacia esa hija de quien esperan tenga una vida llena de dolor y sacrificios como los que se han heredado de mujer a mujer.

Esto sólo se pasa a la hija, no al hijo. Con él, por ser hombre, todo es diferente. Pero el hecho de dar a luz a un ser igual a una es una condición que nos une de por vida de manera muy especial. Todas las inseguridades y miedos que pensamos que dejamos atrás surgen de pronto, llenando nuestro corazón del miedo que ella, nuestra hija, tenga que pasar por muchas de las cosas que hemos tenido que sufrir en un mundo que por un lado glorifica e idealiza a la madre, pero ataca y somete a la mujer.

Creencias que nos heredan como la de que ser madre es la forma de sentirse completas, plenas, gozosas. Pareciera que lo que se espera de la mujer es que en el momento en que se convierte en madre, automáticamente es un ser superior y tiene que actuar como tal. No se nos permite aceptar que quizá ser madre, cuando tienes a tu bebé enfrente y te sientes agotada, drenada, harta, no era lo que realmente queríamos, o quizá sí, pero no tiene nada que ver con esa experiencia casi angelical que esperábamos.

En mi caso, estaba aterrada, yo vivía en Estados Unidos cuando tuve a mi hija, y mi madre estuvo dos semanas ayudando, pero ella hacía todo, yo sólo descansaba y daba pecho; cuando ella partió me sentí desolada, horrorizada, no me atrevía ni a bañarla.

Mi suegra y varias señoras más me aconsejaron no cargarla cuando lloraba para que no se "embracilara", y años después me enteré de que no hay manera de que sean "demasiados brazos", eso es justamente lo que la bebé, el bebé, necesitan en esa etapa. Mucha cercanía, mucho apapacho, mucho contacto con la madre. Tremendos errores nacidos de la ignorancia popular. Y de la enorme desconexión que casi todos tenemos con esos instintos naturales.

Mi madre tuvo tres hijos seguidos, siendo yo la segunda. Luego de varios años vinieron dos más, pero en esa primera etapa, ella intentaba

La herida que rompió el espejo

ser la madre perfecta, la esposa perfecta, estaba profundamente condicionada para hacerlo, ella lavaba, planchaba, cocinaba, nos atendía como podía y seguro se arreglaba para recibir a mi padre, el cual no quería ser molestado con cosas de bebés, por lo que mi madre nos ponía a dormir desde las 6 p.m. Ella dice que era feliz y, aunque cansada, se sentía satisfecha y plena con esa vida que siempre había soñado, era en realidad una niña adulta jugando a la casita.

El problema es que sólo se trataba de hacer todo de forma perfecta para obtener el aplauso de su propia madre y demás parientas femeninas, pero seguramente no había tiempo para el afecto, para el vínculo, para cada uno de nosotros, lo que sí sé es que, aun tratando, nunca he podido recordar momentos de afecto con mi madre, de hecho, no recuerdo un abrazo, una cercanía, algo de ternura, todo tenía que ver con hacer bien las cosas. Pero, por otro lado, siempre que la hemos necesitado para hacer algo ha estado allí, su forma de mostrar el amor ha sido haciendo cosas por nosotros.

Como platico en párrafos anteriores, yo vivía en Estados Unidos cuando nació mi hija, mi entonces esposo trabajaba para el Consejo de Turismo y me fui con él cuando nos casamos, yo ya embarazada, abandonando la universidad y mi vida despreocupada de mujer joven soltera. Cuando se acercaba la fecha para el parto, mi madre estaba de viaje con mi padre en Europa y acortó su viaje para llegar justo el día del nacimiento de mi hija. Nunca me sentí más cercana a ella, más agradecida por su presencia. Estuvo dos semanas dedicándose totalmente a atenderme a mí y a la bebé. Aún ahora cuando recuerdo esos días me lleno de un sentimiento dulce y profundo hacia ella.

Mi esposo tuvo que viajar justo un día después del nacimiento de Ligia-Dassana a Acapulco para estar en el Tianguis Turístico y las tres nos quedamos solas. Para mí fue tan hermoso, tan relajante. No sé cómo me las hubiera arreglado sin ella, sé que lo hubiera hecho, es parte de la vida, pero tenerla dedicada totalmente a nosotras esos 14 días fue un regalo maravilloso de ella y de la vida.

Me ha tomado años de trabajo reconocer que no todo fue tan duro, que dentro de su dificultad afectiva y de cercanía emocional, hubo eventos como el que relato, donde ella me demostró su cariño con actos. He pasado por muchas terapias para sanar el enojo, la frustración de no haber tenido una madre más afectiva, menos perfeccionista, más presente emocionalmente y aceptar que, a su manera, me dio lo que pudo darme, y que esto no fue poco. Tardé mucho tiempo en reconocerlo, me parece que estaba demasiado enojada por no poder ser más como ella y con frecuencia la culpaba de mi sensación de no ser suficiente.

Así lo sentí muchos años, hay una parte que aún anhela haber tenido más apoyo, más guía, menos juicios y "deberías", pero justo el trabajo ha sido soltar esas expectativas, permitirme el duelo de no haber tenido una madre que me hiciera sentir mejor acerca de mí misma, que fuera un modelo más claro y honesto de cómo convertirme en una mujer feliz y plena, pero al final, ella realmente no lo sabía y tampoco yo lo supe hacer con mi hija, también yo cometí errores tremendos con ella y eso me ha dado la humildad para apreciar a esa madre niña que hizo lo mejor que pudo, agradecerle por lo que sí me dio y poco a poco soltar el enojo de mi niña interior, aprendiendo hoy a darme lo que necesito y dejar de buscar en ella lo que no supo darme y, lo más importante, sigo aprendiendo a dármelo yo.

SANAR LA HERIDA MATERNA NO ES ACERCA DE MI MADRE

En este apartado retomaré algunas ideas de Bethany Webster, de su libro *Discovering the Inner Mother*. Ella nos dice que culpar a la madre es evitar responsabilidad, y sanar la herida materna es una forma de tomar responsabilidad personal.

Culpar a la madre se caracteriza por:

- Indulgencia y un sentido de víctima.
- Escondernos de nuestro propio poder y responsabilidad.
- Proyectar nuestra ira no procesada en otros.
- Evitar el dolor subyacente de nuestra infancia.

Sanar la herida materna implica:

Examinar la relación madre-hija con la intención de obtener claridad y entendimiento para crear cambios positivos en nuestra vida.

Transformar las creencias limitantes que hemos heredado con la intención de adoptar nuevas creencias que apoyen totalmente nuestra autoactualización.

Tomar responsabilidad de nuestros propios caminos haciéndonos conscientes de patrones previamente inconscientes y eligiendo nuevas formas que reflejen nuestros verdaderos deseos.

EJERCICIOS DE AUTOINDAGACIÓN

1. Mientras lees este libro, y el tiempo que sea necesario, paralelamente lleva un diario para ir escribiendo todo aquello que te vaya surgiendo de tu propia historia con tu madre y las historias de las mujeres de tu linaje femenino.
2. Escribe las creencias machistas, patriarcales que heredaste de tu madre principalmente. Creencias acerca del rol de las mujeres, de

las relaciones amorosas, de ser madre, del trabajo, de tu sexualidad, de la vida en general.
3. ¿Cómo te han afectado estas creencias a lo largo de tu vida? ¿Cómo se relacionan con las dificultades a las que te enfrentas en las diversas áreas de tu vida?

CAPÍTULO 2

De desamores y vacíos emocionales

Antes de comenzar con este tema comparto los siguientes párrafos de *Discovering the Inner Mother*, de Bethany Webster:

> Si una hija internaliza las creencias inconscientes de su madre (las cuales son en alguna forma sutil "no soy suficiente") entonces obtiene la aprobación de su madre, pero de alguna manera se ha traicionado a ella y a su potencial. Sin embargo, si ella no internaliza las creencias inconscientes maternas de sus propias limitaciones, sino que afirma su propio poder y potencial, está consciente de que su madre puede ver esto como un rechazo personal.
>
> La hija no quiere arriesgarse a perder el amor y la aprobación de la madre, así que internalizar estas creencias limitantes es una forma de lealtad y de sobrevivencia emocional para la hija. Puede sentirse peligroso para una mujer actualizar su propio potencial porque puede significar alguna forma de rechazo de su madre. Esto es porque quizá la hija percibe de manera inconsciente que su empoderamiento total puede detonar la ira o tristeza de la madre por haber tenido que renunciar a partes de sí misma en su propia vida. La compasión de la hija por la madre, el deseo de complacerla y el miedo al conflicto pueden lograr convencerla de que es más seguro encogerse y permanecer pequeña.

Sanando la herida materna

> Una objeción común de enfrentar la herida materna es "deja el pasado en el pasado". Sin embargo, nunca "escapamos" o "enterramos" verdaderamente el pasado. Éste vive en el presente como los obstáculos y retos que enfrentamos cada día. Si evitamos lidiar con el dolor asociado con una de las relaciones más primarias y fundamentales en nuestra vida, nos estamos perdiendo de una oportunidad esencial de descubrir la verdad de quien somos y auténtica y gozosamente vivir esta verdad.

Escribo estas líneas justo el 8 de marzo, Día Internacional de la Mujer, en medio de noticias de marchas y de levantamientos, de mujeres enojadas y hartas de tanta violencia de género. Y al ir escuchando las noticias, me vienen a la mente muchas de las historias de las mujeres que toman mis talleres, en las cuales por lo general hay un padre ausente —física o emocionalmente— y una madre que trae cargando desde generaciones atrás historias de abandono, maltrato, desamor, sumisión, enojo reprimido y mucho de éste hacia su propio género, sentimientos que de manera inconsciente pasa a sus hijas, perpetuando esa profunda herida en el colectivo femenino.

Las hijas absorbemos este dolor y muchas de nosotras, desde pequeñas, nos identificamos profundamente con esta herida de nuestro linaje femenino. Otras, como fue mi caso, nos rebelamos ante ese supuesto destino y elegimos cargar con el estigma de "malas mujeres, malas hijas" ante la opción de repetir la historia conocida del dolor de la madre, abuelas y bisabuelas.

Con los años y con mucho trabajo interno pude borrar de mi mente ese programa materno de la historia de que las mujeres somos víctimas y que los hombres son los malos del cuento. Este mensaje lo mamé literalmente desde que era muy pequeña, escuchando una y otra vez todas esas historias de las mujeres de mi clan. Aunque era niña, no pude, y quizá no quise, evitar escuchar a mi madre, sus amigas, en general

De desamores y vacíos emocionales

a las mujeres adultas a mi alrededor, quejarse amargamente de sus maridos y culparlos por cualquier cosa que estuviese mal en su vida.

Y, sin embargo, no sé si por mi temperamento más activo y fuerte, o porque como he contado antes, debido a esa sensación de nunca poder ser suficiente a los ojos de mi madre, tomé partido —energéticamente— por mi padre y me convertí en su defensora, al menos dentro de mí, ya que no era algo que pudiese decir a nadie.

Y cuando pienso en esas mujeres de mi infancia y muchas más, incluyéndome a mi misma, me percato de esta sensación compartida entre muchas de nosotras: somos las buenas, las que sí sabemos amar. "Mujeres que aman demasiado, demasiado mal", nació durante un programa de radio con Martha Debayle, en el cual hablábamos del muy famoso libro de Robin Norwood, *Mujeres que aman demasiado*. A final del programa, como siempre, Martha me preguntó si tenía algún taller en puerta y anuncié el que daba entonces sobre la codependencia, al cual simplemente llamaba "Grupo de sanación para mujeres", y de pronto se me ocurrió agregar dos palabras: *demasiado mal*, al nombre de ese libro y a partir de entonces así se llamaron estos grupos. Hasta el día de hoy sigo impartiendo este taller como uno de los fuertes en la sanación de la codependencia.

En realidad, cuando pienso en ese título me queda claro que lo que sentimos desde esta herida infantil no tiene nada que ver con amar, pero sí con nuestros vacíos internos y la parte infantil que en su momento desarrolló una serie de estrategias desde la necesidad de obtener amor, afecto, aprobación y todo aquello que cualquier niña o niño necesita para desarrollarse en todos los aspectos.

A pesar de todo el dolor e insatisfacción que acarrea, amar demasiado es una experiencia tan común para muchas mujeres que casi creemos que así es como deben de ser las relaciones de pareja.

La mayoría de nosotras hemos *amado demasiado* por lo menos una vez y para muchas ha sido un tema recurrente en su vida. Algunas nos hemos obsesionado tanto con nuestra pareja y nuestra relación que apenas podemos funcionar como personas.

Aunque los hombres también pueden *amar demasiado*, ya que también hay algunos que desarrollan la obsesión con las relaciones con tanto fervor como podría hacerlo una mujer, la mayoría de los hombres que han sido dañados emocionalmente en la niñez no desarrollan este mismo patrón de adicción a las relaciones. Debido sus condicionamientos sociales, el hombre tiende a buscar la satisfacción y el alivio al dolor mediante objetivos más externos, más impersonales. Así es que mientras las mujeres nos obsesionamos con las relaciones amorosas, ellos se obsesionan con sus logros, trabajo, desempeño, deportes, hobbies, etcétera.

Para quienes no hayan leído el libro de Robin Norwood o aun para quienes ya lo leímos, estos puntos siguientes nos pueden dar una idea muy clara de la distorsión acerca del amor con la que muchas mujeres crecemos y vivimos, probablemente heredada de los condicionamientos cargados de generación en generación por las mujeres de nuestra familia y por supuesto del entorno, que nos ha contaminado por años a través de revistas, novelas y ahora a través de las redes sociales con ideas totalmente erróneas acerca de lo que en realidad significa amar.

AMAR DEMASIADO

Del libro *Mujeres que aman demasiado*, de Robin Norwood.

- Cuando estar enamorada significa sufrir, estamos amando demasiado.
- Cuando la mayoría de nuestras conversaciones con amigas íntimas son acerca de él, de sus problemas, sus ideas, sus

sentimientos y cuando casi todas nuestras frases comienzan con "él"… estamos amando demasiado.
- Cuando disculpamos su mal humor, su mal carácter, su indiferencia o sus desaires como problemas debidos a una niñez infeliz y tratamos de convertirnos en su psicoterapeuta, estamos amando demasiado.
- Cuando leemos un libro de autoayuda y subrayamos todos los pasajes que lo ayudarían a él, estamos amando demasiado.
- Cuando no nos gustan muchas de sus conductas, valores y características básicas, pero lo soportamos con la idea de que, si tan sólo fuéramos lo suficientemente atractivas y cariñosas, él querría cambiar por nosotras, estamos amando demasiado.
- Cuando nuestra relación perjudica nuestro bienestar emocional e incluso, quizá, nuestra salud e integridad física, sin duda estamos amando demasiado.

Características típicas de las mujeres que aman demasiado (codependientes):

- Típicamente provienen de un hogar disfuncional que no satisfizo sus necesidades emocionales.
- Recibieron poco afecto y por lo mismo intentan compensar esta necesidad insatisfecha proporcionando afecto, en especial a hombres que parecen de alguna manera necesitados.
- Debido a que esta persona no pudo transformar a sus cuidadores/progenitores en los seres atentos y cariñosos que necesitaba, reacciona profundamente ante la clase de hombres emocionalmente inaccesibles a quienes puede volver a intentar cambiar por medio de su amor.

Sanando la herida materna

- Sufre una profunda huella de abandono, la cual provoca que haga cualquier cosa para evitar que una relación se disuelva, que su pareja se vaya.
- Para esta mujer, nada es demasiado difícil, nada es demasiado costoso o tardado siempre y cuando "ayude" al hombre con quien está involucrada.
- Acostumbrada a relaciones carentes de amor, la persona está dispuesta a esperar, conservar esperanzas y a esforzarse más para complacer e intentar retener al objeto de su obsesión.
- Está dispuesta a aceptar más del cincuenta por ciento de la responsabilidad, culpas y reproches en una relación.
- Su amor propio es críticamente bajo y en el fondo no cree merecer amor. En cambio, cree que debe de ganarse el derecho de ser feliz, de disfrutar la vida.
- Debido a la gran inseguridad que experimentó en su niñez, necesita con desesperación controlar a sus hombres y sus relaciones. Disfraza sus esfuerzos por controlar a la gente y a las situaciones con la máscara de "ser útil", "eficiente", etcétera.
- En una relación siempre está más en contacto con la idea de "lo que podría ser" que con la realidad de la situación.
- Es adicta a las relaciones románticas y al dolor emocional.
- Es probable que esté predispuesta emocionalmente y a menudo bioquímicamente para volverse adicta a las drogas, alcohol, y/o ciertas comidas, en particular los dulces.
- Evita responsabilizarse de sí misma fijándose y obsesionándose con personas que tienen problemas por resolver, o involucrándose en situaciones que son caóticas, inciertas y emocionalmente dolorosas.
- Es muy posible que tenga una gran tendencia a los episodios depresivos, los cuales trata de prevenir por medio de la excitación que proporciona una relación inestable.

- No se siente atraída por hombres amables, estables, confiables y accesibles a ella. Estos hombres "agradables" le parecen aburridos.

Una mujer que "ama demasiado" exhibe por lo general los siguientes síntomas con respecto a su forma de sentir y de relacionarse sexualmente con sus parejas:

- Ella se pregunta "¿Cuánto me ama?" o "¿Cuánto me necesita?", no "¿Cuánto lo quiero yo".
- La mayoría de sus interacciones sexuales están motivadas por "¿Cómo hacer que me quiera o necesite más?"
- Su impulso de entregarse sexualmente a otra persona a quien percibe como "necesitado" apunta principalmente a la gratificación de la otra persona y no a la de ella.
- El sexo es una de las herramientas que utiliza para manipular, enganchar o intentar cambiar a su pareja.
- A menudo las luchas de poder de la manipulación mutua le parecen muy excitantes. Se comporta en forma seductora para conseguir lo que quiere y se siente estupendamente bien cuando da resultado y muy mal cuando no funciona.
- Confunde angustia, miedo y dolor con amor y excitación sexual. A la sensación de tener un nudo en el estómago la llama "amor".
- Se excita a partir de la excitación de él. No sabe sentirse bien por sí misma.
- A menos que tenga el desafío de una relación no gratificante se vuelve inquieta. No la atraen sexualmente los hombres con quienes no lucha. Se aburre con hombres "amables".
- A menudo se empareja con hombres de menor experiencia sexual para poder sentirse en control.

- Anhela la intimidad física. Pero debido a que teme ser controlada por el otro y abrumada por su propia necesidad de afecto, sólo se siente cómoda con una distancia emocional creada y mantenida por la tensión de la relación. Se vuelve temerosa cuando un hombre está dispuesto a acompañarla emocional o sexualmente. Huye de él.

Una mujer que utiliza al hombre como una droga hará de su relación con él algo tan tóxico y dañino como cualquier adicto a una sustancia química. Experimentará el mismo grado de resistencia y miedo a dejar tanto una droga como al hombre. Para evitar sentir se "inyecta" literalmente con el hombre, utilizándole como droga de escape. No es una exageración comparar este proceso con el que se produce cuando un adicto a la heroína interrumpe su consumo de golpe y de forma total. El miedo, dolor, ansiedad, desesperación son enormes y la tentación de recurrir a otro hombre, a otra inyección es igualmente grande.

Reflexionar acerca de todos estos puntos, desde una mirada objetiva y compasiva hacia nuestra niña interior para reconocer nuestra propia historia y dónde estamos en relación con este asunto de *amar demasiado mal*, que para mí es simplemente el estado infantil de la codependencia, nos ayuda a ir entendiendo que estamos llenas de creencias erróneas, de ese "programa madre" lleno de virus, que necesitamos ir borrando con la luz de la conciencia y con mucho, mucho amor para nosotras.

Conocer nuestra propia historia, indagar en la de nuestros ancestros femeninos, ser curiosas acerca de nuestro linaje, en especial la historia de nuestra madre, nos ayuda mucho a entender el camino que hasta ahora hemos tomado. Así mismo, revisar y buscar esos condicionamientos (programas) que nos limitan, que reprimen nuestra energía vital, nuestra creatividad, libertad y nuestro enorme potencial de crear una vida plena y acorde con nuestros propios anhelos y visión de vida, cuando esta última se limpia de las infecciones de tantos traumas sufridos en la infancia.

Si eres madre, es importante leer todo esto como hija, no como madre, pero con la apertura de ir aprendiendo, primero que nada, que tenemos el derecho de sentirnos frustradas y enojadas por el exigente papel que la sociedad nos ha asignado, y que las mujeres perpetuamos sin darnos siquiera cuenta. También es necesario hacernos responsables de todo esto que sentimos sin culpar o atacar a nuestras hijas porque a veces, al verlas, puede que nos recuerden todo aquello a lo que renunciamos por ser madres.

Aun si fue de manera inconsciente, ésa fue nuestra decisión, y recordemos que nunca es tarde para actualizar nuestra vida. Esto sólo lo podemos hacer si realmente nos salimos del papel de mártires-víctimas y recuperamos el poder sobre nuestras elecciones, nuestras creencias y sobre nuestras acciones. Iremos hablando de esto a lo largo del libro.

No todas somos madres, pero en definitiva todas hemos sido hijas, por eso es importante que antes de llenarnos de culpa por lo que hicimos o no hicimos con nuestras hijas, sanemos justo a esa hija interna, aprendiendo a convertirnos en la madre que nuestra niña interior necesita. Lo demás vendrá naturalmente.

Entiendo que quizá a muchas personas —me lo expresan las mujeres que trabajan conmigo en sesiones o talleres— nos cuesta trabajo este asunto de bajar a nuestras madres del pedestal y de paso revisar a dónde pusimos a papá, si en otro pedestal o lo enviamos al inframundo de los "malos".

Humanizar a nuestros padres permitiéndonos verlos como las personas falibles y probablemente inmaduras que son, es incluso bueno para ellos y para nosotras, darnos cuenta de que está bien ser humanas, que está bien equivocarse, regarla, caerse, levantarse y seguir adelante.

Madres o no, todas necesitamos saber que no tenemos que ser perfectas, que no es necesario vivir intentando llenar las expectativas que la propia familia y la sociedad pone en las mujeres que se convierten en madres. Como si por el simple hecho biológico de ser madres nos iluminásemos de alguna manera, y aunque estemos llenas de miedos, inseguridades y traumas personales, a partir del momento en que damos a luz, todo quedara atrás y nos convirtiéramos de pronto en seres de otra dimensión, capaces de borrar nuestras heridas de infancia, amar incondicionalmente a nuestros hijos y, como grandes mártires, estar dispuestas a sacrificar nuestra propia vida en aras de esa maternidad.

O decidir que no quieres ser madre, pero ir cargando la profunda culpa y el miedo ante esta decisión que seguramente no estará muy apoyada por personas que te criticarán y pretenderán convencerte de que, si no eres madre, no podrás jamás sentirte plena.

ACEPTAR LA IMPERFECCIÓN

"¿Por qué me hago esto a mí misma?", preguntaba una mujer que quería bajar de peso. "Fui a mi grupo de apoyo sintiéndome culpable y avergonzada porque me comí media galleta que no estaba incluida en mi dieta. Descubrí que todo mundo hace un poco de trampa, y algunos hacen muchas trampas. Me sentía tan avergonzada antes de llegar al grupo, como si fuera la única que no estuviera haciendo la dieta al dedillo. Ahora sé que estoy llevando la dieta tan bien como la mayoría, y mejor que algunos." ¿Por qué nos hacemos esto a nosotros mismos? No estoy hablando estrictamente de dietas; estoy hablando acerca de la vida. ¿Por qué nos castigamos a nosotros mismos pensando que somos inferiores mientras que otros son perfectos, ya sea en cuanto a nuestras relaciones, recuperación, o una tarea

específica? Ya sea que nos estemos juzgando a nosotros mismos o a los demás, son las dos caras de una misma moneda: la perfección. Ninguna de las dos expectativas es válida. Es mucho más apropiado y beneficioso decirnos a nosotros mismos que está bien ser lo que somos y que lo que estamos haciendo está bien. Eso no significa que no cometamos errores que necesitemos corregir; no significa que no nos desviemos del camino de vez en cuando, no significa que no podamos mejorar. Significa que, con todos nuestros errores y divagaciones, básicamente estamos sobre la ruta. La manera como nos ayudamos a nosotros mismos a permanecer en el camino es alentándonos y aprobándonos.

Hoy me amaré a mí mismo y me daré ánimos. Me diré a mí mismo que lo que estoy haciendo está bien, y me permitiré disfrutar ese sentimiento.

Melody Beatty, *El lenguaje del adiós*

En mi propia historia de mujer que ama demasiado mal, veo por supuesto la influencia no sólo de mi madre, sino de la madre de ella, mi abuela, quien como abuela era divertida y muy cómplice, muy libre. Ella nos llevaba a los ranchos, a la playa y cuando crecimos y empezamos a ir a fiestas mixtas, era la eterna chaperona.

Pero cuando la recuerdo junto a mi abuelo, todo cambia. Se hacía chiquita ante ese hombre formidable y duro. Ante él todos nos cuadrábamos. Siempre tuve la impresión de que esa mujer que parecía no temerle a nada cambiaba radicalmente junto a su marido, como si se volviera una niña.

Ella, mi madre, la tía, todas eran mujeres emprendedoras, aparentemente fuertes, unas más que otras, pero por igual se ponían en segundo plano cuando estaban los esposos. El mundo parecía girar en torno a ellos, y por supuesto a los niños nos mandaban al patio a jugar para no molestar al abuelo, al papá o al tío.

Sanando la herida materna

El mensaje claro que yo recibí fue "las necesidades de los hombres están por encima de las necesidades de las mujeres, y las de las niñas y niños, aún más abajo".

Claro que había bandos, porque al final esas mujeres no estaban tan contentas, desde el pasillo las escuchábamos quejarse y hablar pestes de los maridos, seguramente enojadas con razón, pero sin voluntad aparente para cambiar algo de esto.

Supongo que en algún momento de esos primeros años una parte de mí decidió que era mejor aliarse con los hombres, o más bien, con mi padre, porque con ese abuelo y los tíos simplemente no había forma.

A mí me parecía que esas mujeres con quienes crecí no eran capaces de entender la parte de los hombres. Que, en realidad, ellos no eran tan malos. Y viendo hacia atrás, entiendo que necesitaba creer esto, porque dentro del paquete de esos "hombres malos" estaba mi propio padre y para mí él era la fuente de aprobación y algo de la ternura y calidez que no pude sentir de mi madre.

En aquellos años, ignorante de todo lo que aprendería después, en mi mente joven se iba implantando la idea de que ser mujer, al menos en mi mundo limitado, era sinónimo de aguantar, enojarse, quejarse y seguir aguantando, mientras que ser hombre era hacer lo que uno quisiera: salir, divertirse y que incluso te aplaudieran por hacer esas cosas que a las mujeres nos estaban prohibidas.

Cierto, el mundo ha cambiado bastante desde entonces, pero en una parte de nuestro entorno, en lo profundo, sigue siendo igual, manteniendo esas grandes e injustas diferencias de género que en mucho son perpetuadas por nosotras mismas, cuando como madres damos esa libertad y tolerancia a los hijos varones, misma que no compartimos con hijas, hermanas, amigas.

Durante el año 2003 abrimos un Osho Center en la Ciudad de México; para iniciar invitamos a una psicoterapeuta alemana, Halima, a que viniera a dar un taller para mujeres. Me tocó ser la traductora

De desamores y vacíos emocionales

y asistente y desde que nos conocimos tuvimos una profunda conexión, un vínculo que ha sido de gran importancia en mi trabajo personal y con otras mujeres. Con ella trabajé varios talleres e incluso me invitó a asistir a un par de talleres en Europa.

Cuando nos conocimos en México, en una de las muchas veces que desayunamos juntas, me explicó cómo los condicionamientos compartidos por muchas mujeres de encontrar y conservar a un hombre a su lado tienen su propia sabiduría y han sido para muchas mujeres en sociedades altamente patriarcales y sobre todo en las generaciones de antes un asunto de sobrevivencia.

Ya que de forma inconsciente cargamos en nosotras las historias de las mujeres de nuestras cadenas generacionales, algo parecido a una computadora nueva, totalmente limpia, nuestra mente se va cargando de los programas del entorno, nos llenamos del virus del miedo, de la vergüenza, de la culpa, todo aquello que nuestras madres, abuelas, bisabuelas fueron pasando la una a la otra. De pequeñas absorbemos todas esas emociones, tomamos sus creencias como visión de vida, sus valores como normas inquebrantables, y aprendemos a vivir con todo esto.

De alguna manera, sin que fuera consciente, sentimos el dolor que cargaban las mujeres de nuestra familia, y sin saberlo lo tomamos como parte de la herencia, quizá incluso sintiendo que éramos las culpables de ese dolor, sin saber mucho más. Nos llenamos de culpa, en especial si escuchábamos a nuestra madre contar cómo dejó a un lado su vida para tenernos a nosotras, nosotros.

Todo lo que sacrificaron, muchas veces incluso quedarse al lado de un hombre que "las hacía sufrir" para no dejar sin padres a los hijos. Y cuántas de nosotras quisimos con todo el corazón salvar a nuestras madres víctimas, al tiempo que nos dolía que ellas mismas no se salvaran y que quizá esto fuera nuestra culpa. Es bastante normal que los niños en estas etapas tempranas de su desarrollo se culpen a sí mismos por situaciones de los padres.

Sanando la herida materna

Y esto lo llevamos en el inconsciente al crecer; si no nos hacemos consciente de esta culpa, la llevamos con nosotras en el inconsciente, quizá incluso tejiendo pactos silenciosos con nuestra madre: no ser mejores, más exitosas, más amadas, más felices, porque en el fondo esto sería como traicionar a la madre y a su gran dolor. Quizá incluso lleguemos a desarrollar un anhelo casi siempre silencioso de salvar a nuestra madre de su pesada carga.

Y en este pacto, muchas mujeres, sin saberlo, vamos tejiendo una vida que no sea mejor que la de la madre, o quizá desde el enojo, intentamos romper el patrón y nos vamos al otro extremo, pretendiendo ser completamente diferentes a nuestras madres, pero en el fondo el programa sigue activo y tarde o temprano nos damos cuenta de que no somos tan diferentes, es más, quizá a pesar de las aparentes diferencias, la vida nos atrapa en patrones similares, vidas paralelas.

Un día despertamos del sueño cuando algo sucede que cimbra nuestra vida y nos percatamos de que hay una parte en nosotras que nunca se alejó de la madre y que sigue actuando como si ella estuviese en nuestra cabeza. Y encontramos, quizá si abrimos bien los ojos, que en muchas situaciones somos muy parecidas a ella. Y sus programas, el programa MAMÁ sigue dentro de nuestra cabecita a pesar de, si es el caso, la distancia física o la diferencia aparente de la vida de ambas.

No es fácil tocar esta relación tan especial, de ser hija y al mismo tiempo reconocer que muchos de los errores que mi madre tuvo conmigo los he repetido con mi hija. Lo he reconocido sin culparla, nunca me ha sido fácil relacionarme con mi madre, pienso que somos muy diferentes pero que hay una parte de ella tan arraigada en mí que frecuentemente el verla a ella es como verme en un espejo inmenso que me refleja aspectos contra los que por años me rebelé y que hoy se manifiestan en mí.

De desamores y vacíos emocionales

Historia de Verónica

A los 35 años, ya casada y con dos hijos corté relación de manera pacífica con mis padres, ya no podía más viendo la relación de co-dependencia y maltratos que entre ellos existe, me di cuenta de que ellos nunca cambiarían su manera de estar juntos y entonces tenía que cambiar yo. Hace casi cinco años de este exilio una parte de mí se liberó, pero la otra reforzó ese sentimiento de ser "una mala hija"; esas tres palabras hacen que me quiebre, no importa dónde esté, en la oficina, en mi casa, de paseo, en las madrugadas o en cualquier momento que recuerde a mis padres, mi látigo interior me lo repite. Mala hija por no estar a su lado de manera incondicional, por no darle la razón a mi papá pese a su violencia y sus celos enfermizos, por no fingir que somos una bonita familia como lo desea mi madre, a costa de mi paz mental, a costa de mi propia familia e incluso de mi propia salud. Llevo varios años lidiando con depresión y ansiedad, han sido tan severas mis crisis que he pensado hasta en el suicidio. Trabajo un día a la vez para encontrar mi paz y no darme por vencida.

Mi esposo y amigos cercanos me dicen que soy valiente, pero no me lo creo, por el contrario, quisiera ser una hija que estuviera con sus padres pese a la mala vida que ellos se dan y que no le afectara en lo más mínimo, pero no puedo, me es más fácil vivir en esta culpa de no ser suficiente, en esta sensación de no tener familia. Mis hijos me dicen: "¿Y nosotros qué somos?" Y tienen razón, ellos son mi motivo para ser una mejor versión de mí misma y no repetir las mismas circunstancias que yo viví.

Para compensar el ser una mala hija, trabajo para ser una buena mamá, una buena esposa, una buena amiga, una buena maestra, como esperando que, con ello, llene mis vacíos existenciales. La última vez que vi a mi papá me dijo: "Todo se paga en esta vida", y vivo pensando: "¿Cuál será el precio que yo tenga que pagar por no ser lo que ellos esperaban?"

Pareciera que justo cuando llegamos a la edad para poder seguir nuestros sueños, algo profundo nos impide volar. Y esa lealtad inconsciente que menciono en las palabras de Bethany Webster al inicio de este capítulo nos pega con todo, inhabilitando las alas que por años hemos querido abrir para volar muy lejos.

Muchas veces he contado cómo yo sentí siempre más afinidad con mi padre; según yo, desde muy pequeña lo "protegía" de la familia de mi madre y de ella misma, de sus críticas hacia él, de sus constantes quejas y lo que yo consideraba falta de amor de su parte. Con años de trabajo terapéutico he descubierto algo como un nudo energético que me ata a mi madre, a través del tiempo, de sus dos divorcios, de nuestros interminables conflictos y paradójicamente, aunque me fuera a otro lugar, de una manera u otra, regresaba a su casa. Hoy, y desde hace años, soy quien al menos físicamente está más cerca de ella.

Ese nudo lo formó el anhelo frustrado de que mi madre me viera y me diera finalmente su aprobación. Y lo llamo nudo porque son muchas emociones enmarañadas y para poder entenderlas he tenido que ir desenredando poco a poco el vínculo entre las dos. Para poder lograr esto, he tratado de conocer más a fondo no sólo a mi madre y a lo que la ha movido toda su vida, sino también a las mujeres con las que ella creció y quienes nos heredaron muchas de sus creencias e ideas acerca del amor y la libertad.

Tal como me enseñó Halima, hoy puedo ver que muchas mujeres se inclinan más hacia la búsqueda del vínculo, de la pertenencia al clan, de la aceptación de la sociedad y la aprobación de su propia madre y seguramente del padre también.

Claro, en una cultura patriarcal como ésta y muchas de las que conocemos, generaciones enteras de mujeres no tuvieron más opciones

De desamores y vacíos emocionales

que hacerse de un marido, y una vez logrado esto, conducirse de la forma correcta para siempre ser parte de esa sociedad que las ensalzaba como hijas, esposas, madres, abuelas, siempre y cuando siguieran al pie de la letra las reglas establecidas por el patriarcado y perpetuadas por las mismas mujeres. Esto último es precisamente el profundo dolor de nosotras las mujeres, prisioneras enseñando y con frecuencia obligando a sus hijas a quedarse prisioneras y a amar a sus carceleros.

Como tantas otras mujeres aprendí de mi madre, mis abuelas y las mujeres de mi familia, casi sin darme cuenta, a complacer, a ceder y a aguantar porque ésa era en su visión, la forma de conservar al marido. Aunque una parte de mí se rebelaba ante esta idea, confieso que muchas veces me encontré repitiendo justo estos patrones, atrapada en relaciones que, aunque era claro que no funcionaban, me resistía a dejar, porque en el fondo, igual que todas esas mujeres, estaba condicionada a pensar que, sin un hombre a mi lado, nunca sería suficiente.

Cuando era pequeña nos llevaban de vacaciones a la Ciudad de México, entonces D. F., y visitábamos a los abuelos paternos con quienes nos quedábamos los tres hermanos mayores. Mi abuela nos hablaba a mi hermana y a mí de lo importante que era hacernos indispensables para nuestros maridos, para que nunca se fueran, "que no sepan ni dónde se guardan sus calcetines". Ésta es una frase que alguna vez nos dijo y se me quedó tan grabada que cuando me casé, me tomé muy en serio la tarea de guardar la ropa de mi entonces esposo, para que él me viera como la esposa hacendosa y trabajadora.

En aquellos viajes también visitábamos a la bisabuela Aura y su hija Alicia, hermana de mi abuela materna, una mujer pequeña, delgada, siempre nerviosa, al menos así la recuerdo, que hablaba poco y fumaba mucho. Mami Alice, le decíamos sus sobrinos nietos, señorita Alicia, la llamaba la gente grande. No la recuerdo mucho de aquellos años, sólo que era buena persona y que era como la sombra de su madre, la bisabuela Aura.

Sanando la herida materna

Como conté antes, Mami Alice sí había estado casada, pero el esposo resultó bígamo, por supuesto el matrimonio fue anulado y a ella nunca más se le permitió salir o convivir con otros hombres que no fueran de la familia. Cuando yo era adolescente, ellas se mudaron a Villahermosa, donde vivía la mayoría de ese lado de la familia, eran nuestras vecinas y en realidad yo la veía poco, estaba más ocupada en fiestas y romances que en convivir con las señoras grandes de la familia.

Un día en el que para variar me había metido en algún tipo de problema y mi madre me estaba regañando, llegó Mami Alice a la casa y, de una manera muy dulce, calmó a mi madre y cuando mi madre se fue a hacer algo, se me acercó y me dijo: "Yo era como tú de joven, me recuerdas mucho a mí". Me impactó mucho que me dijera eso, jamás hubiera imaginado que una mujer así hubiera hecho algo que su madre no aprobara.

En una ocasión, ya casada y con mi hija de pocos meses, regresé a Tabasco a pasar una Navidad. Esa vez nos tocó quedarnos en su casa, donde vivió ella con la bisabuela, quien tenía poco de haber muerto. La tía Alicia sufría entonces algún tipo de demencia y por lo mismo no nos reconocía, ni sabía en qué época vivía. Una enfermera la cuidaba ya que actuaba de manera extraña, casi como niña. En esa ocasión lo que más me impactó fue encontrarla arreglándose y cuando le pregunté que si iba a salir (sin esperar una respuesta realmente) me dijo muy contenta que se estaba arreglando porque venía su novio a visitarla.

Pocos años después murió, pero en sus últimos días le dio por decir groserías, expresar enojo y hacer cosas que mi bisabuela jamás hubiera permitido. Cuando pienso en ella, ya sea porque la veo en alguna foto de la familia o porque alguien menciona su nombre, aún ahora después de tantos años me siento tocada por un sentimiento de tristeza por ella. Si hoy la tuviese enfrente le preguntaría muchas cosas, entre ellas, le pediría que me contara cómo fue para ella que

De desamores y vacíos emocionales

su madre, mi bisabuela, decidiera su vida. Resignarse a renunciar a algo más que sólo quedarse como dama de compañía de su madre. Y también le pediría me contara de esos tiempos en los que era, como me dijo aquel día, como yo.

No sé casi nada de la familia de mi padre, él fue único hijo y bastante desapegado de sus parientes, pero recuerdo a su prima hermana, mucho más joven que mi padre, hija única también, que nunca se casó, fue azafata y después personal administrativo de la misma aerolínea.

Alguna vez mi abuela paterna, su tía, me contó que era una hija maravillosa, que había renunciado a casarse, ya con anillo y fecha de boda, porque el novio era extranjero y ella hubiese tenido que irse con él a su país abandonando a sus padres. Su padre murió y ella se quedó cuidando a la madre hasta el último momento.

Cuando pienso en estas mujeres me pregunto qué sentían ante el hecho de dejar su vida y quedarse con su madre, una obligada, la otra por decisión propia; era muy claro el gran amor que le tenían a su madre. Pero en ambos casos siento que el sacrificio fue enorme, o al menos así me lo parece.

Todos los seres humanos, hombres y mujeres por igual, nacemos con dos profundos anhelos: el amor y la libertad. El primero es acerca de nuestra necesidad de vínculos, de aprobación, de inclusión, de pertenencia. El segundo la necesidad de autonomía, del derecho de elegir nuestros propios caminos, de separarnos psicológicamente del hogar paterno y crear nuestra propia forma de vida. De estos anhelos hablaré más detenidamente en un próximo capítulo.

No pretendo abordar cuestiones de género aquí, pero tampoco quiero evitar reconocer que, al menos en mi experiencia, por lo que he visto y trabajado con tantas personas, las mujeres son las que forman con más fuerza estos vínculos de lealtad con la madre en particular, y en general —seguramente con sus excepciones— los hijos no tienen tanto problema en alejarse y vivir su propia vida.

Sanando la herida materna

En mi trabajo con estas mujeres puedo ver que lo que las mantiene atrapadas en los roles de "buenas hijas" son sentimientos como la culpa y el deseo profundo de ser aprobadas por la madre, que va de la mano con el miedo a su rechazo si se atreven a seguir un camino diferente al que la madre aprobaría.

¿Qué pasa dentro de la hija? ¿Cuál es esa lealtad no hablada, no reconocida, que nos lleva a asumir papeles que nunca deseamos, que nunca planeamos? Me parece que tiene que ver con sentirnos aprobadas, reafirmadas por mamá… Y esta necesidad es tan fuerte en nosotras las mujeres, que estamos dispuestas a renunciar a nuestra propia vida con tal de obtener esta mirada amorosa, aprobatoria, que nos haga sentir que somos merecedoras del amor y de las bondades de la vida.

Por supuesto que hay mucho amor en ese pacto de lealtad de la hija que renuncia a su realización en un intento de compensar a mamá por todo lo que ha sufrido y todo lo que ha tenido que soportar. Es una lealtad bárbara que se apoya en una necesidad real de recibir de la madre la aprobación, el apoyo emocional que tanto necesitamos de ella. Pero el problema es que, si mamá no recibió esto de su propia madre, es muy difícil que nos lo pueda o sepa dar. Y si nosotras, madres, no lo trabajamos, la situación será similar con nuestras hijas. "Si una madre no ha enfrentado su dolor o encontrado formas de lidiar con sus sacrificios, su hija puede estar atada con mensajes que sutilmente instalan vergüenza, culpa u obligación", dice Bethany Webster.

Nuestra madre nos trató como la trataron a ella, y hoy nosotras nos tratamos como nuestra madre nos trató. Y a su vez, trataremos a nuestras hijas de la misma manera en que nos tratamos nosotras.

Historia de Sofía

La relación con mi madre la recuerdo siempre muy peculiar. Ella viene de una familia acomodada económicamente, y si bien mis abuelos no

De desamores y vacíos emocionales

tenían estudios, se preocuparon y ocuparon de darle todo el apoyo a sus hijos para que ellos se desarrollaran en el ámbito que quisieran; curiosamente mi madre fue la única que concluyó una carrera universitaria, sin embargo, nunca ejerció y se dedicó sólo a cuidarnos a mí y a mi hermana, cosa que agradezco infinitamente; sin embargo, a la menor provocación sacaba a colación el cómo ella "renunció a todo por nosotras", lo cual durante años me generó una sensación de culpa que intenté compensar tratando de ser la hija perfecta, obedeciendo siempre al pie de la letra las reglas que ella imponía.

Y aunque uno podría pensar que tendría una actitud de gratitud ante la vida, siempre veía el césped del vecino más verde, generando una sensación de que nada era suficiente, hecho que se evidenciaba en sus cumpleaños, donde todos nos quebrábamos la cabeza para tratar de darle un regalo de su agrado y el resultado era siempre el mismo, una crítica, un cambio de regalo o incluso ver cómo nunca lo usaba. Lo anterior, ya de adulta, me generó una compulsión por ser "agradable" con los demás, aun a costa de sacrificar mis necesidades.

Aunado a esto, nunca se hizo responsable de sus necesidades y nos daba esa carga al resto de la familia; durante años fui su "amiga", ya que curiosamente no tiene ninguna amiga de su edad, así que terminaba escuchando sus problemas con mi papá y siendo utilizada como una herramienta para manipular y alcanzar sus objetivos ante su incapacidad de expresar sus necesidades de forma asertiva y madura.

Ahora que mi padre ha fallecido, se ha quitado esa máscara de madre abnegada, acusándonos de ser malas hijas y tratando de imponernos un sentimiento de culpa por haber hecho una vida y ser autosuficientes, a pesar de que siempre hemos estado ahí para ella, pero de nuevo... nada es suficiente, digamos quizá que su ideal sería que fuéramos como Tita de Como agua para chocolate y pusiéramos en pausa nuestra vida para cuidarla, siendo que ella goza de salud y capacidad financiera.

Sanando la herida materna

Gracias a las terapias, lecturas y en particular al curso que tomé con Aura, he sido capaz de reconocer que ella no va a cambiar, de aceptar que ella es como es, una mujer que tuvo muchas carencias emocionales y que no es malo ponerle límites y cortar con dinámicas familiares dañinas, agradeciendo que, a su manera, trató de darnos lo que ella no tuvo, pero asumiendo mi responsabilidad de ser la madre que necesito, quitándome culpas y tomando conciencia de que soy suficiente.

NO NECESITO A NADIE, ME BASTO YO SOLA

Justo este fin de semana mi madre vino a quedarse a mi casa, ella tiene 82 años y después de haberse convertido en una mujer aparentemente tan independiente, convencerse a sí misma de que no necesitaba a nadie para estar bien, hoy casi al final de su camino reconoce su necesidad de vínculos.

Mi corazón está lleno de sentimientos encontrados, sentimientos que no han sido muy claros desde antes de la pandemia cuando ella se cayó y se lastimó la muñeca derecha. En ese tiempo éramos vecinas y de pronto me vi en la necesidad de ir todos los días a ayudarle, a cuidarla, pensé que sería algo temporal y que en cuanto estuviese bien de la mano retomaría su tan amada independencia. Pero lejos de ser así, cada día aumentaban sus dolencias, sus "achaques", como decíamos los hijos, pero la realidad es que por mucho que lo tomáramos a broma, no es fácil ver a la madre de una envejecer y poco a poco volverse más dependiente de nuestros cuidados.

Mi madre tenía una amiga, Rachel, digo tenía porque hace mucho que no sé nada de ella, ni mi madre tampoco. Rachel tenía 82 años cuando la conocí. En 2012 aproximadamente yo vivía en la Ciudad de México y ella vino con mi madre a tomar un taller que organicé en el centro del que era parte. Era un taller intenso, de mucha actividad física, desbloqueo emocional, impartido por una de mis grandes maestras, Aneesha Dillon. Rachel, a pesar de su edad y aparente fragilidad, participó en todos los ejercicios y meditaciones activas.

Era sorprendente esa vitalidad en una mujer de su edad. No dejaba que nadie la ayudara, incluso pretendía cargar su pesada maleta, cosa que por supuesto no permitimos. Al final, una de las participantes la invitó a quedarse en su casa para que no estuviera sola en un hotel durante los días del taller. Menciono a Rachel porque ella se volvió una figura de inspiración para mi madre, quien continuamente repetía que quería llegar a esa edad con esa independencia.

No volví a verla después de esa semana, no conozco detalles de su historia, pero había algo en ella que me recordaba esa lucha de tantas de nosotras de no caer en dependencias, de huir del estigma de nuestro linaje femenino, convirtiéndonos en personas que no dependemos de nadie, como si esto fuera posible. Y de esta idea de la falsa independencia, de no necesitar, hablaré en los párrafos siguientes.

Y regreso a este día, cuando me encuentro con el corazón apachurrado; mi madre regresó a su casa hace unas horas, mi hija la llevó, y en cuanto me encontré sola en la casa me solté en llanto, he llorado no sé cuántas veces y me doy cuenta de que ese estado irritable que he estado experimentando, sobre todo cuando la veo a ella, es en el fondo el dolor de ver a esta mujer que es mi madre envejecer.

Desde que mi madre se divorció de mi padre, algo importante cambió en ella, se paró en sus pies, aprendió a salir adelante con cinco hijos y a vivir su vida de la forma en que ella quería. Al menos de inicio eso parecía, se liberó de muchos estigmas, se cansó de ser la niña buena y rompió con muchas de las reglas que obedeció ciegamente por tanto tiempo.

Hoy, viendo en retrospectiva hacia esos años, sigo admirando su arrojo para enfrentar varias veces a su familia, incluyendo al padre que tanto amaba y respetaba, y de quien buscaba más que nada aprobación. Podría decir que permitió que su parte masculina surgiera y se montó en ella como si fuera el caballo alado que la llevaría a su liberación. ¡Bien por ésa, madre!

Cuatro años más tarde, a mis 19, mi padre la convenció y se casaron de nuevo, mi hermano mayor y yo fuimos testigos en su boda civil. Esto podría ser el final feliz de una historia de amor, pero la verdad es que poco tiempo después de la boda los problemas regresaron. Algunos años después, separación y divorcio de nuevo.

Para esos años, ya casi todos vivíamos en la Ciudad de México y mi madre, quizá inspirada por los tres hijos más grandes que llevábamos unos años experimentando diferentes formas de crecimiento, se metió de fondo en su propio proceso, terapias, retiros, talleres, todo lo que la pudiese ayudar. Continuaba rompiendo viejos patrones de una crianza con tantas restricciones, reglas, religiosidad extrema, al punto que durante sus años de secundaria y el equivalente de la prepa entonces, iba a misa casi diario, se sabía la misa en latín, se confesaba y se rehusaba a dejarse copiar por sus compañeras, porque era pecado.

Ella misma reconocía que a pesar de los muchos problemas y catástrofes que vivió con mi padre, le debía que, en esa segunda boda, la hubiera sacado de Tabasco; que hubieran viajado, conocido personas, culturas, lugares diferentes, y también esos años del primer divorcio, durante los cuales tuvo que enfrentar a una sociedad cerrada y llena de prejuicios, convirtiéndose en una de las primeras mujeres divorciadas en su entorno, algo muy doloroso y complicado para ella. Alguna vez me contó que su hermana, que era su vecina, la regañaba cuando salía y le decía que tenía que "portarse bien" para dar buen ejemplo a sus hijas.

Gracias a todas sus crisis, su percepción de la vida cambió, finalmente abriéndose a la posibilidad de descubrir caminos diferentes a los ya conocidos. Y esta posibilidad de alguna manera la transmitió

De desamores y vacíos emocionales

energéticamente a nosotras sus hijas, y por supuesto a los hijos, siendo una de nuestras fuentes de inspiración para continuar rompiendo estereotipos. Y digo continuar porque no fue ella la que inició esta revolución espiritual y emocional en nuestra familia. De hecho, fue nuestro padre primero y mi hermano mayor después.

Esa mujer, la madre, después de que todos sus sueños románticos de la infancia y adolescencia se rompieran y que tuviera que vivir situaciones difíciles sobre todo para las mujeres de su época y en provincia, fue la única de sus hermanas que se atrevió, ya adulta, a confrontar su educación, modificando su visión y valores para crear una vida más congruente con su verdadero ser.

Sé que esta historia no es única, pero tampoco la más común. El hecho de que mi madre se hubiera atrevido a romper con muchas de sus cadenas generacionales fue de mucho valor y estoy segura de que abrió camino para nosotras, sus hijas y nietas, para los hombres de la familia también, aunque me centro en la parte de las mujeres por el tema del libro.

Sin embargo, me es claro por los años de trabajo en sesiones y en talleres con mujeres que éste no es el caso para la mayoría; romper con los condicionamientos de lo que significa ser mujer en las familias implica un distanciamiento de algún tipo, en diferentes grados, con la madre y las mujeres de la familia que hayan decidido quedarse con lo que aprendieron sin confrontar ni romper estigmas.

Esto, por supuesto, nunca es fácil para las "rebeldes", quienes muchas veces son exiliadas del círculo de mujeres de la familia e incluso de los demás miembros de ésta por desafiar el *statu quo* de la familia y la sociedad en la que viven. Yo lo experimenté de niña y adolescente, siendo la "niña problema" del clan, pero al final, dentro de mi familia cercana, al salirnos de Tabasco, nos movimos todos del espacio emocional y energético en el cual crecimos, ampliando nuestra visión y el deseo de ir cada vez más profundamente en la búsqueda de nuestra verdad y esto ha creado profundos lazos entre nosotros, un gran apoyo y respeto a nuestra individualidad.

¿Qué faltó entonces para ella, que a mí y a mis hermanas nos toca aprender? Mi madre, quizá no en forma tan consciente como yo, se identificó mucho más con su padre, de hecho, ella siempre trató de demostrarle que era tan inteligente y capaz como cualquier hombre. Estaba muy conectada con el aspecto de la libertad, pero su parte más sensible, vulnerable, simplemente la ignoró, me atrevo a decir que para no ser como su madre, quien como ya lo comenté, era muy sumisa con su esposo.

En toda esta historia mi abuela materna, su madre, no aparece. Ella murió un año antes de que mis padres se divorciaran la primera vez. En este trabajo que he hecho, en el cual he indagado acerca de estas mujeres, mi linaje femenino, mi madre no me habla casi de la suya. Ella insiste en que la mandaron muy joven a la Ciudad de México a estudiar y por lo mismo no convivió casi con su madre de chica, es cierto, pero tenía nueve años y los años básicos sí los vivió con ella. Pero no la veo en su vida. Le he pedido varias veces que me cuente de su madre, y todo lo que recuerda tiene que ver con que "era muy buena cocinera", "nos hacía esto, lo otro", pero cualquier parte referente a su vínculo más profundo con ella pareciera que nunca existió.

Lo que yo traduzco de todo esto es que ella rechazó la forma femenina de mi abuela, y no sin razón, pero no encontró la suya, simplemente se movió hacia su lado masculino y allí se paró. Ignoró necesidades propias de este aspecto. Y desde sus heridas, decidió que era mejor no necesitar y por supuesto su historia tan rota con mi padre se lo reforzó.

Esto me lleva a la *vulnerabilidad*, palabra que no entendí a fondo hasta años después de que inicié mi trabajo personal y más tarde el entrenamiento con Krishnananda y Amana Trobe, fundadores del Learning Love Institute. Hasta ese momento, ser vulnerable para mí equivalía a ser débil, a exponerme de forma que otros me pudieran lastimar.

Aquí, claramente veo mi parecido con mi madre, cómo fui tomando sus formas casi sin darme cuenta. Ambas salimos al mundo solas y de una manera u otra, pudimos navegar por esas aguas sin ahogarnos, gracias a nuestra fuerza, pero en el proceso nos desconectamos de las cualidades de nuestro lado femenino.

Cuando inicié mi trabajo con Krish y Amana y luego tomé el entrenamiento de comunicación no violenta, que se basa en las necesidades esenciales de todos los individuos, poco a poco pude darme cuenta de que había ignorado esa parte mía tan sensible (para evitar que me metiera en problemas según yo) y me había disfrazado de mujer fuerte, pero en realidad por dentro era como un pollito asustado.

Sí, sí soy fuerte, todas las personas, lo sepamos o no, tenemos nuestra fuerza, pero la mía en aquellos años tenía más que ver con una armadura de "todo está bien, soy *cool*, no me afecta nada", aunque ésta era sólo una estrategia mía para "encajar", "no se preocupen, yo no necesito nada, lo que hagan está bien para mí porque soy bien buena onda y me adapto a todo". Más que ser fuerte, era dura conmigo, con esa parte sensible y vulnerable que había aprendido a ver como un estorbo.

Y ésta era la consecuencia de crecer en una familia en la cual lo que se valoraba era justo ser fuertes, valientes, independientes, pero, sobre todo, no molestar a los demás con nuestras necesidades, arreglárnoslas solas, porque al final es lo que mis padres tuvieron que hacer. *No necesito, no necesito, no necesito*, parece haber sido el mantra de las mujeres de mi familia. *Mis necesidades no son valiosas sobre todo si molestan a los demás.*

Ser sensibles no era bueno en la familia, porque entonces te convertías en blanco de burla, bromas, críticas y cierta lástima por parte de los demás. "Aguante vara" era lo que nos decían cuando nos caíamos del caballo, cuando nos lastimábamos, cuando algo nos daba miedo. Y yo aprendí, como mi madre y muchos de la familia, a *aguantar vara*.

Me ha tomado mucho tiempo y trabajo personal ser capaz de ver la razón por la cual he vivido enojada con mi madre, y hoy al observarla en la fragilidad de su edad, de su vejez, se me va aclarando el panorama. Como ella, como tantas, aprendí a callar muchas de mis necesidades y hacerme cargo de las de otras personas. Muchas de nosotras vamos por la vida sin claridad acerca de lo que realmente necesitamos y sin darnos cuenta de lo sensible.

Verla a ella y a muchas otras personas que tomamos en cuenta algunas de nuestras necesidades esenciales, mientras ignoramos otras tantas, me permite reconocer esa parte de mi niña herida que he querido esconder, no sólo de los demás, sino también de mí misma.

Para cambiar este patrón de "amar demasiado, demasiado mal" es vital conocer y respetar nuestras necesidades. La verdad es que muchas veces ni siquiera sabemos qué es lo que necesitamos o confundimos necesidades básicas con los caprichos de la parte infantil.

NECESIDADES Y VACÍOS

El siguiente texto acerca de las necesidades y los vacíos pertenece al Manual de entrenamiento de técnicas terapéuticas, de meditación, exploración interna y sanación del Learning Love Institute creado por Amana y Krish Trobe, y lo comparto por ser un entendimiento básico para la sanación de nuestras niñas interiores. Parte de éste se encuentra en el libro *Stepping out of Fear* de los mismos autores:

> Hablaremos primero de la experiencia del vacío negativo de la niña interna y del estado de necesidad que naturalmente surge de ella.

De desamores y vacíos emocionales

En su primer volumen de las series "Diamond Heart", H. A. Almaas tiene un capítulo llamado "La teoría de los agujeros". En este brillante capítulo, él contribuye valiosamente al entendimiento del estado mental de nuestra niña interior. Describe cómo estos agujeros energéticos internos se desarrollan cuando una de las necesidades esenciales no es satisfecha en nuestra infancia.

Un agujero es una sensación de vacío en relación con alguno de los aspectos de nuestro ser que no fue nutrido y por lo mismo no se desarrolló.

Pasamos mucho de nuestro tiempo y energía de la vida diaria inconscientemente tratando de llenar nuestros vacíos. Muchas de nuestras conductas están dirigidas a que otros llenen nuestros vacíos.

Nuestros agujeros crean una ansiedad muy profunda y nuestra vida se convierte en una compulsión inconsciente constante de llenarlos. Cada uno de estos agujeros crea una dependencia hacia algo externo, ya sea intentando llenarlos con personas o situaciones o evitándolos por causa del mismo agujero.

Nuestros agujeros tienen un efecto poderoso en el tipo de personas y situaciones que atraemos. Tenemos una compulsión de crear situaciones que detonan estos mismos agujeros, porque al final es la única forma de darnos cuenta de que los tenemos. Ésta es la forma que tenemos de aprender y desarrollar lo que falta adentro. Necesitamos de estos retos para crecer.

Diferentes tipos de agujeros

- Sentirse no queridas, abandonadas, rechazadas.
- No sentirnos especiales o respetadas.
- No confiar en tus sentimientos.
- Falta de automotivación.

- Tener miedos profundos de sobrevivencia.
- Tener una necesidad profunda de caricias y cercanía.
- Falta de motivación para aprender
- Hambre de amor y atención.
- Ser perfeccionista y autocrítica.
- Sentirse tragada y controlada.

LAS NECESIDADES ESENCIALES

Cuando no tenemos conciencia o entendimiento de nuestros agujeros y de cómo éstos afectan nuestra vida, naturalmente sentimos que algo externo tiene que cambiar para nosotros ser felices. Ésta es una de las creencias cardinales del ser emocional. Por causa de ese vacío interior, cuando nos identificamos con esta parte de nuestra psique, nos vemos como altamente necesitadas. No es real. Es un trance. Y éste nos lleva a creer que la vida, la existencia u otras personas tienen que llenar este agujero: las personas tienen que empezar a tratarnos mejor, o darnos más reconocimiento, más amor, más atención, más espacio, y así vamos buscando varias formas de llenar el vacío.

O intentamos llenar estos agujeros con cosas que nos hacen sentir mejor como drogas, alcohol, cosas o diversiones. No podemos imaginar otras formas de terminar con la incomodidad, dolor, ansiedad y miedo que estos agujeros causan. Sólo vemos formas del exterior. Pero esto nunca funciona. Este esfuerzo sólo crea frustración más profunda. Lo que sí ayuda es empezar a entender estos agujeros. Lo que son, de dónde vienen y cómo podemos realmente llenarlos. Para esto, tenemos que ver lo que llamamos "las necesidades esenciales".

Es importante entender que no importa qué tan perfecta fue la forma de nuestros padres de cuidarnos y criarnos, aun así, hemos experimentado privación, carencias, dolor, miedo, etc. Si no entendemos esto, nunca creceremos. Antes de eso, desde nuestras carencias, de forma inconsciente proyectamos nuestras necesidades no satisfechas en nuestros amantes, novios, parejas, amigos cercanos, compañeros de trabajo, hijos, de hecho, en cualquiera con quien nos relacionemos. Entre más cercana la conexión, más profunda la proyección.

NECESIDADES ESENCIALES

1. La necesidad de sentirnos queridas y sentirnos especiales y respetadas como personas únicas (por lo que somos, no por lo que hacemos).
2. La necesidad de que nuestros sentimientos (ej. dolor, miedo, ira), pensamientos e intuición sean validados.
3. La necesidad de ser alentadas a descubrir y explorar nuestra unicidad y originalidad en los siguientes aspectos:
   - Sexualidad
   - Dones creativos
   - Poder
   - Gozo
   - Recursos
   - Silencio y solitud
4. La necesidad de sentirte segura y a salvo.
5. La necesidad de ser tocada físicamente en amorosa presencia.
6. La necesidad de ser inspirada y motivada a aprender.
7. La necesidad de saber que está bien cometer errores y aprender de ellos.
8. La necesidad de atestiguar amor e intimidad.
9. La necesidad de ser alentada y apoyada a separarnos y encontrarnos a nosotras.
10. La necesidad de que nos den límites firmes y amorosos.

Ésta es la lista de donde surgen nuestras carencias, y está totalmente y para siempre en el presente. Cuando nos acercamos a otra persona, por lo general lo hacemos con todas estas necesidades insatisfechas. Cuando no hay conciencia, nos movemos automáticamente a una de las cinco conductas de nuestra niña emocional infantil.

- Reacción y control
- Expectativas, demandas y sentirnos con derechos sobre el otro
- Complacer y ceder
- Fantasías
- Adicciones

Cuando empezamos a desarrollar la conciencia, estas conductas dejan de ser tan automáticas.

EJERCICIOS DE AUTOINDAGACIÓN

1. Revisa la lista de las necesidades esenciales y pregúntate: "¿Tengo un agujero en relación con esta necesidad?"
2. Cuando encuentres un agujero particular, pregúntate: "¿Cómo afecta este agujero en mi forma de relacionarme con las personas y la vida?" "¿Cómo se siente en el cuerpo este agujero dentro de mí?"
3. Explorando tus necesidades: ¿qué pensamientos y sentimientos surgen cuando consideras tus necesidades?
4. Escribe las creencias que guardas acerca de tener o expresar estas necesidades.
5. ¿Qué te enseñaron (de forma verbal o no verbal) acerca de tener y expresar tus necesidades? Ejemplos: "Es egoísta centrarse en las necesidades de uno". "Hay cosas más importantes en la vida que lo que tú necesitas."

CAPÍTULO 3

El nido narcisista

Karyl McBride, en su libro ya mencionado, hace una descripción exacta sobre este tema: *"Las familias narcisistas son auténticas telas de araña.* En ellas, parte de sus miembros, en especial los niños, quedan atrapados en los hilos del sufrimiento emocional. En estas dinámicas siempre hay alguien, en este caso la madre, que antepone sus propias necesidades a las del resto, erigiendo así un poder absoluto. Este poder, en muchos casos, sirve para boicotear y manipular con un único fin: ser nutrida, reconocida y validada a todos los niveles".

CARACTERÍSTICAS DE LAS FAMILIAS NARCISISTAS, DISFUNCIONALES, TÓXICAS

FAMILIA DISFUNCIONAL	FAMILIA FUNCIONAL
1) No se hablan las cosas	1) Comunicación abierta
2) Represión de sentimientos	2) Expresión libre de sentimientos
3) Expectativas indefinidas	3) Reglas establecidas
4) Relaciones viciadas	4) Respeto a cada persona
5) Manipulación y control	5) Respeto a la libertad de cada quien
6) Sistema caótico de valores	6) Sistema consistente de valores
7) Actitudes rígidas	7) Flexibilidad de criterios

8) Tradiciones inamovibles
9) Atmósfera desagradable
10) Enfermedades frecuentes
11) Relaciones dependientes
12) Envidia y desconfianza

8) Adaptación al cambio
9) Atmósfera agradable
10) Gente sana
11) Independencia y crecimiento
12) Confianza y amor

CARACTERÍSTICAS DE HIJAS E HIJOS DE FAMILIAS NARCISISTAS

- Asume la responsabilidad por los sentimientos y conductas de otros.
- Dificultad para identificar sentimientos.
- Incapacidad para expresar sentimientos.
- Miedo ante la respuesta de los demás a los sentimientos propios.
- Dificultad en formar y mantener relaciones cercanas.
- Miedo al rechazo o a ser lastimados por otros.
- Perfeccionistas que abrigan demasiadas expectativas de sí mismos y de los demás.
- Dificultad para tomar decisiones.
- Tienden a minimizar, alterar o negar la verdad de cómo se sienten.
- Las acciones y actitudes de otros determinan sus reacciones y respuestas.
- Ponen las necesidades y deseos de otros antes de las propias.
- El miedo a la ira de otros determina lo que dicen o hacen.
- Se cuestionan o ignoran sus valores, con la idea de relacionarse mejor con los demás.
- Valoran las opiniones ajenas más que las propias.
- Su autoestima se rige por la influencia de otros. No reconocen lo bueno acerca de ellos mismos.

El nido narcisista

- La serenidad y atención mental están determinadas por los sentimientos y conductas de otros.
- No creen que ser vulnerables y pedir ayuda sea normal y correcto.
- No saben que está bien hablar de los problemas fuera de la familia, que los sentimientos son sentimientos y que es mejor compartirlos que negarlos, minimizarlos o justificarlos.
- Son muy leales, aun cuando la lealtad sea injustificada y a veces hasta dañina.
- Necesitan ser necesitados para poder relacionarse con los demás.

Aunque me refiero a estas familias como "familias narcisistas", esta característica de narcisismo se aplica generalmente al padre o a la madre, sin embargo, es muy común que en estas familias que también podemos llamar "disfuncionales o tóxicas", aunque uno de los padres es el narcisista dominante, el otro también muestra signos de esta inmadurez infantil que tanto daña a hijas e hijos convirtiéndose en el narcisista secundario.

En el esquema de familia tradicional, suele detectarse que la narcisista es la madre. Esto no significa que el padre no lo sea, sino que al estar metido en su trabajo y permanecer menos tiempo en casa, o porque muchas veces simplemente desaparece, su influencia es inferior por norma general. Pero como en todo, hay excepciones.

Para comprender más acerca de nuestras familias y entender quién era el narcisista entre los dos padres, hay que saber que dos narcisistas se manipulan entre ellos de una manera u otra. Es cuestión de darnos cuenta de quién manipulaba y quién sufría las manipulaciones. Pero esto sin olvidar que es un modelo y como tal es modificable e incluso desechable porque al final los padres son también seres humanos, que como la mayoría venimos cargando esos traumas que no resolvimos y que siguen afectando nuestra vida y por supuesto nuestra forma de criar a los hijos. Formas ignorantes que si no hacemos conscientes y sanamos en nosotros, las pasamos a nuestros hijos y ellos a los suyos y así interminablemente.

Aunque es raro, en ocasiones podemos encontrar a un progenitor que ha estado bajo el yugo de su pareja y ha defendido a sus hijos dándoles todo el cariño y la atención que merecían, pese a pagar caro por eso. Y digo que es raro, porque con frecuencia el padre "víctima", a pesar de los abusos y manipulaciones, permite la conducta del padre narcisista e incluso la solapa de alguna manera, incluyendo no defender a los hijos y quedarse en esta relación, aunque los dañe a todos.

Cuando se percibe que no se ha recibido ningún tipo de defensa o apoyo consistente por parte de ninguno de los padres, podemos decir que hemos sido criados en una familia narcisista compuesta por dos progenitores altamente manipuladores y poco o nada empáticos. Y éste es el caso más frecuente.

El asunto nuclear aquí es que estos padres están tan tomados por su propia inmadurez emocional que no tienen el espacio o el interés para juntos apoyar el desarrollo sano de los hijos, creando un ambiente en el que hijas e hijos puedan construir su vida sobre los pilares básicos, tales como la sensación de seguridad, la confianza en sí mismos, sentirse amados, desarrollando la autoconfianza necesaria para enfrentar los retos de su vida. En estas familias las carencias emocionales son muchas y causan serias consecuencias que hijas e hijos cargarán a lo largo de su vida.

Todo niño necesita sentir el amor de sus padres de forma incondicional. Necesita sentirse aceptado, al menos en los primeros años de su vida. Este amor y aceptación serán el combustible para el resto de nuestra vida, por lo que todos necesitamos llenar ese "tanque emocional" durante etapas tempranas.

El nido narcisista

En palabras de John Bradshaw, en su libro *Volver a casa* (la traducción está escrita en masculino, pero se refiere a ambos sexos; la copio tal cual):

> Todo niño necesita sentirse amado incondicionalmente, cuando menos al principio de su vida. Si no puede verse reflejado en su padre, el niño no tendrá la manera de saber quién es él. Cada uno de nosotros fue un nosotros antes de convertirse en un yo. Necesitábamos un rostro-espejo que reflejara todas nuestras partes. Necesitábamos saber cuánto importábamos, que nos tomaban en serio, qué parte de nuestro ser era aceptada y merecedora de cariño. También necesitábamos saber que podíamos depender del amor de nuestros padres. Éstas fueron nuestras saludables necesidades narcisistas. Si no fueron satisfechas, nuestro sentido de YO SOY resultó perjudicado.
>
> El niño despojado de su narcisismo posteriormente contaminará al adulto con un insaciable afán de amor, atención y afecto. Las demandas de ese niño que vive en su interior sabotearán sus relaciones de adulto porque, no importa cuánto amor se le dé, nunca será suficiente. El adulto, despojado cuando niño de su narcisismo, no puede ver satisfechas sus necesidades porque realmente son necesidades de un niño. Y los niños necesitan a sus padres *todo el tiempo*. Sienten esta necesidad por naturaleza, no por elección. Las necesidades del niño son necesidades de dependencia, es decir, necesidades que deben ser satisfechas por otros.
>
> Sólo si se lamenta la pérdida llega la curación, si esto no sucede el adulto buscará vorazmente el amor y la estimación que no tuvo en su infancia.
>
> Las necesidades de los adultos despojados de su narcisismo en su infancia asumen varias formas:

- Una tras otra, cada relación les causa una desilusión.
- Siempre buscan al amante perfecto que satisfaga todas sus necesidades.
- Se vuelven adictos. (Las adicciones son un intento por llenar el vacío que existe en su psique. Las adicciones al sexo y al amor son ejemplos destacados.)
- Luchan por obtener objetos materiales y dinero porque ellos les proporcionan la sensación de ser valiosos.
- Se convierten en actores o en deportistas pues necesitan la constante adulación y admiración de su público.
- Utilizan a sus propios hijos para satisfacer sus necesidades. (En su fantasía, sus hijos nunca los dejarán y siempre los amarán, respetarán y admirarán.) Tratan de obtener de sus hijos el amor y la admiración especial que no pudieron lograr de sus padres.

La primera vez que leí estos párrafos entendí más a fondo el término de *narcisismo*, comprendiendo que hay una etapa durante la infancia del ser humano donde este narcisismo es algo natural y deseable. El problema surge cuando los padres, desde su propia inmadurez, no le conceden al hijo o hija su derecho de vivir esta etapa de manera completa y natural. Cuando esto se permite, el niño o la niña pasa a la siguiente etapa sin problemas, de forma natural, dejando atrás el narcisismo. Sin embargo, esto casi nunca sucede ya que los padres también fuimos despojados de ese derecho, entonces no sabemos ni entendemos la importancia de que ellos vivan plenamente su narcisismo en la etapa apropiada.

Como dice Bradshaw, al no suceder esto vamos por la vida como adultos, contaminados por las necesidades narcisistas no resueltas que viven en la parte emocional conocida como el niño o la niña interior. Exigiendo, demandando, esperando que otros vengan a llenar los vacíos creados por esas necesidades no satisfechas. Y cuando llegan los hijos, los adultos narcisistas solemos usarlos para que sean quienes llenen nuestras necesidades infantiles.

Leyendo todo esto y echando una mirada a la sociedad, al mundo en que vivimos, me pregunto honestamente quiénes en realidad están exentos de rasgos narcisistas. Me parece que en general todos estamos incluidos en diferentes grados, siempre enfocados en "lo que YO quiero, lo que YO creo, lo que YO necesito, MÍO, MÍO, MÍO", justo como si fuéramos niños, niñas de tres, cuatro, cinco años, utilizando formas, estrategias infantiles para llenar vacíos, para lidiar con la vida y sus frustraciones, para salirnos con la nuestra.

El narcisismo sano nos hubiera enseñado a amarnos, aceptarnos y cuidarnos y como resultado hacer lo mismo con nuestros seres amados, pero este narcisismo patológico nos llena de fantasías y dedicamos nuestra vida al culto de cuidar la imagen del "Yo" falso: el ego, como también se conoce en algunas escuelas y tradiciones.

En el camino de la recuperación de una familia narcisista es importante entender este término y cuáles son las reglas no habladas, los valores que nos impusieron, la forma de comportarse de los padres. Una vez entendido esto podemos darnos cuenta de que la forma en que fuimos educadas NO estuvo bien, para dejar de justificar el abuso, la negligencia de nuestros padres. No se trata de atacarlos, reclamarles, pelearnos, esto es sólo para ti, para entender lo que sucedió realmente y cómo esto te afecta en tu vida presente.

A continuación comparto reglas que en general se encuentran en las familias narcisistas. Ayuda ir escribiendo después de cada una si este tipo de situaciones se dieron en tu familia. De esta forma observamos si estas reglas siguen rigiendo nuestra vida. Una vez que comprendemos que algo está mal, podemos trabajar para cambiarlo.

El amor y la aceptación se condicionan

Estos sentimientos no se dan de forma gratuita en estas familias, debes ganártelos. Y la forma de hacerlo es cumpliendo las expectativas de los padres, por absurdas que sean. Si intentas seguir tu individualidad, buscar valores que sean más congruentes contigo, serás etiquetada como persona problema, la hija "mala".

Siempre hay uno o más chivos expiatorios

Dado que nadie, especialmente los padres se hacen responsables de sus sentimientos, necesidades reales, acciones y situaciones, buscarán entre los hijos a quién culpar de todo lo que salga mal. Además, proyectan todo aquello que no les agrade de sí mismos sobre alguno de los hijos, o hijas.

Debes escoger de qué lado estás

En estas familias se forman "bandos", quizá el pleito es entre la madre y el padre, quizá de los padres contra algún hijo o hija que se atrevió a desafiar la autoridad del narcisista dominante, quizá contra alguien más en la familia. Es muy común que cuando la madre está enojada con el padre pretenda que sus hijos, sobre todo las hijas, se pongan de su lado, y si no lo hacen las incluye en el paquete del padre al que aborrece. Estos padres hacen valer la famosa frase: si no estás conmigo, estás contra mí. No hay espacio para la neutralidad.

Sometimiento absoluto de los miembros de la familia

El padre o madre narcisista son la voz de la autoridad absoluta, no importa si esta autoridad es injusta, cruel, impositiva.

El nido narcisista

No se permite sentir o necesitar

Las únicas necesidades que cuentan en estas familias son las necesidades narcisistas de los padres. Hijos e hijas están para que estas necesidades sean satisfechas. Y lo mismo pasa con los sentimientos, los importantes son los del narcisista. Los sentimientos de los demás no importan.

Amor y respeto condicionados

No hay para todos, nunca hay suficiente, así que hay que ganárselos y la forma de hacerlo es someterte totalmente al padre o madre narcisista. Esto crea competencia y deslealtad entre hijos e hijas, quienes harán lo que puedan para conseguir algo del amor y reconocimiento que tanto anhela.

Perfeccionismo

No se admiten las fallas, los errores. Todo tiene que ser "perfecto" o te harán sentir como persona fracasada y pagarás por ello.

Historia de Guadalupe

Cuando fue el terremoto de 2017 yo estaba embarazada de cinco meses. A mi mamá se le empezó a trasminar agua, puso una cubeta, cuando se llenó me marcó para que yo fuera a tirar el agua, le dije que buscara ayuda con algún vecino. Acabé yendo a ayudarle, a subirme a una escalera para bajar la famosa cubeta; yo no quería salir porque había muchas desgracias afuera y con el embarazo estaba más sensible.

Todos los días cuando ella me llama, por cortesía pregunto cómo estás, la respuesta es siempre un dolor nuevo, una roncha nueva, una preocupación más para mí. Un día me dijo que le picó un mosco y que para eso era bueno ponerse una bolsita de té, a lo que me pidió que le llevara una bolsita de té; no vivimos juntas, estamos en cuarentena por pandemia y ella sugiere que yo le lleve una bolsita de té... ¿no sería más fácil que alguno de los 19 vecinos tuviera una?

Cuando mi mamá me cuenta todos los días sus dolencias me genera mucha angustia, hasta que en octubre del año pasado tuve un ataque de ansiedad al punto de llamar a una ambulancia; hablé con mi mamá y le dije que estaba muy cansada de escuchar todos los días la colección de nuevos males que adquirió en las últimas 24 horas, a lo que respondió: "Si no te cuento a ti, ¿a quién?" Yo le dije: "Somos 120 millones de mexicanos, ¿y soy tu única opción? Qué tal que le llamas a un médico" (su doctor ya se quejó conmigo que no para de escribirle).

Una tía me cuenta que un día yo me machuqué los dedos de bebé mientras estaba en la andadera, mi mamá se desmayó; pensé que exageraba. Años después por una hemorragia llevamos a mi abuelito a urgencias, por la pérdida de sangre él perdió el conocimiento, se desplomó en el consultorio y a los dos minutos mi mamá detrás de él; tuve mucho coraje con ella porque yo estaba ahí tratando de elegir por quién de los dos pedir ayuda. No confío en ella cuando se trata de una emergencia.

En realidad, yo soy el papá de mi mamá, resuelvo todo, a pesar de yo estar casada y vivir aparte; cambio focos, pago con mi dinero todas las cuentas, contrato plomeros, electricistas, llevo el mando de dos casas. Me siento exhausta.

ROLES EN LA FAMILIA NARCISISTA

En una familia emocionalmente sana, los padres son quienes ponen el ejemplo para una vida más equilibrada, funcional, dinámica y dirigida a la realización de cada uno de los individuos de esa familia, porque en eso se convierten los hijos, en individuos que buscan su propia plenitud.

Los padres emocionalmente sanos tienen la suficiente empatía para que los hijos se sientan cómodos y relajados en sus vínculos de dependencia con ellos y los nutren apoyando su crecimiento hasta que están listos para separarse y buscar su autonomía. Ejercen formas de comunicación honesta, abierta y asertiva para establecer el orden familiar, no reglas autoritarias, impositivas y arbitrarias.

En una familia narcisista encontramos un padre o madre narcisistas, que, como dije antes, es un término que utilizo no para estigmatizar a estos seres, sino para destacar que son padres que no han resuelto asuntos graves de sus propias infancias, sus miedos, vergüenzas, inseguridades, desnutrición emocional, y desde ahí su comportamiento es totalmente infantil y egoísta.

Entiendo que hay diferentes grados de narcisismo, no siempre se experimenta de una forma tan extrema. También he observado que de alguna manera todos tenemos un poco o mucho de estos rasgos infantiles no resueltos y por lo mismo es tan importante reconocerlos y sanarlos.

Hay un narcisista "dominante" y generalmente el esposo o esposa juega el papel del narcisista "secundario", que se asegura de que el mundo familiar gire alrededor del cónyuge dominante y que todo sea tal como él o ella lo desea, sacrificando para esto sus propias necesidades y las de los hijos.

Dentro de estos matices encontramos en familias más extremas reglas como las que menciono en párrafos anteriores. La estructura familiar se crea alrededor de las necesidades del padre narcisista y éstas son las importantes. Las necesidades del cónyuge o hijos son secundarias y no deben amenazar la imagen o reputación de la familia.

Estos padres están totalmente desconectados de su verdadero ser y por lo mismo necesitan crear una imagen que vaya de acuerdo con su ego narcisista. La familia para ellos representa un símbolo de estatus y la forma de alimentar su frágil y lastimada autoimagen.

De puertas hacia afuera, la familia debe verse perfecta, aunque cuando esas puertas se cierran se desatan los dramas, competencias, luchas de poder, adicciones, violencia y todo acto de sobrevivencia posible.

Lo que tendría que ser una estructura amorosa y nutricia para el desarrollo de las hijas, se convierte en el abastecimiento personal para el ego del padre narcisista. Los hijos, la pareja, están allí sólo para cumplir los papeles asignados por la madre narcisista, y estos roles se crean para sostener una cierta imagen de la familia hacia el mundo.

J. H. Simon, autor de varios libros sobre el narcisismo, escribió la siguiente frase: "El narcisismo es un tema abrumador y confuso. Pero cuando revelas su máscara, te das cuenta de que es básicamente una mentira contada a esos que son vulnerables".

Aunque existen varias categorías o modelos de los roles en estas familias, tomo el de J. H. Simon descrito en su libro *How to Kill a Narcissist* (Cómo matar a un narcisista) por parecerme muy claro y completo.

De ese libro extraigo los siguientes párrafos acerca de la forma en que estas familias de padres narcisistas asignan roles a los hijos e hijas, y el daño que esto causa en el *yo verdadero* de todos los afectados. Aunque este libro se centra más en la relación madre-hija, que iremos profundizando a medida que avanzamos, usaré este texto porque es importante entender a fondo cómo funciona la familia con padres, madre o padre o ambos, narcisistas.

> Para que la estructura de la familia narcisista funcione, se deben cumplir los siguientes lineamientos.
>
> Más que planear cómo nutrir y criar a los niños de la mejor forma para ayudarles a convertirse en adultos independientes,

el narcisista decidirá qué papel debe jugar cada persona para fortalecer su propia imagen grandiosa. El resultado es la creación de una jerarquía y represión de necesidades que asegure la ganancia de un equilibrio disfuncional que satisfaga a la narcisista. Cualquier cosa que amenace este equilibrio debe ser aplastada sin excepción.

La imagen de la familia narcisista

> Éramos tres hermanas. Durante nuestra adolescencia, recuerdo a mi madre repitiendo constantemente que la imagen es lo más importante. "La ropa sucia se lava en casa", nos decía. "Arréglense bien, sonrían y sean muy amables. ¡Ah!, y por favor, metan la panza."
>
> ROSA MARÍA

El rol de cada persona dependerá de dos cosas: qué tipo de imagen grandiosa está intentando mantener el padre narcisista y lo que cada miembro de la familia puede ofrecer.

Esta imagen de la familia narcisista se disfraza normalmente detrás de lo siguiente:

Imagen de una familia feliz

La familia feliz es una imagen que el narcisista necesita para sostener su reputación en público, lo cual significa que los niños deben comportarse perfectamente todo el tiempo. Ya que el narcisista no está en contacto con sus emociones, no hará ningún intento de satisfacer las necesidades emocionales de los hijos, sino que esperará que esta imagen se sostenga. El resentimiento y la insatisfacción no se tolerarán.

Imagen de éxito

El narcisista valora el éxito, así que espera que sus hijos logren ser exitosos en cualquier cosa que hagan —y aquí dependerá cuál sea la idea del padre o madre sobre el éxito—. En algunas familias narcisistas esta expectativa existe, aunque los padres no hagan ningún esfuerzo para enseñar a sus hijos y guiar el camino. De los hijos se espera que llenen las expectativas de padres que sólo están obsesionados con su propia imagen falsa. En otras familias narcisistas, el padre o la madre muestran el camino siendo exitosos y presionando a los hijos para hacer lo mismo. Cualquier cosa menor que un 100% es considerada un fracaso.

Que como hija o hijo recibas aceptación y aprobación depende estrictamente de tu habilidad de servir a la ideología narcisista de la familia. Se te medirá con lo siguiente:

Qué papel puedas jugar. Si puedes interpretar el rol que sirva a la ideología de la familia narcisista, entonces serás valorado y consecuentemente recibirás aceptación y aprobación. Por ejemplo, una familia puede que valore que el primer nacido sea un niño, así que, si eres un niño, instantáneamente ganas puntos. Una familia puede valorar la educación como el camino al éxito, así que obtener calificaciones altas se vuelve la fuente de aceptación y aprobación. Simplemente ser la niña bien portada y que no cause inconvenientes para la familia narcisista puede sumarte puntos también, ganándote la etiqueta de "niña buena" por no causar problemas y estarte quieta. El hijo más joven puede ganar puntos sólo por ser el más chico.

Qué tan bien vendes la imagen. Si representas a la familia de manera entusiasta en público, se te darán puntos. Aparecer feliz frente a los otros es reforzar la reputación familiar, ayudando a esconder la verdadera agenda de la o el narcisista tanto como la miseria de la familia.

Cualquier miembro que sea incapaz o se rehúse a apoyar la ideología narcisista de la familia recibirá el castigo de ser ignorado, atacado verbal o físicamente y ridiculizado. Ser valorado por algunas cosas, pero atacado

El nido narcisista

por otras, crea mucha ansiedad y tensión en la niña, el niño que sólo desea el amor y la aceptación de sus padres, pero que no tiene una idea clara de lo que se requiere para lograrlo. Los hijos son completamente inconscientes de la agenda del narcisista, o de que son sólo un peón en el juego. Para los niños, todo es un asunto del corazón. Para el narcisista todo es un asunto de imagen.

Historia de Luz

Para mi madre teníamos que hacer las cosas bien, tal como ella quería si no, no estaban bien hechas. A mí me ponía siempre a trapear porque decía que era la única que le hacía caso de cómo tenía que hacerse. Su casa siempre tenía que estar reluciente, porque si no, ¿qué iba a decir la gente? Hasta la fecha si hay necesidad de ayudarla con el aseo, se enoja si no es como ella dice. Recuerdo cómo me abofeteaba si no pronunciaba bien las palabras y pobre de mí si se lo decía a alguien. O cómo se enojaba conmigo porque era una niña muy asustadiza en la oscuridad y si me quería ir con mis padres en la noche se enojaba y me decía que no, que mi miedo era sólo mi imaginación.

Mi madre, como muchas, tenía que trabajar y cuando se iba me dejaba a cargo de mis hermanas menores y me daba la responsabilidad de que mi hermano no se saliera (él es mayor que yo). De todo tenía que "pasarle el chisme". Me decía que mientras ella no estuviera, yo era la mamá. Y me decía cómo tenía que castigar a mi hermana la mediana si se portaba mal (sobre esto cargo una culpa enorme, porque sé que le hice mucho daño a mi hermana).

Cuando fui creciendo, me decía su frase favorita: "La suerte de la fea la bonita la desea". Sobre esto no hay mucho que decir.

Mi madre desde siempre critica su cuerpo, se siente gorda, tomaba pastillas para adelgazar y bueno, yo mucho tiempo lo hice de la misma manera.

Sanando la herida materna

Podría escribir un libro sobre lo difícil y doloroso que fue vivir esa infancia y la forma en cómo me trató mi mamá. Sí, hoy entiendo que no es mala persona, comprendo su historia de cómo mi abuela fue muy rígida con ella y cómo la despreciaba en muchos sentidos. Mismo caso que vivió mi abuela con su madre.

Mi mamá ahora es muy cariñosa con nosotros, cuando fuimos niños no lo era.

Ahora esos patrones de conducta los he vivido. Hace poco más de un año me separé del papá de mis hijos después de 16 años de relación y veo cómo le dejé completamente la responsabilidad de mí, mi felicidad, mis decisiones, mi economía, mi autoestima. La historia con él se resume en que continuamente le encontraba conversaciones con mujeres a las que trataba super bien haciéndoles propuestas y usando nombres cariñosos con ellas. A mí sólo me llamaba por mi nombre, teníamos peleas constantes llenas de agresiones verbales.

No me separaba porque tenía bien tatuado eso de que el matrimonio es para siempre, y que nadie iba a tratar a mis hijos mejor que su padre. Cabe mencionar lo celosa que es mi madre, lo coqueto que siempre ha sido mi padre y a pesar de problemas muy fuertes que han tenido, no se separan, aunque ella tomó bien el hecho de que yo sí lo hiciera. La frase favorita de mi papá es: "Mínimo tener quien te acerque un vaso de agua cuando estés viejo y enfermo". Y cuando les he hecho la pregunta de si ellos se aman, la evaden.

Mi exmarido me insistía en retomar la relación, y mis ideas llegan a bombardearme diciéndome que nadie mejor que él para tener esa familia, sumando que me dice que ya tomó terapia y lo dieron de alta. Pero cuando estoy cerca de él para platicar, mi cuerpo se estremece, queriendo salir corriendo en muchas ocasiones y cacho cómo me empiezo a comparar con él, que es mejor que yo, más fuerte o decidido. Me espejeo con él en todas mis inseguridades. Y mis miedos salen.

El nido narcisista

Esto último lo escribo con un nudo en la garganta, porque quiero ser más clara conmigo, decidida y entenderme mejor. Es decir, saber si lo amo o no, o para qué soy buena, cuáles son mis habilidades y cualidades, porque tampoco me gusta mi trabajo y me cuesta mucho tomar decisiones. Siempre crecí con la idea de hacer lo que se tenía que hacer.

ROLES EN LA FAMILIA NARCISISTA

El drama narcisista es como un espectáculo en el escenario y cada persona juega su parte. Los roles típicos de una familia narcisista son los siguientes:

Facilitador: *el que solapa y apoya al narcisista. Es generalmente el cónyuge o una de las hijas. La pareja facilitadora atiende las necesidades básicas del cónyuge narcisista y ayuda a construir un frente feliz. Ayuda a crear excusas para la persona narcisista. Lo que el facilitador desea realmente es la aprobación y aceptación del narcisista (que sólo podrá conseguir si se porta bien y actúa de acuerdo con lo que el narcisista desea, sin causarle problemas). Cuando el facilitador no está ayudando activamente al narcisista, debe orbitar y permanecer a su lado. Esto ayuda al narcisista a mantener un sentimiento de grandiosidad y control.*

Todo giraba alrededor de mi madre, no importaba qué sucedía con mi hermana o conmigo, de una manera u otra se las ingeniaba para hacerlo todo acerca de ella. Y mi padre no ayudaba, él la apoyaba en todo, no importa qué tan absurdo fuera su comportamiento. Al final siempre era la víctima y nosotras las malas. Un día regresé llorando de una fiesta porque el chico que me gustaba no me sacó a bailar. Alguien le dijo a mi madre que yo había llorado en la fiesta. Mi padre me regañó por hacerle eso a ella, mi madre estaba totalmente avergonzada porque otras señoras me vieron llorar. ¡Qué iban a pensar de ella!

Carmen

Hijo favorito o niño dorado: *el héroe de la familia. Los narcisistas buscarán a una hija o hijo al cual moldear a su propia imagen. Normalmente es el o la primera, pero puede ser el segundo. Depende del talento, atractivo, habilidad, inteligencia y qué tipo de agenda tenga el padre o madre narcisista. Por ejemplo, si en esa familia se valora la imagen física y el primer hijo —o hija— no es tan atractivo, ellos darán este rol al segundo. Estos niños crecen creyendo que son especiales cuando en realidad han sido simplemente moldeados a la imagen del narcisista. Llegan a creer que son mejores que sus hermanos e incluso los tratan como si fueran el jefe.*

Para mi madre no había ser más hermoso, más talentoso, más gracioso que mi hermana Perla. Crecí escuchando cómo nos comparaba y todo lo que yo tenía que aprender de ella. Siempre la elogiaba y hablaba maravillas de ella con todo el mundo. Si alguien preguntaba algo acerca de mí, cerraba los ojos, suspiraba y decía: "Pobrecita, no sé qué voy a hacer con esa niña".

Maribel

Madre adoptiva: *la cuidadora de la familia. La madre —padre— narcisista está demasiado preocupada consigo misma como para satisfacer las necesidades de sus hijos. Y su esposo facilitador está demasiado preocupado con las demandas de la narcisista. Cuando hay muchos niños en la familia, se designará uno, casi siempre una hija, para que juegue el rol de la madre adoptiva. Esta niña adulta tendrá que atender las necesidades de sus hermanos menores y se le hará responsable del bienestar y conducta de ellos. Para cumplir con su papel, la madre adoptiva tendrá que reprimir sus emociones, convirtiéndose en una adulta sobredisciplinada y rígida.*

El nido narcisista

Fuimos cinco hijas, yo la mayor. Mi padre nunca estaba, era alcohólico, y mi madre se salía a trabajar y siempre llegaba tarde. Desde que tenía siete años mi madre me dijo que yo tenía que cuidar a mis hermanas y toda la responsabilidad de ellas cayó sobre mí. No recuerdo momentos felices, siempre tenía miedo de que algo pasara, me aterraba cuando caía la noche y mis hermanas lloraban y gritaban por mamá.

Elena

Chivo expiatorio: *el bote de basura de la familia. Las personas narcisistas necesitan de alguien a quien aventarle sus frustraciones y su ira no asumida. Normalmente es el segundo hijo o hija o el más extrovertido a quien se le designará el rol de "problemático". Los demás miembros de la familia probablemente seguirán el ejemplo de la madre, padre narcisista, y sin darse cuenta se desquitarán con él o ella, avergonzándolo y haciéndole sentir que es la oveja negra de la familia.*

Desde pequeña me rebelé contra el trato injusto de mis padres, sobre todo el favoritismo de mi madre con mi hermano mayor. Todos sus problemas me los achacaba a mí, mi madre se enojaba conmigo si mi padre se iba de fiesta, yo era la culpable de sus dolores de cabeza, de que se peleara con mi abuela cuando ella trataba de defenderme. Siempre encontraba la forma de culparme por todo lo malo que pasaba en la casa, nunca entendí por qué estaba tan enojada conmigo.

Eva

El hijo o hija perdido: *el, la invisible de la familia. Cualquiera de los hijos o hijas a quien no se le ha otorgado el rol de favorito, madre adoptiva, chivo expiatorio será descuidado y alentado a no causar problemas. Crecen con* *un sentido de no saber quiénes son o cómo encajar en el mundo, junto con una profunda sensación de vergüenza e inferioridad.*

> Fuimos cinco hermanos, dos varones, tres niñas. Yo soy la menor. Mi madre nunca tenía tiempo para mí, siempre estaba ocupada con los problemas de los mayores o peleando con mi padre. Me acostumbré a no pedir nada, a no dar problemas y a intentar hacerme cargo de mí lo mejor posible. A la fecha me siento como invisible, que nadie me ve. Me parece que cuando no estoy, nadie lo nota.
>
> L<small>IDIA</small>

Mascotita: *el bufón de la familia. Casi siempre, el o la menor. Son los payasitos de la familia, quienes crean todo tipo de situaciones cómicas para cubrir la disfunción de la familia.*

> Siempre he dicho que cuando nací y vi la familia a la que había llegado, me dije: "Esta gente está muy tensa, hay que hacerla reír". Todo mundo piensa que soy muy divertida, muy chistosa, pero la verdad es que me gustaría que me tomaran más en serio. Aun cuando me siento triste o muy enojada, nadie me lo cree, sólo sé hacer chistes al respecto y burlarme de mí misma.
>
> A<small>NA</small>

Estos roles pueden cambiar y variar. Uno de los hijos o hijas puede jugar diferentes papeles, en especial si es hijo único. Pero al final este asunto de vivir jugando un papel asignado, no saber quién somos en realidad, es una verdadera locura para cualquier ser humano.

Con esta dinámica de vivir para cumplir con un papel designado desde nuestra infancia, nos desconectamos de quien realmente somos, de nuestra materia prima, nuestros dones, nuestra esencia. Esto causa un trauma y queda como una sensación de depresión crónica, algo que se experimenta como un vacío. Este vacío surge precisamente de la tremenda desconexión que sucede cuando adoptamos un yo falso. Cuando esto pasa, perdemos nuestra autenticidad, perdemos contacto con lo que sentimos, necesitamos, queremos. Perdemos la brújula de nuestra vida.

> Es como estar parada tras bambalinas en un teatro, viendo a un actor actuando mi vida y hacerlo de una manera que yo no lo haría. Es literalmente ver mi vida pasar y no poder hacer nada al respecto.
>
> CLAUDIA

CONSECUENCIAS DE UNA FAMILIA NARCISISTA

Al designar roles para cada persona, la familia se convierte en una lucha de sobrevivencia. Se deja a cada niño luchado por pedazos de atención y de aprobación del padre narcisista. Esto crea en cada niño —o niña— la creencia de que el amor es una competencia y obtenerlo depende de jugar tu papel. La realidad es que el amor es una fuente de aceptación, nutrición y compartirlo es algo perdido en los niños de la familia narcisista. Ellos viven en una dictadura, inteligentemente disfrazada como "familia feliz".

El daño causado por una familia narcisista es enorme:

- *Ansiedad y depresión*
- *Represión emocional*
- *Baja autoestima*
- *Falsas creencias acerca de las relaciones*
- *Falta de confianza*

Estos últimos puntos descritos por J. H. Simon en su libro *Cómo matar a un narcisista* son para la mayoría de los seres humanos, al menos en la cultura occidental, algo con lo que tenemos que lidiar a diario y que nos lleva a vivir en un modo de sobrevivencia, creyendo que realmente hay algo muy malo en nosotras, que nacimos defectuosas y que lo que nos pasa es parte de no haber podido ser "mejores personas" o, de plano, pura mala suerte.

Historia de María

Crecí sintiéndome siempre una niña invisible. Soy la tercera de los cuatro hijos que tuvo mi madre. Ella siempre trató a la mayor como su amiga, su confidente, la que la apoyaba en todo lo que hacía. Hoy esa hermana sigue siendo la cercana a mamá, su soporte.

Mi hermano y yo, los dos de en medio, éramos así, invisibles. Cuando nuestra madre se peleaba con papá, lo que era seguido debido a que él era alcohólico, nos decía que nosotros dos nos quedaríamos con papá a vivir, que ella se llevaría a mi hermana mayor y a la pequeña, cosa que nunca sucedió, pero esas palabras dejaron marca en mí.

Mi madre siempre le dio el poder a mi hermana mayor para hacer el papel de madre, para regañarnos, para estar al tanto de las cosas que hacíamos. En la escuela siempre fue competir, ella era siempre de 10 y si los demás no lo hacíamos igual, nos decía que éramos malos hijos. Nos ponía siempre en competencia, comparándonos constantemente con la mayor. Recuerdo los cumpleaños, los de mi hermana mayor siempre eran en grande, con invitados, hasta con música. En cambio, yo no tuve celebraciones, a veces incluso me dejaba de hablar ese día.

Ha sido difícil poder tomar mi lugar como persona individual, dejar de ser una extensión de esa hermana mayor con la que siempre tuve que competir. Tengo una carrera, pero no soy tan exitosa como ella. Cuando le platicaba a mi madre sobre algún logro profesional, nunca era importante porque mi hermana mayor ya lo había logrado antes que yo. Para ella era mi obligación obtenerlo.

Carencias emocionales, sí, han sido muchas y cuando lo he platicado con mi madre, para ella nunca ha sido cierto. Tampoco para mi hermana mayor. Ella es la que decide qué hacer, juzga las situaciones, siempre al frente de todo y cuando alguien no está de acuerdo son dramas. Mi madre nos pone a todos contra todos, se queja de no tener una familia unida, pero se ha encargado de separarnos y a la fecha a cada uno nos cuenta una versión diferente de los hechos.

Estas vivencias se reflejan hoy en mi trabajo: estoy en un lugar que no me gusta, en el que no soy feliz, pero sigo aquí por miedo a no hacerla en otro lugar, por creer que esto cambiará algún día, como en casa, pero aquí también soy ignorada, sólo estoy para resolver todo lo que no pueden resolver. Me siento no vista, ignorada y no valorada.

En las relaciones amorosas, ninguna me ha funcionado. Siempre me involucro con parejas que me ignoran y que han sido incluso abusivos. Nunca me he casado, pero sí viví con alguien. Con esta persona tuve una hija. La relación no funcionó, él simplemente se fue, desapareció. De nuevo no fui importante. Para la familia, mi madre especialmente con sus ideas arraigadas yo ya no tengo derecho a estar con alguien más ya que fracasé y tengo una hija. Ahora también para mi madre soy mala madre, porque trabajo todo el día para darle alimento, educación, un hogar a mi hija, pero para mi madre nada es suficiente.

Empiezo a poner límites, duele, pero necesito hacerlo. Soy criticada y juzgada por no querer ser más parte de esos dramas, de no querer más hablar con mi madre. Quisiera hacerlo con amor, pero aún no estoy lista para ello. Sé que ella es así por su niñez, por la vida que *tuvo, pero no es tan fácil cambiar el chip, tengo tantas cosas que cambiar para estar bien conmigo y así poder estar bien con los demás.*

En general en este capítulo nos referimos a la familia narcisista, considerando que cualquiera de los dos, padre o madre, o ambos pueden ser los narcisistas, pero es verdad que cuando la madre es el centro de la familia alrededor del cual orbitan las demás personas, el daño a las hijas es inmenso, por supuesto también los hijos la sufren y llevan en ellos la huella de esta madre infantil, pero como lo hemos explicado anteriormente, la madre es quien debe apoyar y guiar a la hija a encontrar su propia identidad, a cultivar una autoestima sana que la ayude a salir al mundo y con confianza en sí misma lanzarse a la gran aventura de la vida.

Esto es algo que, por cuestiones culturales en estas sociedades patriarcales, los hijos hombres, a pesar de sus propias heridas, generalmente no dejan de hacer. Es más común, y lo digo por todo lo que he leído, investigado y sobre todo por los años que llevo trabajando con ambos sexos, que las hijas se queden a continuar este legado de servidumbre al narcisismo de la madre. La culpa que se ha inyectado a las hijas las paraliza, las congela y no les permite separarse completamente de la madre, quedando atrapadas en los roles que ella les ha asignado.

Estos roles son como "cajitas" que nuestra madre, ahora hablando en específico de la relación madre-hija, diseñó para nosotras. Son nuestros disfraces de acuerdo con el rol, con la imagen que ella deseaba que diéramos al mundo y ahora como adultas, muchas veces sin darnos cuenta, estamos atrapadas en esta caja y en estos disfraces, actuando la obra que la madre dirige o dirigió, y no importa a cuántos talleres asistamos, cuánta terapia llevemos, que meditemos o decretemos por horas. Si no entendemos la importancia de salir de la cajita, de quitarnos estos disfraces y separarnos psicológicamente de nuestra madre

—quien aun si ya no sigue metida en nuestra cabeza—, seguiremos atrapadas en esta cárcel.

Separarnos psicológicamente y muchas veces incluso físicamente de la madre, de la familia de origen, es lo que se necesita para salir de esa cajita y así empezar a experimentar quien realmente somos debajo de tantos condicionamientos, de valores, creencias y conductas que adoptamos sin cuestionar y que ahora las vivimos como si fueran una verdad absoluta, rigiendo y controlando nuestra vida.

No es un proceso fácil, requiere mucha determinación y valentía, pero sobre todo mucho amor a nosotras y el intento de recuperar nuestra vida. Más adelante tocaremos a profundidad este tema.

EJERCICIOS DE AUTO INDAGACIÓN

Gran parte del trabajo de sanación es llevar luz a nuestra parte oscura. Estas preguntas te ayudarán a entender mejor el rol que has jugado en tu familia y que muy posiblemente sigues jugando en tus relaciones cercanas.

1. Regresa al inicio de este capítulo, vuelve a leer el listado con las características de una familia narcisista y escribe aquellas que se daban o se dan en tu familia de origen.
2. Haz lo mismo con el listado de las características de hijas de familias narcisistas. ¿Cuáles de éstas reconoces en ti? ¿Cómo se manifiestan en tu vida actual?
3. ¿Qué rol o roles has ocupado en tu familia?
4. ¿Cómo este rol o roles afecta tu vida presente?
5. ¿Qué entendimientos te llegan acerca de lo que escribes?

CAPÍTULO 4

Hija buena-hija mala

Poema a una madre narcisista

>Madre querida, por qué me niegas tu amor,
>sólo encuentro frialdad cuando busco tu calor;
>mientras me llenas de culpas, de traumas y de dolor,
>yo siempre me esfuerzo en hacer todo mejor.
>Pero por mucho que me esfuerzo para ti no es suficiente,
>dices que no soy buena ni hábil ni inteligente;
>entre maltrato y castigo lamentas que haya nacido,
>dices que te vas a matar si no me puedes dominar;
>a mí no me parece normal tu chantaje emocional,
>cansada de tu maltrato se me acabó la paciencia,
>y me protejo de ti con sutil indiferencia.
>LUCÍA HERRERO IZQUIERDA

HIJAS ENTRE LA ESPADA Y LA PARED

En *Madres que no saben Amar,* Karyl Mc Bride explica que las madres narcisistas tienden a ver a sus hijas como amenazas y también como un anexo de ellas mismas. A través de presión, juicios, críticas intentan formar a sus hijas en una versión de su ser idealizado.

Hija buena-hija mala

> Bajo estos parámetros la hija no recibe el necesario mensaje de "eres digna de amor por simplemente ser" y por ende pasa toda su vida intentando probarle a su madre que sí es buena. "Merezco" es lo que intenta decir, "por todas las cosas extraordinarias que hago", y como resultado, le cuesta trabajo amarse por lo que es. Basa su valor en sus logros y en siempre estar ocupada haciendo cosas.

El siguiente párrafo lo escribí hace un mes. Hoy ya todo terminó y estoy de nuevo sola en mi casa; el fin de semana pasado llevé a mi madre a casa de mi hermano y su familia, donde se quedó. Pero retomo el proceso que comenté al inicio cuando me encontraba sentada en la casa materna, la casa que estábamos intentando vaciar ya que se acercaba la fecha en que los nuevos inquilinos se mudarían. Pasamos varias semanas entre cajas y nervios de mi madre y por supuesto míos. Unos días más tarde llegó mi hermana Paty para apoyar con la mudanza y quedarse unos días, para mí fue como si hubiese aparecido el caballero de la armadura brillante a mi rescate. Su llegada me relajó profundamente y pudimos terminar con la mudanza.

Hoy mi madre se mudó conmigo. Aunque es una situación temporal, ya que en un mes aproximadamente, por decisión suya, se va a otro estado a vivir a la casa de mi hermano mayor y su familia, toda la semana pasada estuve ansiosa, nerviosa, intentaba escribir y no salía nada.

Hoy estoy sentada de nuevo ante mi computadora, con Cora, nuestra perra, acostada a mi lado; Cata, quien me ayuda en casa, se acaba de ir, y mi hija Dassana salió a hacer unas cosas. Soy la imagen perfecta de lo que tendría que haber estado haciendo todo este mes pasado, además de dar talleres, conferencias, sesiones en línea, sabía que tenía que sentarme a escribir este libro, y no pude, me congelé. Intentaba escribir algo y simplemente no salían las ideas. Tuve que leer todo de nuevo, acomodar ideas, conceptos y retomar el hilo que tenía totalmente perdido.

Sanando la herida materna

Por lo general soy una mujer bastante eficiente y eficaz en lo que se refiere a mi trabajo, hago lo que tengo que hacer, lo hago bastante bien y no me angustio demasiado. Por eso esta faceta mía de no poder hacer nada me tomó por sorpresa.

No es que no la conociera, la he vivido en momentos de tensión emocional, de situaciones difíciles durante las cuales me cuesta trabajo acceder a mi creatividad e incluso al intento de trabajar, pero confío en esa parte que, aunque a veces no coopera, de pronto despierta y toma el control de las cosas, así he sido siempre, pero confieso que en esta ocasión me tomó mucho más tiempo del normal.

Para ser honesta, escribir acerca de la madre, no necesariamente siempre de la mía, mientras ella estaba bajo este mismo techo, lo sentí como una especie de traición mía hacia ella, aunque no tendría que ser así. Mi razonamiento intentaba explicarme que lo que estaba haciendo no es sólo en relación con ella, es un libro acerca de muchas mujeres, madres e hijas. Y también yo me describo como una madre que ha sido disfuncional, no hay nada que critique en ella que no critique en mí misma. De hecho, me es más fácil verme a mí como esa madre narcisista que verla a ella de esa manera.

Sin embargo, la culpa está allí, como un virus metido en mi inconsciente, atacándome con su energía y haciéndome creer que soy una mala persona, una mala hija. Llevo años trabajando para salirme de esa "cajita" que mencioné en el capítulo anterior, he trabajado profundamente en esos roles que ya no quiero para mí y en ir creando una vida alineada a mi ser, con mis propios valores, creencias, gustos, y aun así, cuando hago algo que mi juez interior considera "malo", aun cuando sé de dónde viene y lo poco confiable que es esa voz, surge la culpa y muchas veces también el miedo.

Escribiendo esto me viene a la mente algo que Krish comentó en uno de los entrenamientos: "Cuando te sales de esa cajita, afuera te esperan dos perros feroces, uno es el miedo y el otro la culpa, intentarán evitar que te escapes, pero en realidad, aunque son muy amenazadores, muy molestos y te muerden con sus juicios, no pueden hacerte nada real".

HIJAS ATRAPADAS EN LA CAJA DE LOS CONDICIONAMIENTOS MATERNOS

En verdad es así, a través de los años, cada vez que intento salirme del molde, de no ser complaciente, de decir que no, de poner un límite, esto último sobre todo con los hombres en mi familia, me entra una culpa tremenda y muchas veces siento como que me colapso y me lleno de culpa y miedo.

Este patrón que menciono, mi dificultad de establecer límites con los hombres importantes en mi vida, me remite a mi padre, por supuesto, pero en realidad el patrón lo aprendí de mi madre. A pesar de la fuerza que tenía, siempre toleró abusos de su padre y del mío, su esposo de muchos años, incluso de otras parejas. En realidad no importa qué tan abusivo fuese mi padre, si ella no lo hubiese permitido, muchas cosas no hubieran pasado. Pero mi abuela, su madre, hizo lo mismo, como ya comenté antes, toleró mucho maltrato, indiferencia y groserías a mi abuelo, eso es lo que hacían las mujeres en mi familia y en muchas otra creadas en estas culturas patriarcales. Lo que más me duele es que, sin darnos cuenta, las madres enseñamos a las hijas a seguir aguantando, a seguir haciéndonos menos. Y lo hacemos cuando nosotras mismas toleramos situaciones dolorosas, abusivas.

Crecí en una familia totalmente disfuncional. Mi padre era un hombre muy, muy agresivo. Mis hermanos y yo siempre le tuvimos mucho miedo. Todas las tardes, cuando se acercaba la hora de su llegada, cada uno se iba a su cuarto y se encerraba. A veces esto nos salvaba, en otras ocasiones nos llamaba para que bajáramos a cenar juntos, y a la menor situación que no le gustara, explotaba en contra de alguno o de todos. Pero la que peor se las llevaba era mi madre. No puedo recordar cuántas veces escuché los gritos de él y el llanto de ella, y entre más lloraba mi madre, más se enojaba mi padre y más la insultaba y hasta la golpeaba.

Cuando cumplí mis 15 años le pedí a mi madre que de regalo nos fuéramos lejos, que dejara a mi papá, que hablara con su familia, que pidiera ayuda, pero era inútil, se lo pedí muchas veces, pero ella se quedó siempre a su lado aguantando mil formas de abuso de él.

Con los años me fui de esa ciudad, estudié como pude una carrera universitaria, tuve un novio y me casé muy joven. Muy pronto él empezó a gritarme y a querer golpearme. Afortunadamente decidí acudir a grupos de ayuda y a terapia a sus espaldas y esto me dio el valor para dejarlo. Cuando lo hice, viajé a casa de mi madre, no la había visto desde que dejé la casa. No quería regresar y encontrarme a mi padre, pero a ella le hablaba con frecuencia y sabía todo de mi vida. Todo, excepto lo de la violencia, no quería causarle más penas, con las suyas tenía.

En esta ocasión decidí regresar, mi padre ya era viejo, estaba enfermo y casi no salía de su cuarto, con suerte ni tenía que verlo. Estuve unos días con ella y con mis dos hermanas que seguían viviendo allí. Mi hermano se había ido y casi no lo veían. Supongo tampoco quería saber nada de lo que allí pasaba. No le dije nada a mi madre en un inicio, quise pasar unos días agradables, pero el último día de mi estancia con ellas le conté que estaba divorciándome y las razones de ello. No podía creer su reacción. Se enojó mucho, se fue de la sala y me dejó allí sin decirme nada. Más tarde, cuando la busqué para despedirme, casi no me miró, sólo me dijo: "Cómo es posible que estés tan loca, ¿divorciarte? ¡Es lo último que esperaba de una hija mía, aun de ti!" Cuando pude responder y le dije: "Madre, es un hombre

Hija buena-hija mala

muy violento, me llegó a pegar varias veces", me miró y contestó: "Si yo he aguantado, tú puedes aguantar".

Bertha

Mientras escribía esta historia compartida por una de mis alumnas, no pude evitar pensar qué tan dañadas tenemos que estar para creer que es nuestro deber quedarnos en un matrimonio tan tóxico, aguantar insultos, desplantes, incluso golpes. Qué sistema de valores tan caóticos nos han heredado las abuelas y las madres por el cual es preferible aguantar abusos, violencia, humillación, que romper con las reglas sociales injustas e inhumanas creadas para mujeres. Y qué ciegas tenemos que estar para no darnos cuenta de lo absurdo y cruel de esta situación.

Estoy convencida de que la mayoría de las madres, y padres también, hacen lo que hacen porque en verdad creen que es lo mejor para sus hijas —e hijos—, dan lo que honestamente piensan que ellas requieren para convertirse en personas buenas que encajen en la sociedad. El problema es que cuando estas madres sufren de un narcisismo tan agudo son despojadas totalmente de la capacidad de empatizar y no pueden dar lo mínimo de esa guía y apoyo tan necesarios en nuestros primeros años, y si a esto le sumamos historias de adicción, de infancias con violencia, nos encontramos con verdaderas historias de horror desarrollándose dentro del mismo núcleo familiar.

Bethany Webster, en *Discovering the Inner Mother*, explica que

> Si una hija internaliza las creencias inconscientes de la madre (que es alguna forma sutil de "no soy suficiente"), entonces ella obtiene la aprobación de la madre, pero en cierta forma se ha traicionado a sí misma y a su potencial. La atmosfera cultural de la represión femenina pone a las hijas entre la espada y la pared. Sin embargo, si ella no internaliza estas creencias inconscientes de la madre de sus propias limitaciones, sino que afirma su propio poder y potencial,

se da cuenta de que la madre puede tomar inconscientemente esto como un rechazo personal.

La hija no quiere tomar el riesgo de perder el amor y la aprobación de su madre, así que internalizar estas creencias inconscientes limitantes es una forma de lealtad y sobrevivencia emocional para la hija. Puede sentirse peligroso para una mujer actualizar todo su potencial porque puede significar alguna forma de rechazo de parte de su madre. Esto es porque la hija inconscientemente percibe que su empoderamiento total puede detonar la tristeza o ira de la madre por haber tenido que renunciar a partes de sí misma en su propia vida. Su compasión por la madre, el deseo de complacerla y el miedo al conflicto pueden ser las razones por las cuales la hija se convenza de que es mejor encogerse y permanecer pequeña.

Una objeción común para no enfrentar esta herida materna es "dejar el pasado en el pasado". Sin embargo, nunca escapamos o enterramos el pasado. Éste vive en el presente como los obstáculos y retos que enfrentamos cada día. Si evitamos lidiar con el dolor asociado con una relación más primaria y fundamental de nuestra vida, nos estamos perdiendo una oportunidad esencial para descubrir la verdad de quien somos y vivir de forma auténtica y gozosa esa verdad.

Como niñas ante una madre narcisista que nos considera como extensiones de ella misma, nos vimos entre la espada y la pared, en algún momento de manera muy inconsciente y como un acto de sobrevivencia tuvimos que elegir entre convertirnos en lo que ella esperaba de nosotras para obtener su amor y aprobación o seguir el impulso natural de ir por nuestra propia vida.

Si nos decidimos por la primera opción es muy probable que hayamos entrado en la cajita de la "hija buena", y si fue por la segunda entonces nos convertimos en la "hija mala". Y según lo que yo he

Hija buena-hija mala

experimentado, tanto la primera como la segunda opción nos mutila parte de nuestro ser. En la "hija buena" pareciera más obvio, pues es como si nos mutiláramos para adaptarnos a esa imagen de lo que nuestra madre espera de nosotras y nos desconectamos con lo que realmente somos, resignándonos a vivir intentando siempre complacer a los demás, primero a mamá y luego transfiriendo esto a amistades, parejas, etc. De la "hija buena" saltamos a ser "la mujer buena, la mártir, la que todo lo da". Ahogadas en la incapacidad de hacernos cargo de nosotras mismas. He encontrado en este tipo de mujeres una profunda desconexión de sus necesidades de libertad, de autonomía, de la búsqueda de dirección en su vida. Generalmente caen en patrones de mucha dependencia emocional en sus relaciones y algunas desarrollan fuertes adicciones a sustancias como el azúcar y las harinas procesadas como forma de reprimir la ira ante lo que viven, para poder seguir siendo la "hija buena".

Si nos convertimos en la "hija mala", la rebelde, la desagradecida, la oveja negra, pudiese parece que es un mejor lugar, en el cual al menos podemos ser quien somos y hacer lo que nos plazca, pero en lo profundo llevamos la herida del rechazo sufrido por la madre y esto nos marca de por vida, haciéndonos sentir que lo que somos, por libres que nos sintamos, está mal.

Vamos por la vida compensando la dolorosa carencia del amor y aceptación materna, luchando por nuestra libertad, pero por lo general muy rotas internamente. Y en mi experiencia, lo que he visto con este tipo de mujeres "fuertes" es que están muy desconectadas de sus necesidades de vínculo, de suavidad, de conexión, se vuelven muy proclives a cierto tipo de conductas adictivas, como trabajar demasiadas horas, utilizar sustancias como el alcohol y algunas drogas como forma de "relajarse" y desarrollan una personalidad antidependiente que le dificulta tener relaciones de verdadera intimidad.

¿CAMELLO O LEÓN?

Estas dos descripciones, visiones de un modelo, me hacen recordar una imagen del tarot zen de Osho, la carta del renacimiento para la cual Osho —maestro hindú que ha sido de gran inspiración en mi vida— hace la siguiente descripción:

Esta carta describe la evolución de la conciencia, tal como lo desarrolla Friedrich Nietzsche en su libro Así habló Zaratustra. En él habla de tres niveles: el camello, el león y el niño. El camello está adormecido, es soso, conformista. Vive engañado pensando que es la cumbre de una montaña, cuando en realidad está tan preocupado por la opinión de otros, que difícilmente tiene energía propia. Emergiendo del camello está el león. Cuando nos damos cuenta de que hemos estado desperdiciando la vida, empezamos a decir no a las demandas de otros. Nos salimos de la multitud, solos y orgullosos, rugiendo nuestra verdad. Pero éste no es el final. Al final emerge el niño; no es rebelde ni conformista sino inocente, espontáneo y acorde con su propio ser. Sea cual sea el espacio en el que estás ahora mismo, soñoliento y deprimido, o rugiente y rebelde, sé consciente de que esto se transforma en algo nuevo, si lo permites. Es una época de crecimiento y cambio.

En mi experiencia, habiendo vivido tanto en la forma del camello como en la del león, puedo ver ambas energías en mí. El camello representa esa parte en mí que se colapsó bajo todos los condicionamientos que recibí en mi infancia para ser la "hija buena", esa parte mía que tomó los valores y las creencias de mis padres, abuelos, escuela, Iglesia, sin cuestionar, porque eso es lo que se hace de acuerdo con lo que me enseñaron, no se cuestiona a los adultos, "ellos saben". Me trataron de enseñar a ser obediente y de verdad que sí lo intenté hacer.

Hija buena-hija mala

Pero también reconozco al león, esa energía vital que desde niña ha sido fuerte y presente en mí, mi rebeldía hacia lo que no me parecía justo o que no me hacía sentido desde mi adolescencia. Y cuando esta energía me tomaba, era vista como la "hija mala". En mi caso, reconozco que mi necesidad de amor y de aprobación ante mis padres, y los demás en general, era tan fuerte que muchas veces yo misma reprimía la vitalidad del león para no enojar a los demás, en especial a mi madre, pero era muy fuerte y salía rugiendo sin que yo pudiese evitarlo.

No es que yo haya querido ser rebelde por el simple hecho de serlo. Yo sólo quería vivir mi vida y que me dejaran en paz, lo que hacía no era en contra de nadie o de nada, era la expresión de toda esa energía vital que al querer yo misma reprimirla me dañó mucho. No sabía domesticar a mi león y al tratar de reprimirlo se volteaba en mi contra. Me debatía entre mi necesidad de ser reconocida, vista, recibir aprobación de mi madre y también de mi padre, y ese tremendo impulso de experimentar la vida, sin tantas represiones.

A través de los años me movía del camello al león de forma automática. Mi parte complaciente, que necesitaba y buscaba aprobación, era la energía de camello, y cuando no lo conseguía, salía el león, que al no tener contención creaba desorden y caos, adentro y afuera de mí, entonces inconscientemente me dejaba poseer por esa energía del camello.

Los años de trabajo profundo con mis heridas de infancia y necesidades que realicé específicamente bajo la enseñanza de Krish y Amana fue lo que me ayudó a entender qué hay debajo de estas conductas de sumisión y rebelión, por ello quiero destacar los siguientes párrafos de su libro *From Fantasy Trust to Real Trust*:

> Durante la infancia asimilamos los patrones. Valores y conductas de nuestros padres y nuestros ancestros. Se nos transmite la sabiduría del pasado. Pero también asimilamos la inconsciencia, prejuicios y represión de aquellos que nos criaron y de los

que estuvieron antes de nosotros. Como camellos decimos sí. Aceptamos las enseñanzas del pasado sin cuestionarlas. Pero si permanecemos como camellos para siempre nos quedamos atoradas y la conciencia no progresa.

Para dar pasos adelante, necesitamos movernos a la etapa del león [considerada muchas veces por las madres y familiares como la hija mala] el cual se rebela ante lo viejo. El león dice NO, cuestiona los valores y las conductas del pasado y todo lo que nos han enseñado. El león ruge contra la represión, la inercia y la seguridad del pasado, de lo conocido y de lo familiar. Rompe las cadenas de las tradiciones y valientemente va por lo nuevo. Sólo convirtiéndonos en leones podremos realizar nuestro potencial como seres humanos. Toma gran coraje moverse del camello al león.

El problema de la etapa del león es que podemos atorarnos en esta etapa y volvernos adictas a la energía de la ira. Si permanecemos como leones, podemos pasar la vida rugiendo e incluso crear una personalidad de alguien que ruge contra la autoridad o cualquier forma de reglas, ciegamente rebelándonos contra todo.

De acuerdo con Nietzsche, la etapa del niño [niña en nuestro caso] es la etapa final de la conciencia humana. La niña ha trascendido los Sí y los No. No tiene la sumisión del camello ni la lucha del león. La niña es una profunda apertura a la vulnerabilidad.

En nuestra experiencia este proceso se da en dos etapas. La primera es abrirse al dolor de nuestra vulnerabilidad herida, de la pérdida de nuestra inocencia y confianza. En esta etapa estamos dispuestas a sentir el dolor de todo lo que hemos atravesado durante nuestra vida. Una vez dispuestas a ir a través de esta etapa [terapia] la segunda sucede por sí misma. Es soltar nuestro pleito con la vida y entrar al estado de soltarnos. Llegamos al estado de aceptación de la vida y de la gente tal como son, pero totalmente capaces de usar la fuerza del león cuando la situación lo requiere.

> Es el retorno de la inocencia y la confianza, no la ciega inocencia y confianza del camello, sino la inocencia de la sabiduría y la madurez. Esta etapa es lo que llamamos "verdadero perdón". No es realmente "perdón" porque no tenemos que perdonar a nadie. Simplemente hemos llegado al punto desde el cual vemos las cosas tal como son y las aceptamos.

Por supuesto, como mujeres, para romper los barrotes de la celda creada por los condicionamientos, etiquetas, manipulaciones de nuestras madres, quienes a su vez también viven en sus propias cárceles, necesitamos despertar a nuestro león y aprender a dirigirlo, y quizá apoyarnos e inspirarnos en personas cuyo león está despierto. Pero recordar que esta etapa no es el final ni la meta, es un escalón para otra etapa que nos conecta con una parte mucho más trascendental.

DE LA COMPLACENCIA A LA REBELDÍA Y DE VUELTA A LA CÁRCEL

Como yo en mis etapas de "camello", muchas niñas en su inmenso deseo de recibir el nutrimento emocional, que es vital de nuestro desarrollo, aprendimos a suprimir nuestra propia energía vital, nuestra propia búsqueda, nuestro proceso de individuación. Nos colapsamos y rendimos ante el hecho de que si deseamos llevarla en paz con mamá, y el resto de familia, es necesario cortarnos las alas.

La individualidad de una niña frecuentemente es vista como amenaza para la madre que no ha trabajado con su propia herida materna. Esa madre, desde su propia experiencia de crecer en un sistema patriarcal, seguramente con una profunda inseguridad e inmadurez emocional, se mueve desde el miedo a ser rechazada, proyectando este miedo en la hija. A los ojos de una madre atrapada en la herida materna, la hija debe, como ella lo hizo en su momento, comportarse, no pretender demasiado, y actuar de acuerdo con las reglas establecidas en la familia, para pertenecer y no sufrir rechazos.

"No digas lo que piensas, no expreses tus emociones, sobre todo la ira. El llanto, bueno, siendo una niña está bien, pero no te enojes, las niñas lindas no se enojan y si lo hacen, no las van a querer."

La hija de una madre niña, esa madre lastimada y reprimida de la que hablamos —que somos casi todas en algún nivel— no tiene para dónde moverse, está atrapada. Por supuesto que percibe el miedo de la madre, quizá incluso el dolor que lleva dentro de su propia cárcel interna.

Pero aún no hay la conciencia o los recursos para poder entender esta dinámica, lo único importante para esa niña en ese momento es evitar la ansiedad de la madre, y la forma de lograr esto es reprimir pensamientos, sentimientos o actos, incluso deseos que molesten o incomoden a mamá. Esa madre disfuncional, inmadura, narcisista —que en el fondo es sólo una niña herida y reprimida por una madre que a su vez experimentó esto quizá de una forma más severa— actúa para protegerse, genuinamente creyendo que así protege a su hija de una sociedad que no tolera mujeres que se atrevan a ejercitar su individualidad.

Una vez más, cortarnos las alas, mutilarnos poco a poco hasta ir tomando la forma de la hija buena, así mamá está contenta y la hija podrá recibir el afecto y aprobación que tanto necesita para sentirse segura y amada. Si estas necesidades primarias de afecto y seguridad no son satisfechas, es muy difícil pasar al proceso de individuación que nos lleva al sentido propio de nuestra vida. Y lo que nos sucede muchas veces es que sacrificamos esta necesidad en aras de llenar esos vacíos de amor y confianza.

Es fácil darnos cuenta de esto en nuestra vida actual, ya que es un patrón que repetimos constantemente en nuestras relaciones adultas, en especial con la pareja. Acostumbradas a complacer a mamá para que nos quiera, hacemos lo mismo con la pareja, aun a costa de la satisfacción de nuestra plenitud como mujeres, como seres humanos.

Sin embargo, este seudoamor y aprobación que recibimos cuando nos convertimos en las hijas buenas no es lo que parece, no nos llena, no nos sirve, no nos ayuda a sentirnos felices y amadas, porque es una mentira. No estamos siendo amadas por lo que somos en realidad, sino por lo que pretendemos ser, y ese amor condicionado nunca llena, nunca sana, nunca sirve. Tal como ya lo he mencionado, el amor que nutre, la aceptación que nos apoya a crecer con una autoestima sana es el amor incondicional, y esto significa ser amadas y aceptadas TAL COMO SOMOS.

Cuando en los grupos las mujeres que participan preguntan cómo amarse, cómo recuperar la confianza en sí mismas, les explico esto que yo he tenido que aprender para ir armando y reconociendo mi verdadera identidad, aprendiendo a verme y aceptarme como en verdad soy y dejar de identificarme con esa personalidad que fui adoptando al ir creciendo totalmente fuera de sincronicidad con mi verdadero ser.

ATADURA Y CODEPENDENCIA CON MAMÁ

Para explicar esto de manera más clara usaré el modelo de las necesidades básicas de Maslow que me parece ideal.

Sanando la herida materna

Los dos primeros peldaños de la pirámide nos hablan de la base esencial a desarrollar para seguir escalando. La salud física y psicológica y la seguridad nacen de los cuidados de padres responsables y amorosos para quienes las necesidades de los hijos son una prioridad. Estos padres están conscientes de lo que los hijos necesitan porque a la vez están conectados con sus propias necesidades y han desarrollado esa sensibilidad. Entonces saben expresar su amor, establecen límites, saben manejar sus emociones enseñando a hijas e hijos a hacerlo, los guían, los apoyan y los ayudan a desarrollarse como seres seguros de sí mismos, conectados con sus dones y habilidades, por lo tanto, les enseñan a desplegar sus alas y volar, listos para continuar la aventura de la individuación.

En el caso de la niña que busca, porque lo necesita, ese amor incondicional, la seguridad de ser siempre amada por lo que es, y en vez de esto la madre, desde sus propios traumas, como ya lo vimos, condiciona este amor y aceptación y la niña siente que no logra hacer feliz a su mamá siendo como es, lo absorbe como un mensaje de "no soy suficientemente buena" y se da a la inútil y cruel tarea de intentar llenar las expectativas de esa madre confundida y herida. Esta mujer intenta de verdad ser la hija buena, siempre tratando de complacer a la madre.

Años después estas hijas buenas gastan tiempo y energía tratando de obtener, sin resultado, amor, atención y validación de otras personas. Esto sólo las llena de tristeza, rabia, angustia y decepción, y sobre todo un profundo desamor y desaprobación de sí mismas. La necesidad primordial de sentirse unida, amada y aceptada por la madre, y por supuesto también por el padre, no se dio de la forma que necesitaba darse, dejando una profunda cicatriz en la persona.

Parte de esta cicatriz se refleja en quedar atrapadas en una relación codependiente con la madre, esperando que algún día ésta cambie, entienda, nos vea y finalmente nos acepte, nos dé amor y, sobre todo, nos "dé permiso" de vivir nuestra vida, algo que en realidad nunca sucede, porque no es de la madre externa de quien necesitamos ya esto. Imagina por un momento que hoy tu madre, de pronto iluminada por algún milagro, sea esa madre que tú necesitaste y que sigues pensando que necesitas para sentirte mejor y que puedas estar bien en tu vida. Aun si esto pasara, que es casi imposible, ya no te serviría porque ya no es ella ese pozo de donde debes sacar el agua que necesitas, ese pozo está en lo profundo de ti esperando ser descubierto, pero de eso hablaremos en los capítulos finales.

MUJER DEPENDIENTE: "NO PUEDO ESTAR SIN TI"

Regresemos a esta relación de codependencia en la cual nos encontramos totalmente atrapadas por un cordón umbilical energético que, lejos de nutrirnos, sólo nos da lo suficiente para sobrevivir y crea la ilusión de que eso es lo que necesitamos. Años más tarde, ya adultas, quizá incluso con familias propias, seguimos en esa relación codependiente con nuestra madre, sin saber cómo separarnos energética, psicológica y puede que también físicamente. A veces sin siquiera saber que tenemos que separarnos si queremos encontrar quien en verdad somos.

Retomando la imagen de la pirámide, a mis ojos, esa relación de codependencia es quedarnos atrapadas en los primeros dos peldaños sin saber cómo seguir escalando nuestra propia vida. Y cada día esos peldaños se viven más y más como una cárcel donde estamos sintiéndonos insatisfechas, enojadas, frustradas, pero seguimos actuando como creemos que tenemos que hacerlo para —ojalá un día— conseguir esos ingredientes de afecto y seguridad internos que nos hacen tanta falta.

Desde esta cárcel creamos más relaciones codependientes, buscando afuera al príncipe azul que nos rescate de nuestra prisión. Y así vamos por la vida, esperando que alguien o algo afuera nos quite el miedo, el enojo, la insatisfacción e incluso la depresión que nos toma con frecuencia. Adoptamos la personalidad de un ser dependiente, dependencia que está totalmente fuera de contexto, ya que la vivimos como si fuésemos unas niñas de cuatro, cinco años.

En este modo dependiente, estamos hambrientas de todo eso que no recibimos de nuestra madre: cercanía, amor, afecto, aprobación, creyendo que la única forma en que podemos obtener esto es que alguien hoy nos ame y nos apoye.

Sí, dentro de nosotras hay mucho amor para dar, y la capacidad de fundirnos con la pareja, pero hay mucha ansiedad y desesperación en lo profundo, y desde allí ignoramos cómo nutrirnos, cómo sanarnos, cómo pararnos en nuestros pies.

A continuación presento algunas características de esta personalidad dependiente, tomadas del libro *De la codependencia a la libertad. Cara a cara con el miedo*, de Krishnananda Trobe:

Comportamiento:
- pegajoso
- suplicante
- demanda y exige
- culpa al otro
- cuida a los demás, pero espera ser cuidada
- complaciente

Falsas creencias:
- Nunca encontraré el amor que necesito.
- Debo darlo todo, renunciar a mí para que la otra persona me quiera.
- Nunca obtendré la atención/aprecio/reconocimiento/afecto que deseo.

- No soy suficiente, debo esforzarme más.
- Cuando la pareja perfecta venga, estaré feliz para siempre.

Miedo de:
- abandono
- soledad
- separación

Historia de Ángeles

En el árbol genealógico, mi bisabuela materna perdió la vida cuando nació mi abuela, la regalan, su familia no quiso saber nada de ella. Mi abuela sufría de violencia y falleció de pulmonía y dejó huérfana a mi mamá y a sus hermanos. Mi mamá creció carente de una relación familiar amorosa por parte de su padre y de su familia paterna.

Mi mamá quería disfrutar de su infancia y juventud, pero debió realizar labores de crianza y cuidado de sus hermanos; desde su perspectiva, protege a sus hijas impidiendo que realicen labores en el hogar, es una persona inteligente y con habilidad para pintar y dibujar que no logró sus sueños y podría haber sido muy exitosa, pero su vida transcurrió en la vida hogareña y de educación de sus hijas.

Llegué a terapia por un problema de salud cardiaco, al hablar de mi mamá la voz se me quiebra y las lágrimas afloran, durante ese proceso descubrí que viví situaciones complicadas con ella y no obtuve su empatía. Crecí bajo su juicio constante y siempre sintiendo que no me comprendía.

Cuando en la adolescencia sufría una ruptura amorosa y el dolor de la pérdida, mi madre juzgaba mi actuar como tonterías: "La vida te dará motivos para llorar de verdad". Tuve un novio que para mí era el príncipe azul de mi cuento y mi madre, en vez de guiarme o simplemente estar allí para mí, me decía con mucho enojo: "Tu historia se va a limitar a conseguir el novio rico".

Su forma de chantaje emocional siempre era desde lo que hacía por nosotros: "Quién lava tu ropa y quién cuida la casa". Ése era el lazo invisible, el cual ella creía que aseguraba la permanencia en el hogar. Sus propias carencias emocionales la llevaron a ser poco afectiva y no poder vincularse con nosotros, sus hijos. Siempre estaba ocupada realizando todas las labores del hogar, hoy pienso que hubiese podido pedirnos ayuda, compartirnos esas obligaciones. Creo que nuestra convivencia hubiera sido fortalecida al compartir y convivir. Pero eso que hacía le daba las armas para manipularnos, actuar como mártir y quejarse continuamente. Hoy yo soy una persona poco expresiva, con un juicio muy estricto, muy duro hacia mí misma. Una mujer que acepta obligaciones sin poner límites. El año pasado me diagnosticaron diabetes y nuevamente veo en esta enfermedad la carencia de amor reflejada en mi salud.

MUJER ANTIDEPENDIENTE: "NO NECESITO A NADIE"

Mis padres nos dieron techo, una buena alimentación y también buenos hábitos —sobre todo mi madre, como ya lo comenté—: comer bien, estudiar, hacer ejercicio, etc., pero la parte emocional no estuvo muy presente. Teníamos claro lo que debíamos hacer, pero no nos enseñaron cómo hacerlo porque en muchas áreas tampoco ellos sabían, era puro "choro", puro "rollo", como se dice, y así no se aprende.

Recuerdo a mi madre regañándome por ser tan aventada y poco femenina, diciéndome "date a respetar", pero nunca me enseñó cómo hacerlo. Yo lo que veía era una mujer maravillosa —mi madre—, hermosa físicamente y muy habilidosa; enseñaba natación, nado sincronizado, jugaba tenis, boliche, hablaba dos idiomas y empezaba a aprender un tercero, pintaba y esculpía, cocinaba, leía mucho, era culta, pero justo fue de ella que aprendí a desconectarme de esas cualidades femeninas de suavidad y receptividad, y en cuanto a darse a respetar, al menos con mi padre que es de donde pude aprender, no lo hacía.

"El ruido de tus actos no me deja escuchar el sonido de lo que me dices", he leído por ahí.

Observando los peldaños de la pirámide de necesidades reconozco que en general las dos primeras no las tuve totalmente, me quise brincar a la tercera y de allí seguir subiendo y, de alguna manera —tal como mi madre lo hizo—, me convencí de que ése era el camino. Escribiendo esto me llega la imagen del juego de Serpientes y escaleras, y así visualizo mi vida durante muchos años. Encontraba una escalera en la cual subirme tratando de alcanzar la meta, pero tarde o temprano la serpiente de la baja autoestima, las inseguridades, los miedos no asumidos, todo eso que me faltó haber desarrollado en los dos primeros escalones, me hacía caer de una manera u otra.

Como conté antes, la parte profesional se me daba más fácil, igual que las relaciones sociales, pero en mis relaciones más íntimas, familia, hija principalmente, y por supuesto las parejas, todo era un drama constante. Ése era el campo donde actuaban todos mis miedos inconscientes. No es que en la parte profesional no los tuviese, pero de alguna manera lograba esconderlos mejor y funcionar adecuadamente. Yo era el ejemplo perfecto de la personalidad antidependiente.

Desde mis carencias y mis miedos de ser controlada —en mis relaciones cercanas— encontraba cualquier excusa para alejar al otro: adicciones, trabajo, amistades, incluso el pretexto del desarrollo espiritual. Cuando un hombre se interesaba por mí, me daban ataques de pánico e intentaba evitarlo. Pero igualmente, si algún hombre me atraía, yo me iba con todo sin darme tiempo de conocerlo, simplemente porque creía que él resolvería esta sensación interna de no ser suficiente, y el resto de la relación me la pasaba intentándome abrir, pero huyendo como animalito asustado.

No sabía qué hacer o cómo comportarme en una relación. Parte de mi falta de seguridad era no saber poner límites, y entonces tenía el terror de que si me abría a una relación, le permitiría entrar hasta la cocina y luego no sabría cómo sacarlo. Y esto era justo lo que sucedía una y otra vez.

Desde la personalidad de antidependiente, no es que no anhelara amor, pero estaba aterrada de la cercanía, para mí ésta representaba ser controlada, manipulada y que me presionaran a ser algo diferente a lo que soy.

Sí, había cultivado la capacidad de pararme en mis pies y ser "independiente", según yo, pero siempre tenía el deseo de estar en una relación y cuando me abría a ella, me sentía ahogada y mi mantra era "necesito espacio". Años más tarde pude darme cuenta de que mi estrategia era involucrarme con hombres emocionalmente no disponibles o muy lejanos para no sentirme abrumada.

Éstas son las características de una persona antidependiente tomadas del mismo libro de Krishnananda:

Comportamiento:
- Alejar al otro, otra, para evitar el acercamiento.
- Seducir, ser encantadora, encantador, pero sin permitir la intimidad real.
- Controlar a la otra persona no estando disponible.
- Convencerse de que no necesitan a nadie, y con esto, subirse a un pedestal de superioridad.

Falsas creencias:
- Mi libertad es lo más importante.
- El amor es control.

- Puedo ser autosuficiente, no necesito a nadie.
- Necesito que pienses que soy especial.
- Estoy contigo porque tú me necesitas.

Miedo de:
- Ser controlada, controlado.
- Que esperen algo de mí.
- Que me presionen o exijan en las relaciones personales.
- Que me invadan y no pueda huir.

Historia de Karla

Soy la segunda de tres hijos que fueron educados aparentemente de la misma manera, pero pareciera que venimos de planetas distintos. Mi papá siempre quiso tener un hijo. Mi hermana la primera y yo fuimos el deseo no cumplido hasta que llegó Arturo. Crecimos viendo y sintiendo esa diferencia tan marcada entre el consentido, "el hombre": la mejor ropa, las mejores escuelas, el trato distinto incluso en las peleas de hermanos. Constantemente me sentía víctima de alguna injusticia. Frustración y enojo se fueron acumulando.

Mi madre, muy en su papel, intentaba ser justa, pero no le salía tan bien. Siempre fui demasiado sensible, pero me reprimían, no me dejaban llorar. Mi mamá me llamaba la Magdalena porque de todo lloraba. Yo solamente recuerdo que una vez que empezaba el llanto, yo no podía parar. Y con los años cerré la válvula para no sentirme débil.

Si bien mis recuerdos sobre la infancia no son tristes, sí tengo muy marcado que no era la favorita. Y como cualquier niño o niña, supongo, me sentía muy mal por no serlo, pero siempre me sentí no vista por mi madre. Quizá era una madre histérica por tener tres hijos al hilo, que además de trabajar y coordinar la casa tenía un esposo "ausente" al que le tocó estudiar y trabajar al mismo tiempo para sacar adelante a la familia y lo veíamos muy poco… pero cuando estaba era comprensivo y cariñoso y yo siempre me sentía a salvo con él —por lo menos de mis emociones—, algo de él me hacía sentir amada por cómo era y quise corresponder y que se sintiera orgulloso de mí, que me mirara.

Tomé muy en serio el papel de ser la hija aplicada, bien portada, pero a pesar de eso, lo que hiciera nunca era suficiente para él.

*Durante mis años de universidad, tenía que trabajar para pagarme la mitad de la colegiatura y mis libros, y en cambio mis hermanos eran un desastre. A mi hermano le rogaban para que terminara la escuela, pero embarazó pronto a su novia y a cambio le dieron casa, coche y apoyo económico. Claro, él era el "*EL HOMBRE DE LA CASA*" (así con mayúsculas).*

En el tema de las relaciones nunca había entendido el porqué de mi mala suerte, aunque no tenía un patrón definido, pero era una persona difícil de querer, sobreexigente con mis pretendientes. Tenía muchos pretendientes, pero hicieran lo que hicieran parecían no ser suficiente. Sólo quería a los que no me querían, y justo daba con los que se desaparecían. Entonces me recordaban que yo no era suficiente para ellos ni para nadie.

Me identifico mucho con las mujeres "empoderadas" que por su trabajo consigo mismas han logrado cumplir sus sueños, pero de pronto cuando se relacionan y además tienen hijos se enfrentan a sus peores y más difíciles batallas; en esa etapa me encuentro yo.

No ha sido fácil, pero gracias al trabajo personal, mi pareja y yo hemos construido una linda familia. Encontré con él mucha de la estabilidad, paz, seguridad que tanta falta me hacían. A veces me sorprende lo mucho que se parece a mi padre tanto en las cosas buenas como en las más complicadas. No es perfecto ni espero que lo sea. Me ha confrontado con ideas, creencias y pensamientos, me ha hecho ver las cosas negativas que he podido trabajar en mí para avanzar.

Hija buena-hija mala

MECIÉNDONOS EN LA HAMACA DE LAS HERIDAS

En este modelo es importante reconocer que ya sea que hayamos adoptado la personalidad dependiente o antidependiente, siempre traemos ambas. Y como consecuencia de esto, dejamos de ser totales, andamos por la vida con esa sensación de carencias internas y miedos escondidos.

Hace muchos años, en uno de los entrenamientos del Learning Love Institute con Krish y Amana, se tocó este tema de las dos personalidades y cómo éstas afectan tantos aspectos de nuestra vida, sobre todo el tema de las relaciones íntimas, como ya comenté.

Yo me sentía muy "ducha" en el tema, incluso ya lo había tocado en algunos de los talleres que impartía, y tenía claro que lo mío era la antidependencia, pero sí reconocía que había una parte —ya muy resuelta según yo— de muy dependiente.

Llevaba yo muchos años en una relación muy tranquila, una relación en la cual nunca sentí miedo de ser rechazada, de que él se fuese. No sé, aunque me queda claro que nunca hay que tomar a nadie por hecho, con él me sentía muy segura. Y fue muy sanador, pero faltaba algo que desde mi parte antidependiente no sabía reconocer.

Con los años fue fácil ver que él también era muy antidependiente. Aun así, después de años de intentarlo, ambos pudimos terminar y regresar, acomodarnos juntos. No era una relación muy romántica o apasionada, pero sí de grandes amigos, que se apoyan y se acompañan mutuamente. Y por un tiempo, eso se sintió muy bien para mí.

Nos dábamos todo el espacio del mundo, aun viviendo juntos, yo entregada a mi trabajo y él al suyo. Por un tiempo pensé que era la relación perfecta, hasta que en una ocasión, durante un proceso en Alemania con Krish y Amana —Path of Love—, el trabajo profundo que hacíamos allí durante una semana de encierro me mostró una vez más que estaba tratado de evadir una relación íntima y en esta ocasión encontré a la persona perfecta para ello, un hombre maravilloso, mejor amigo, gran compañero, con quien me sentía totalmente libre, pero con el que en realidad no tenía una verdadera intimidad, y esto de alguna forma muy escondida me estaba afectando.

Nuestros miedos se disfrazan e inconscientemente crean todo tipo de estrategias para actuar desde la oscuridad de nuestra "sombra". Yo de verdad me convencí a mí misma de que estaba en la situación ideal, claro, tapaba toda mi insatisfacción con comida y exceso de trabajo. Resultado: muchos kilos de más y un constante estrés no reconocido.

No quiero dejar de decir que también entendí lo importante que era esa relación para mí, me permitió sanar muchas cosas, dejar a un lado los dramas y relajarme en una conexión real con otro ser humano. Por un tiempo fue así, como si estuviese justamente trabajando con la base de la pirámide, mis necesidades no satisfechas en la infancia. Sólo que llegó un punto donde dejé de ser la niña y la parte mujer necesitó más y salí al mundo a experimentar.

Regresando al taller con Krish y Amana, luego de ver toda la teoría, los ejemplos y los casos de los que estábamos allí, pasamos a hacer un ejercicio para experimentar esto, bajándolo a la experiencia personal.

Ellos nos dividieron en dos grupos: antidependientes y dependientes. Yo corrí a tomar mi lugar en la fila de los antidependientes. Ya formadas las dos filas, una en frente de la otra, nos llevaron a una pequeña meditación guiada para darnos cuenta de cómo nos sentíamos en la posición que habíamos tomado.

Yo, como muchos de los que nos formamos como antidependientes, me sentí poderosa. Veía la fila de enfrente, los dependientes, y literalmente sentía lástima por estas criaturas tan débiles e incapaces de pararse en sus pies. Respiré profundamente como nos instruían y sentí esa fuerza de la libertad, de, según yo, no necesitar a nadie para estar bien.

Hija buena-hija mala

Continuamos con el ejercicio y la verdad disfruté sentirme así, mientras me tocaba rechazar y alejar al compañero que jugaba el rol del dependiente, pensando que qué terrible debe de ser tener que rogar, suplicar, humillarte ante la otra persona (yo en este caso) para obtener un poco de atención y cariño. La verdad es que me sentí un poco sádica rechazando a esta persona que me rogaba que no me fuera de su lado, pero me quedaba claro que allí me sentí muy cómoda.

Terminó el ejercicio, nos detuvieron, regresamos a las filas y de nuevo los instructores nos hicieron darnos cuenta de cómo estábamos. Yo me sentía muy bien, un poco acalorada por haber corrido por todo el salón huyendo de mi "dependiente", pero bien, en lo mío.

Tenía que haber sabido que nos cambiarían de filas, sin embargo, por alguna razón no lo había captado aún y en el momento en que nos indicaron que lo hiciéramos, me quedé como congelada. Respiré y cambié de lugar con mi compañero. Cuando me pasé a la fila de los dependientes, casi me caigo. Literalmente me fallaron las piernas y me tuve que sentar en el suelo. De pronto, sin razón alguna empecé a llorar aterrada de estar en ese lugar que me parecía tan indigno y deprimente.

Finalmente logré pararme y terminar el ejercicio, ahora jugando el rol de la persona dependiente y siendo la que suplicaba y rogaba. Pude comprender muchas cosas de mi historia después del ejercicio, al compartir y reconocer el tremendo juicio y rechazo que tenía hacia esa parte mía que era lo que llamamos "dependiente" en este modelo, pero también la parte más conectada con sus necesidades, quizá en esos tiempos ahogada en ellas, pero suave y vulnerable, la parte mía que sabía conectarse en intimidad profunda, pero que desde mi terror a los rechazos y a ser lastimada, enterré debajo de todas mis compensaciones.

En mi libro *Crear el espacio para el amor* relato otro encuentro con esta parte, quizá incluso más profundo, que sucedió en otro taller en el que trabajábamos con nuestra sombra. Esa parte que no queremos reconocer en nosotros y que continuamente proyectamos en los demás. En esa meditación guiada, nos llevaron a la entrada de un bosque, que representaba nuestro inconsciente. Una vez allí, nos dejaron solos para que cada uno viviera su propia aventura interna.

Mi encuentro conmigo misma —con esa parte rechazada por mí— no fue una historia de encuentro amoroso. De hecho, me tardé años en terminar de procesarla. Lo que yo encontré fue una niña, que era yo por supuesto, de cuatro o cinco años, con una mirada muy triste, como perdida. Vestía con ropas sucias, su carita estaba sucia y era como un animalito salvaje, llena de miedo y de desconfianza hacia mí.

¿Y cómo no estar triste y llena de desconfianza cuando la abandoné hace años, rechazándola y olvidándola en la oscuridad de mi inconsciente?

A partir de esos eventos, mi trabajo ha sido justo rescatar a esa parte, mi niña interior tan lastimada y miedosa, aprender a abrazarla y cuidarla en vez de rechazarla y negarla. Poco a poco, pues no es un trabajo fácil ni rápido, he aprendido a darle voz, a considerarla, a nutrirla y a hacerla parte de mi vida.

Al conocer este modelo de dependiente y antidependiente y comprender que ambos se mueven dentro de mí, también pude ver más claramente mis grandes fracturas internas y a la fecha continúo trabajando día a día para unirlas, integrarlas y tomar lo maravilloso de ambas, aceptando y trabajando con sus partes difíciles. De alguna manera podría decir que antes de este ejercicio estaba muy acomodada en el tercer escalón de la pirámide intentando subir, ignorando los dos primeros. Ese día caí en la base y pude reconocer cómo me hacía falta lo que los dos primeros escalones contienen.

Por supuesto, hoy ya no me serviría que mis padres me dieran eso que me faltó, no hay nada que hacer al respecto con ellos, no puedo cambiar el pasado, ni pretender encontrar las herramientas que me faltan allí, ésas las voy encontrando hoy, aprendiendo a maternar, cuidando, nutriendo a mi niña interior.

Tampoco me sirve tratar de encontrar eso que falta en alguien más, aun si me lo diese al cien por ciento, ya que sería como tratar de parchar algo con un material diferente que simplemente no llena ese agujero emocional. Suena simplista, pero por allí va la cosa.

En años de trabajo personal en talleres del Learning Love Institute aprendí que el enfoque final de estos modelos es poder trabajar con nuestros miedos infantiles. Ya sea que te identifiques como mayormente dependiente o como antidependiente es necesario reconocer esos miedos que nos llevan a crear estrategias, que, lejos de ayudarnos a obtener el amor, nos alejan de él.

Cuando profundizamos en este trabajo podemos darnos cuenta de que todas las personas traemos los mismos miedos, independientemente de la personalidad que nos creamos. Y que cubrimos nuestros miedos infantiles con estrategias y juegos de poder: culpar, exigir, demandar, abusar, etc. Debajo de todo están nuestros miedos.

EJERCICIOS DE AUTOINDAGACIÓN

1. Analizando la imagen de la pirámide de necesidades, ¿cuáles necesidades no atiendes en tu vida actual?
2. ¿Qué actos pequeños puedes ir realizando en tu día a día para llenar esos huecos emocionales que son tus necesidades no satisfechas?
3. ¿Cuál es tu mayor miedo en relación con abrirte a otra persona?

CÓMO TRABAJAR CON NUESTRA INSATISFACCIÓN

1. Reconocemos y validamos cuáles son nuestras necesidades en el momento.
2. Estamos dispuestas a sentir el dolor cuando éstas no son satisfechas.
3. Reconocer que son MIS necesidades, y no son la responsabilidad del otro, abriendo la posibilidad para aprovechar nuestra creatividad y ser capaces de llenar nuestras necesidades.
4. Pedir lo que necesitamos, aprender a hacerlo con respeto y aceptando la posibilidad de que el otro/la otra, nos diga que no.

CAPÍTULO 5
Simbiosis con mamá

CERCANÍA CON MAMÁ, UN VÍNCULO ESENCIAL

En palabras de Karyl McBride, en su libro ya citado:

> Tanto los niños como las niñas sufren trastornos emocionales cuando los cría un padre o una madre narcisistas. No obstante, la madre es el principal modelo de conducta que tiene su hija para desarrollarse como individuo, amante, esposa, madre y amiga, y hay aspectos del narcisismo materno que tienden a dañar a las hijas de maneras particularmente insidiosas. Como la dinámica madre-hija es distintiva, la hija de una madre narcisista se enfrenta a una lucha que sus hermanos varones no comparten.
>
> Una madre narcisista ve a su hija, más que a su hijo, como un reflejo y extensión de sí misma, en lugar de como persona independiente, con su propia identidad. Presiona a su hija para que actúe y reaccione ante el mundo y lo que la rodea exactamente de la misma manera como lo haría mamá, en lugar de como a ella le parece bien. Por ello, esa hija está siempre luchando por encontrar la manera "correcta" de responder a su madre para ganar su amor y su aprobación. No comprende que la conducta que agradará a su madre es completamente arbitraria, y está determinada

únicamente por el interés egoísta de ésta. Lo peor es que una madre narcisista nunca aprueba a su hija sencillamente por ser ella misma, algo que ésta necesita desesperadamente para poder llegar a ser una mujer segura de sí misma.

Cuando nos involucramos en una relación íntima, nuestros sentimientos y comportamientos son el reflejo de lo que nos sucedió en los primeros años. Esa relación actual es el espejo exacto de lo que nos pasó temprano en la vida. Una ventana a nuestro ser emocional.

Como mujeres, una relación no resuelta con nuestra madre —y existe mucha información al respecto— nos mantiene en un estado mental y emocional muy infantil. Con miedos, inseguridades, culpas y patrones de autosabotaje que nos impiden o dificultan una vida madura satisfactoria.

De acuerdo con varias de estas investigaciones y autoras que menciono con frecuencia en este libro, la falta de una cercanía realmente satisfactoria con nuestra madre durante la infancia temprana es justo lo que nos impide crecer emocionalmente, tal como lo vemos en la pirámide de necesidades de Maslow del capítulo anterior.

Nancy Friday, en *Mi madre, yo misma*, lo explica así:

> Ninguna de nosotras puede dejar el hogar, desarrollarse del todo, aisladamente y confiando en nosotras mismas, a menos que haya alguien que nos ame lo suficiente para darle el ser, en primer lugar, y que después nos deje partir. Se inicia esto con el contacto con nuestra madre, con su sonrisa, con su mirada: he aquí alguien a quien ella desea tocar, alguien a quien desea mirar. Ésa soy yo. ¡Y eso es bueno para mí!
>
> Se ha dicho repetidamente que cuando se ama demasiado a una criatura sólo se consigue malcriarla. Sabemos ahora que nadie puede ser amado demasiado, especialmente en el curso del

Simbiosis con mamá

primer año de la vida. En lo más hondo de ese primer y estrecho contacto con nuestras madres se levanta el lecho rocoso del amor propio, en el que cimentaremos nuestros buenos sentimientos para el resto de nuestras vidas. El niño necesita estar cerca, casi de una manera sofocante, del cuerpo cuyo vientre poco tiempo antes, y a disgusto, dejó.

Mi madre nos cuenta que ella era feliz casada y jugando a la casita. Se casó muy joven, lo mismo mi padre —que creo no estaba tan feliz jugando su rol— e inmediatamente se embarazó. Los tres primeros nacimos uno tras otro. Estoy segura de que mi madre, por joven que fuera, se sintió en algún momento abrumada, cansada, quizá hasta arrepentida, pero conociéndola como la conozco, seguro hizo todo lo que tenía que hacer para ser la madre perfecta.

Sin embargo, hacer cosas como tener la casa limpia, pañales limpios (eran de tela entonces y no tenía lavadora ni ayuda, todo era a mano), dar de comer, etc., por supuesto llenan algunas de las necesidades esenciales de los bebés, pero la parte de la cercanía, esa *simbiosis* tan importante, es otra cosa. Y sé, porque lo siento en mí y porque lo he hablado con mi madre, que ella no tenía tiempo de cargarnos y hacernos sentir esa cercanía, quizá lo hizo más con mi hermano mayor que fue el primero, pero se embarazó de mí inmediatamente, y de mi hermana pocos meses después de mi nacimiento.

No había tiempo para cargar bebés y crear vínculos con ellos, demasiado trabajo de casa. Lo que sí había era una serie de reglas que estableció de acuerdo con lo que su madre, su suegra, y otras mujeres le indicaron. Ella seguía todo al pie de la letra, pero en ese manual no venía nada acerca de la cercanía afectiva o el vínculo necesario. Y encima había que esperar al marido y tener todo listo para cuando él llegara. Para las mujeres de mi familia, como para muchas otras, el marido era el centro de ese hogar. *El importante*. De hecho, mi madre contaba orgullosa cómo nos acostaba a los tres a las 6 p.m. para que no estorbáramos y poder recibir bien a su marido, nuestro padre, quien lo que menos quería cuando llegaba era lidiar con bebés.

Como bien lo dice Nancy Friday, ese vínculo primario con la madre, tan importante para todos los bebés, pero básico para la niña que si no lo recibe crece con verdaderos agujeros emocionales, agujeros que se forman al no recibir al cien por ciento lo que se necesita en esos años, es la base sobre la cual construimos nuestra autoestima. "Resulta especialmente importante para las mujeres entender el significado de tal vocablo [simbiosis], ya que para muchas de nosotras señala nuestra forma de relacionarnos a lo largo de nuestro ciclo vital. Muy pronto, el joven es adiestrado para hacerlo por su cuenta. Para ser independiente. A nosotras, a las chicas, se nos enseña a ver nuestro valor en las asociaciones que formamos. En la simbiosis."

Cierto que este libro fue escrito hace muchos años y la vida ha cambiado enormemente. Cada vez vemos más mujeres preparándose desde pequeñas para ser independientes y abrazar su libertad. Pero hay cosas que no cambian y me parece que la esencia de nosotras las mujeres en mucho permanece intacta.

Mi madre hubiese querido estudiar una carrera, arquitectura, pero lo que se le permitió fue ir a una escuela particular de mucho prestigio, sólo de mujeres, por supuesto, donde se le preparó para la vida, además de darles todas las habilidades para trabajar como secretarias bilingües si alguna vez lo necesitaran.

Como dije antes, se casó joven, muy enamorada y feliz de iniciar su vida como ama de casa, madre y esposa. La parte profesional, por lo menos durante muchos años, no fue de su interés, pero siendo una mujer que amaba leer y aprender, estudió otro idioma y aprendió a esculpir y a pintar. En mi caso y el de mis hermanas, estudiar una carrera nunca fue un cuestionamiento, era un hecho que lo haríamos.

Simbiosis con mamá

Pero mientras crecíamos y nos preparábamos para la vida, las niñas, primas y hermanas, jugábamos a las muñecas, leíamos novelas de amor rosa, hablábamos de los futuros novios y soñábamos con ese hombre maravilloso que un día nos haría muy felices. No dejamos de tener otras actividades, natación, clases de inglés, danza folklórica, etc., pero el tema del romance siempre era el importante. Mientras mis hermanos y primos jugaban con sus propios juguetes, hacían lo suyo, pero no recuerdo haberlos escuchado hablar de niñas o novias hasta muchos años después. En esos años siempre era acerca de lo que serían de grandes.

Sustento mi punto con los más de 30 años trabajando en diferentes talleres y terapias, con y para mujeres a quienes, junto conmigo, lo que nos mueve es precisamente la gran necesidad de sentirnos por completo fusionadas con el objeto de nuestro amor, y muchas desde esa profunda necesidad de seguridad, de unión absoluta, sin darnos cuenta, ahogamos a la otra persona. Sabemos abrazar con fuerza, pero nos hacen falta los ingredientes necesarios para soltar cuando nuestro abrazo aprieta demasiado.

TIEMPO DE CERCANÍA

Nancy Friday expone que

> en el comienzo de la vida, la simbiosis tiene primordial importancia para los dos sexos. Comienza como un proceso de crecimiento, liberando al niño del temor de su vulnerabilidad, de su soledad, dándole el valor preciso para desarrollarse. Si al principio logramos suficiente simbiosis, más adelante recordaremos sus placeres y podremos buscarla en otros; la aceptaremos y nos sumergiremos en ella cuando la localicemos, y nos alejaremos de nuevo de ella

cuando nos sintamos saciados, sabiendo que siempre seremos capaces de restablecer la situación. Confiaremos en el amor y gozaremos de él, aceptándolo como parte del festín de la vida... No pensaremos que debemos devorar hasta la última migaja, por el hecho de que pueda escapársenos para siempre. Si no experimentamos esta primera simbiosis, la buscaremos el resto de nuestras vidas, y en el caso de encontrarla nos sentiremos desconfiados, aferrándonos a ella tan desesperadamente que angustiaremos a la otra persona, atormentándola con nuestros gritos de "¡Tú no me amas!", hasta que, efectivamente, hagamos de esto una verdad.

La primera vez que leí este párrafo, así como me sucedió con el que inicio el primer capítulo de este libro, no me hizo sentido, como si en general no tuviera nada que ver conmigo. No entendía esto de la simbiosis. Sin embargo, mirando en retrospectiva mi propia historia amorosa, ahora puedo recordarme en las diferentes relaciones, creando todo tipo de estrategias para ser vista por el hombre de ese momento.

Pero más allá de eso, recuerdo la ansiedad que siempre me acompañaba, el miedo terrible y la desconfianza hacia la relación. Y aun cuando en un inicio el hombre me mostrara interés, me costaba mucho trabajo quedarme quieta, y dejar que fuese él quien me buscara. Aprendí a controlarme, a quedarme quieta y dejar que las cosas pasaran, pero no a confiar ni a relajarme, la ansiedad interna continuaba, y por mucho que la escondiera, tarde o temprano explotaba destruyendo la relación.

Y entiendo más claramente por qué me quedé tanto tiempo en una relación que era a todas luces más una amistad que un vínculo de verdadera intimidad. Mi necesidad, como la de muchas mujeres, de relajarme en una unión en la que pudiera confiar era muy grande.

Si pensamos en términos del feto, éste vive en total y absoluta simbiosis con la madre y simplemente no podría subsistir sin ella.

Simbiosis con mamá

La madre se nutre también de alguna manera de esta unión, ambos reciben algo maravilloso durante esta etapa. Una vez que nacemos, viene la separación. No toma mucho entender que la bebé necesita gran cercanía de esta madre, de este cuerpo en el que vivió durante nueve meses. Todos los seres en esa etapa necesitamos esa fusión, ya no estando adentro de ella, pero sintiéndola cerca, aún como parte de nosotros. Y a partir de ese momento y por muchos meses, y años, nuestro bienestar físico y emocional depende por completo de cómo ella actúe con nosotros.

Papá será muy importante en el proceso, pero aún no directamente, por el momento, él tendría que apoyar a la madre para que ella pudiese dedicarse enteramente a ser madre, poniendo incluso sus propias necesidades como secundarias. Esto daría a la bebé la posibilidad de llenarse del todo, emocional y energéticamente, de ese amor que será la base de su autoamor y autoconfianza, ambos de gran importancia y valor en sus demás amores.

Sólo si experimentamos este amor total, esta cercanía simbiótica con nuestra madre el tiempo necesario, saldremos de esta etapa con la seguridad y confianza necesarias para recrear el placer de esta fusión en nuestras relaciones adultas, con la relajación y confianza necesarias para también separarnos.

La separación es el nombre de la siguiente etapa, una vez completada la etapa de la simbiosis. Nancy Friday la explica así:

> La criatura, más o menos segura del simbiótico amor de su madre, comienza a sentir que puede pasar con un poco menos de ese amor. Desea aventurarse en un mundo más amplio. Importante fue para la madre la simbiosis con el hijo, cuando esto era todo lo que el bebé podía comprender; la misma importancia tiene ahora para ella empezar a soltar a su hijo, permitir que se adentre en su propia vida, de acuerdo con su horario psíquico interior.

> La larga marcha hacia la individualidad y la confianza en sí mismo se ha iniciado.

En realidad, por ideal que suene esta descripción, la madre no tiene que ser perfecta en el proceso. Basta con que sea capaz de darle a la hija, o hijo, un sentido de confianza básica.

ETAPAS DE DESARROLLO

En un intento de dar más claridad a estos puntos básicos, compartiré otra explicación de este mismo proceso elaborada por Krish y Amana Trobe en uno de sus manuales de entrenamiento: "Aprender acerca de las etapas de desarrollo no sólo nos lleva a entender nuestras historias de amor, también nos ayuda a entender cómo nos relacionamos con las personas en general".

El siguiente tema está parcialmente inspirado en el libro de Ellyn Bader y Peter Pearson: *In Quest of the Mythical Mate*, sobre el modelo de Margaret Mahler.

Observando el juego en las y los niños, Mahler describió las etapas más importantes en su desarrollo normal.

A la primera la llamó el *periodo autista* (0 a 2 meses), en el que la niña vive en un mundo propio sin relacionarse ni percatarse del exterior.

A la segunda la llamó el *periodo simbiótico* (2 a 6 meses), cuando la niña está estrechamente ligada a la madre. Es una etapa importante en la cual la niña desarrolla un poderoso apego no verbal con la madre.

A la tercera la llamó *separación e individuación* (6 a 24 meses), y es el periodo en el que la niña empieza el proceso de convertirse en un ser único e individual. Mahler lo divide en cuatro subfases importantes:

La primera es la fase de la *diferenciación* (6 a 9 meses), cuando la niña empieza a ser consciente de ser diferente a la madre y a interesarse en su medio ambiente.

La segunda es la fase de *práctica* (10 a 16 meses), un periodo durante el cual la niña se mueve con entusiasmo y curiosidad para explorar el mundo externo.

La tercera se llama *reconciliación* (17 a 24 meses), donde la niña quiere la independencia, pero también la unión con la madre: va y viene.

La última subfase se conoce como *consolidación de la individualidad*, durante la cual la niña desarrolla la habilidad para retener dentro de sí el amor de la madre, aun cuando ella no está ahí. Esto le permite a la niña tener la autonomía y la cercanía.

Usando este modelo para nuestras relaciones

Muy pocas de nosotras tuvimos un desarrollo tan fluido y sano. La mayoría traemos heridas muy profundas por no haber tenido cubiertas nuestras necesidades esenciales en cada una de estas etapas tempranas. Hoy nuestras relaciones reflejan estas heridas.

La falta de un vínculo adecuado con nuestra madre durante el periodo simbiótico nos deja hambrientas de la sensación de unión y amor incondicional que no recibimos. Esto es lo que forma la personalidad dependiente que mencioné en el capítulo anterior.

La falta de un adecuado apoyo, guía y estímulo durante el periodo de separación e individuación nos dejó creyendo que el amor significa dependencia y manipulación, y nos quedamos con la necesidad de completar esta etapa. Esto forma la personalidad antidependiente.

Este modelo nos permite entender ciertos patrones comunes en los que entran las parejas una vez que están en la relación.

La personalidad dependiente está hambrienta del vínculo simbiótico que no tuvo. Su miedo a la soledad y su falta de autonomía se debe a que no pudo progresar a la fase de separación e individuación. Eso que siente la persona dependiente, la sensación de no haber sido totalmente amada, de no sentir apoyo ni seguridad es en esencia la *herida de abandono*.

La personalidad antidependiente está hambrienta de separación e individuación. Tiene un profundo miedo a la cercanía derivada por una madre controladora y manipuladora que no respetaba su necesidad de separación. Su herida es la del *engullimiento*, causada por una madre que desde sus propios miedos intentó obstaculizar la etapa de la separación.

Todo esto explicado en palabras de diferentes personas y las mías, tiene su origen en esas primeras fases de simbiosis y separación y cómo nuestra madre las nutrió o no. Es el origen de muchas de nuestras desconfianzas. La necesidad de una confianza básica en la vida, saber que podemos estar en una relación íntima pero también en solitud, poder fundirnos y saber separarnos es esencial tanto para hombres como para mujeres.

Pero, como menciona Nancy Friday:

> a causa de la inevitable relación modeladora entre madre e hija, nosotras no nos encajamos para siempre en la sensación de básica confianza que ella nos dio. Tenemos que ver también con su imagen como mujer, con su sentido de básica confianza, el que le dio su madre. Un chico crecerá, y siguiendo el ejemplo de su padre dejará un día el hogar, se abrirá paso y fundará una familia. Puede ser que alcance el triunfo o no lo alcance. Gran parte de su éxito dependerá del básico sentido de confianza que su madre le dio; pero él no se identificará con su madre.

¿EN DÓNDE NOS PERDIMOS?

Años de inseguridades, apegos ansiosos y evitativos, miedos y desconfianzas de pronto tomaron sentido a la luz de estas palabras. Por años no entendía cómo era posible, siendo una mujer inteligente, atractiva, extrovertida y que paso a paso obtenía éxitos profesionales, que en mis relaciones románticas todo fuese drama y sufrimiento. No había forma de tener una relación donde me sintiera segura y relajada. Bastaba con que un hombre —que me atrajera, claro— me mostrara interés, para irme literalmente como hilo de media.

Por años culpé a mis elecciones, pero siendo muy honesta, hubo hombres fieles, tranquilos, amorosos. Pero ésos no me interesaban. Los que me jalaban eran justo los que no estaban tan interesados, los que ya tenían una relación o que por la razón que fuera no estaban disponibles —para mí— emocionalmente. Y qué decir de los "hombres malos", los infieles, adictos, socialmente "inadecuados", ésos eran mis favoritos.

Mi madre siempre cuenta cómo yo de niña rescataba todo tipo de animalitos, a veces zorritos que encontraba en los terrenos, o perritos perdidos o gatitos lastimados. Con los años empecé a rescatar hombres que según yo necesitaban amor y comprensión para "arreglarse", y nunca funcionó, pero por años lo seguí intentando. Sí, me quedaba claro que yo era una rescatadora de almas perdidas, pero lo que no entendía entonces, mucho del por qué hacía esto, es que en realidad estaba buscando a alguien que me rescatara a mí de mis miedos, soledad, sensación de insuficiencia y todos mis demonios internos.

A través de años de terapia empecé a entender este estado mío interno, pero por mucho tiempo pensé que mi atracción hacia ese tipo de hombres era porque mi padre era así, un hombre atrapado en su propio infierno interno y que yo lo amaba tanto que desde pequeña intenté ayudarlo, sacarlo de sus problemas, hacerle sentir que era amado, al menos por mí. Esto, obviamente, lo transferí a parejas y hombres de mi interés.

Sin embargo, lo que no había entendido era por qué lo hacía, ¿por qué me perdí en mi padre? Era natural que lo amara y que quisiera verlo feliz, pero ¿de dónde saqué que era yo la que tenía que rescatarlo?, y más importante, ¿por qué mi madre, que supuestamente era la que estaba tan bien, no me protegió, no me enseñó a tener una autoestima más sana y a no caer en este tipo de relaciones?

Mi padre estaba muy roto, lo entiendo ahora, y hoy no le quito la responsabilidad de sus acciones y su forma de ser con todos nosotros. No importa cuánto lo amara, a través de los años de trabajo tuve que enfrentar el hecho de que él no era un niño, la niña era yo. Y no era mi trabajo rescatarlo y protegerlo, sino el suyo protegerme a mí y a todos sus hijos.

En varias terapias, aun cuando ya había muerto, lo puse enfrente de mí y pude sacar mucho enojo —una ira que me regresó la sanidad y la dignidad— y gritarle que no estuvo bien esto y aquello, pero sobre todo que no estuvo bien que, en vez de cuidarme y protegerme, me usara para quejarse y autocompadecerse, pedirme ayuda, incluso económica cuando era un hombre fuerte y muy capaz de pararse en sus pies.

Todo esto lo trabajé, y aunque seguramente seguirán saliendo cosas, la comprensión está allí y eso me ayuda a verme y protegerme mejor de este tipo de relaciones con hombres tan rotos y narcisistas.

No obstante, mi pregunta no estaba respondida. ¿Dónde estaba mi madre? ¿Por qué no me protegió ella? La siguiente sección tiene todo que ver con esto: intentar resolver conflictos compulsivamente es una señal de la represión materna de nuestra individualidad a muy temprana edad.

EL TRIÁNGULO

Como mencioné antes, a inicios de 2000 y durante un par de años más que duró el proceso tuve el privilegio de trabajar con un gran hombre, Willem Poppelier, psicólogo clínico y psicoterapeuta holandés quien desarrolló una técnica llamada arraigo sexual, método que trata clara y directamente con temas alrededor de nuestra sexualidad y nuestras relaciones. Para mí fue un verdadero parteaguas y constituyó uno de los procesos de mayor sanación que he experimentado. Entendí y experimenté mucho sobre mi confusión como mujer, ser sexual y energético. Uno de los mayores regalos que me dio fue el de poder asumir mi propia energía sexual y aprender a regularla, sin reprimirla (camello) ni hacerla pedazos (león). Y junto con ello sanar heridas que yo misma me infringí en mi reacción (hija mala) hacia una educación represiva.

En este trabajo experimenté lo importante del "espejo" apropiado durante nuestro desarrollo, y justo fue cuando me di cuenta de que el espejo que yo tuve en mi madre era un espejo muy roto.

El reflejo de quien soy yo, de mi identidad como mujer, como ser humano, el que tendría que nutrir mi autoestima y ayudarme a construir una autoimagen sana y positiva, natural, libre de condicionamientos, comparaciones, dobles mensajes, etcétera.

Willem nos habló mucho de la necesidad vital de ese espejo y del apoyo activo de los padres para reflejar a los hijos, hijas, que son seres buenos, naturales, dignos de ser amados. Fue donde entendí que la mayoría hemos crecido en familias bastante disfuncionales y que por supuesto ese espejo sano y amoroso, ese contacto profundo con mamá y posteriormente papá, desde el cual somos guiadas y apoyadas, generalmente no se da. Al menos, no de la manera en que las niñas habríamos necesitado.

Sanando la herida materna

Una base del proceso es el trabajo con el triángulo papá-mamá-hija (en mi caso), y entender cómo fue esta experiencia temprana para los que participábamos. Lo que nos explicó acerca de este tema es que, idealmente, cuando la hija nace —con el hijo varón el proceso es algo diferente— lo primero que necesita es el vínculo con mamá, que precisamente empieza con el espejeo, como lo llamaba él.

Como ya vimos, a través de una profunda cercanía en los primeros meses la madre le proporciona a la hija la seguridad y la sensación de ser amada, deseada, y de poder recibir apoyo y afecto en la vida. Un poco más tarde la alienta y apoya para que ella pueda iniciar su proceso de individuación.

Mamá es nuestro espejo, nos enseña, sin palabras, de una manera energética a través de sus propias experiencias y sentido del ser, a andar el camino para convertirnos en mujeres. La forma en que ella se relaciona consigo misma, con las demás mujeres y con los hombres —nuestro padre— nos va mostrando cómo haremos todo esto.

La madre, desde sus propias herramientas, nos ayuda a encontrar las nuestras durante los primeros tres o cuatro años. Sin estar tan consciente de ello, nos está preparando para el gran encuentro con el primer amor de nuestra vida, papá.

En teoría, la niña a los cuatro o cinco años, la edad del despertar sexual infantil, se da cuenta de que ese señor simpático, papá, tiene algo diferente y sobre todo tiene el amor de mamá. La niña entonces energéticamente se enfoca en él y por supuesto se "enamora" de papito. El hombre más guapo y maravilloso del mundo. Y explora entonces cómo es estar con él, relacionarse con él.

Posiblemente la niña, en su inocencia, quiera hacer a un lado a mamá, para quedarse con papá. Esto es parte del proceso y unos padres maduros y conscientes sabrían guiar a la hija. La madre apoyándola en este encuentro, jamás compitiendo con ella por la atención de papá, sino estando allí para ella y ambos mostrándose ante la niña

Simbiosis con mamá

como la pareja unida energética, emocional y sexualmente. Esto no se enseña con palabras ni puede fingirse ante la niña o el niño. Si es real, se siente, si no, la niña lo sabe.

La niña debe sentirse tan segura del amor de la madre, del vínculo de ambas, que pueda ser libre para ir a papá. El padre maduro y con una sexualidad autorregulada y sana recibe energéticamente a su hijita y empieza a formar un vínculo de amor, aceptación y respeto con ella. La hijita se relaja porque sabe que, aunque papá es el objeto de su atención en estos momentos, mamá está allí, sosteniéndola con su apoyo energético y su amor incondicional.

La teoría suena hermosa, pero es muy diferente de la historia de la mayoría. ¿Y cómo no? Si como padres en general no hemos resuelto nuestros propios asuntos de infancia, si somos ignorantes, si como pareja —si es que siquiera seguimos juntos— estamos atrapados en estrategias infantiles y juegos de poder entre nosotros, seguimos actuando como niños y niñas, buscando a mamá y papá en todos lados.

No había forma de que mis padres lo hicieran mejor, y eso lo entendí, pero antes me permití vivir y expresar —siempre en terapia, no con ellos— el enojo y el dolor de no haber sido apoyada y guiada y de no recibir ese amor y aceptación incondicional que me hubiese evitado tanto caos, pero eso es lo que hacemos aquí: vivir y aprender.

En mi experiencia personal ha sido obvio, al menos para mí, que mi proceso de simbiosis con mi madre fue deficiente. Claro que no recuerdo nada, pero a través de mi propia forma de sentir y relacionarme lo fui entendiendo e integrando. Mi proceso de separación tampoco fue muy bueno, ya que mi madre fue muy rígida, tomada totalmente por el "deber ser", lo correcto y lo incorrecto, y no había tolerancia para algo fuera de ese manual de "buenas hijas" que es parte de los condicionamientos maternos en mi familia.

Puedo recordar que, dentro de todo, mi padre era mucho más afectuoso y cálido conmigo, lo cual seguramente detonó un núcleo de competencia de mi madre hacia mí. De por sí mi padre era un marido muy ausente e infiel. Había ya mucha competencia con otras mujeres y que encima la hija le restara la poca atención que recibía de él, seguro fue demasiado para esa mujer que en el fondo seguía siendo la niña ignorada por una madre muy sufrida y un padre sumamente machista y severo.

Yo estaba enojada con mi madre desde muy pequeña, estaba cansada de nunca ser suficiente para ella, de sus exigencias y formas tan duras de querer imponerme sus creencias, incluyendo religión y represión de emociones. Ella tan aria y yo tan latina, no había forma de encajar. Y desde muy chica me di cuenta de que mi madre no nos veía, no de la forma en que yo hubiera querido. Su mirada, programada por su propia educación severa, era una forma de controlarnos y asegurarse de que no nos saliéramos del redil. Yo sentía esa mirada dura y enjuiciadora encima de mí constantemente.

Dentro de todo lo complicado que era mi padre, pude sentir que me veía con interés. Mi relación con él era una mezcla extraña de admiración y rechazo de su parte, admiración por algunas de mis cualidades, pero rechazo por aquellas que le espejeaban características que odiaba de sí mismo. Pero, aunque fuera limitado, al menos allí encontraba algo que me nutría y me hacía sentir que había alguna cosa buena en mí. Y así me convertí en una "hija de papá".

MI MADRE Y YO

Por supuesto, esto representó otra razón de enojo de mi madre hacia mí, quien seguramente sin darse cuenta incrementó su competencia conmigo. Su propia inseguridad y desconexión con su madre, mi abuela, también la había convertido en otra "hija de papá", y ese tipo de relación que formamos entre nosotras era la que creábamos con otras mujeres, sobre todo si también eran "fuertes" y de alguna manera "masculinizadas" como nosotras.

Cuando uso la palabra *fuerte* para describirme y describir a mi madre y a otras mujeres similares en su energía es un poco confusa, ¿qué significa realmente? Quizá una manera más real de describirnos sería "duras". Si en verdad fuésemos tan fuertes, ¿por qué entonces tanta dificultad de ser asertivas y poner límites ante los hombres?

¿Por qué tanta ansiedad y miedo de ser vulnerables y abrazar nuestra sensibilidad? Será que en realidad creamos una armadura para proteger una parte que es tan frágil. Una parte nuestra que no fue nutrida adecuadamente, que creció abandonada, sintiéndose menos, insuficiente e indigna de amor como esa niña en el bosque que encontré en mi viaje interno.

Según Nancy Friday, "nosotras extraemos nuestro coraje, nuestro sentido de afirmación, la capacidad de creer en nuestro valor, incluso hallándonos solas, para cumplir nuestra misión, para amar a los demás y sentirnos amadas de la "fuerza" del amor que de niñas inspiramos a nuestra madre".

Claro que sé que mi madre me amó entonces y me ama ahora, e igualmente siento yo un inmenso amor y agradecimiento por las cosas que sí recibí, que no fueron pocas. Pero también entiendo ahora que es posible amar a nuestros hijos e hijas sin que necesariamente nos caigan bien o podamos llevarnos bien con ellos. Y ella y yo éramos demasiado similares, aun creyendo que éramos tan diferentes, para no chocar constantemente.

Mi madre no sólo sabía hacer muchas cosas, era hermosa. Hermosa más allá del canon de belleza del lugar donde crecí. Rubia, alta, ojos azules y un cuerpo formidable. Mis amigos se enamoraban de ella en el momento de verla. Alguno me dijo que estaba mejor que mujeres que veía en las revistas de *Playboy* de su papá.

Yo me sentía orgullosa, pero al mismo tiempo muy por debajo de ella. Recuerdo una ocasión, cuando yo tenía 18 años y mi año de intercambio en Vancouver Island, Canadá, estaba por terminar y mi madre decidió viajar para conocer el lugar y regresar a México juntas. Ese año subí mucho de peso. Siempre fui llenita, pero ese año pasé de "llenita" a "definitivamente gorda". Nos tocó una regata del club que me había hospedado y fuimos como invitadas de honor. Yo me sentía feliz presumiendo a mi madre y mostrándole a ella todo lo que esas personas me apreciaban. Había sido un gran año para mí. Lejos de la familia, abriéndome a un mundo nuevo y excitante, conociendo tanta gente nueva y sintiendo que era muy especial.

Al final de la regata nos llevaron a conocer el yate más grande y lujoso de todos, y en un momento busqué la cocina para tomar algún refresco y allí estaba uno de los invitados, un señor de unos 50 años, quien se notaba que había tomado demasiado de alguna bebida alcohólica durante el día. Cuando me acerqué y saludé cortésmente, me vio y lo único que me dijo fue: "Tu mamá está mucho más bella que tú". No dije nada, no supe qué decir ante eso. Creo que sonreí, incluso le di las gracias y me marché. Fue cruel, sí, pero yo lo sabía, no tenía que decirlo. A mis ojos mi madre estaba muy por encima de mí.

COMPETENCIA

Mi hermana Patricia era más como mi madre. Todos decían que era una muñeca y muchas veces algún chico que se acercaba a mí, terminaba enamorado de ella. Sí. Ella era hermosa, pero sobre todo tenía y sigue teniendo una hermosa figura. Yo me sabía bonita, pero siempre vi mi cuerpo como algo bastante mal hecho. Y todas las mujeres del clan de Wit, las cercanas a mí, eran así, hermosas y con hermosos cuerpos. El mío era más como el de las mujeres de mi lado paterno. De hecho, recuerdo a mi abuela paterna decirme a mis 15 años que me rodara en el suelo para eliminar las bolas de mi cadera. Para no acabar como ella, fueron sus palabras.

Pasé años de mi vida entre dietas tremendas y nutriólogos, pues mi sueño era adelgazar unos kilos. Mi padre —de quien heredé la tendencia a engordar— me vigilaba constantemente para que no comiera de más, y si me cachaba escondida en la cocina comiendo algo, me regañaba de forma humillante. Durante las comidas, en casa o fuera de ella, sentía los ojos de mi padre y mi madre encima de mí todo el tiempo. La hora de la comida se convirtió para mí en un campo de concentración, entonces me escapaba a la tiendita de la vuelta para comprar todo tipo de golosinas y panes y poder comerlos fuera de la mirada inquisidora de mis padres e incluso de una de mis tías, que constantemente me recordaba que estaba pasada de peso, como si no lo supiera.

A partir de mis 12 años, que fue cuando subí unos kilos, empecé una vida que giraba alrededor de la comida y mi peso. Mi autoestima, la poca o mucha que tenía, se vino abajo y a partir de entonces, y por muchos años más, mi peso subió y bajó infinidad de veces.

Esto, por doloroso que fue, no era el asunto principal. En ese aspecto ni intentaba competir con ninguna de ellas, me daba por perdida desde el inicio. La rivalidad con mi madre fue en otro terreno: el ser vista por mi padre. Si ella no iba a reconocer mis logros, que no lo hacía, mi padre sí. En natación, a pesar de que también era el terreno de mi madre, yo lo hice mejor, nadé en competencias y demostré lo buena que era. Entré en oratoria, declamatoria, era aventada y avispada. Me permití cosas que mi madre jamás se hubiera permitido en aquellos años. Ella buscaba la aprobación de su padre siendo una "buena hija y un poco mártir", yo en cambio lo hacía emulando a mi padre en muchas de sus conductas. Entre querer probar que yo valía y era capaz de muchas cosas, y al ponerme al lado de mi padre, me alejé de mi propia feminidad, me llené de amigos hombres, y como me dijo un día la hermana de uno de ellos, me convertí en *uno más de los "güeyes"*.

Mi competencia con mi madre fue desde el lado masculino, la verdad sea dicha; a pesar de ser mujeres a las que nos gustaba arreglarnos, ser coquetas, cocinar y atraer hombres, estábamos bastante dañadas en el aspecto femenino. Ambas niñas, de alguna manera rechazadas de mamá, tomadas por la energía masculina de papá.

Me tomó muchos años darme cuenta de todo esto y aún más entender que realmente yo no quería competir contra mi madre. Más bien yo quería lo que ella era, lo que ella tenía. A mis ojos ella era la mujer perfecta y yo la más imperfecta. Quería verme como ella, ser hermosa como ella, vestirme como ella, comer como ella, actuar como ella, no como mi padre. Hacer esto fue la alternativa que en ese momento pude tomar, ante la ausencia del espejo materno.

Adoraba a mi padre, cierto, pero en el fondo lo que buscaba y necesitaba era la aprobación de mi madre. Y durante años lo repetí con otras mujeres, me arreglaba para ellas. Si entraba a una junta sólo con hombres, me sentía a gusto, incluso disfrutaba cuando me daba cuenta de que me miraban, pero si había mujeres, me ponía nerviosa, sentía sus miradas en mí juzgándome silenciosamente. Y de la misma manera en que lo hice en la preparatoria y en la universidad, en el trabajo buscaba la compañía de amigos varones, ya que los grupos de mujeres siempre me llenaban de ansiedad.

Años más tarde tuve un enamoramiento platónico con un compañero de trabajo que era casado. Fui invitada a una comida a su casa y asistí no para verlo a él, quería verla a ella, cómo se arreglaba, cómo decoró su casa, qué hacía, qué cocinaba, cómo se comportaba. Tenía una gran curiosidad por conocer de cerca a una de "esas mujeres" que sí saben relacionarse con hombres desde su parte femenina.

Simbiosis con mamá

En silencio siempre me comparaba con las otras mujeres, las medía y hacía los cálculos en mi mente: más bonita, más inteligente, más delgada, más femenina. Competía en secreto.

Nancy Friday plantea dicha competencia de este modo:

"¿Competitiva yo? ¡En absoluto!" Lo negamos calurosamente, como si se nos acusara de un crimen, aun en el caso de que corramos ciegamente para sacar ventaja a las únicas personas que cuentan: las otras mujeres. El objetivo es ganar el premio, pero quizá sea más urgente comprobar una vez más los límites de la contradictoria realidad que nos cerca: ¿eres tú capaz de batir a la otra mujer y aun así tener su amor?

[...]

La madre, por su parte, niega cualquier rivalidad, y actúa según las emociones que la rodean y protegen de cualquier competición. Ante nuestro comportamiento de adolescentes, se siente irritada, maternalmente preocupada, exasperada. Nosotras somos su "pequeña", no su rival. Ya de mayores, cuando otra mujer consigue un nuevo empleo, una colocación deslumbrante, no nos sentimos a gusto a su lado. Decimos que ella nos "enerva". Es nuestra mejor amiga; no ansiamos la colocación, de todos modos. Lo enervante, lo irritante, es que su promoción nos amenaza con hacernos conscientes de nuestra actitud competitiva frente a ella.

De un modo similar, para evitar el reconocimiento de la actitud competitiva, nos declaramos no dispuestas al enfrentamiento, cediendo antes de que surja alguien que formule un juicio. Cuando nuestro marido permanece hablando demasiado tiempo con otra mujer, decimos: "Ya sé que yo no soy una persona tan interesante como ella..." Los sentimientos de inferioridad constituyen una defensa clásica. Nos sentimos disminuidas por ella, atemorizadas; seríamos capaces de matarla. O matarlo a él.

> Pero no nos sentimos competitivas. ¿Lo comprenden? ¡Nosotras no somos competitivas!

Competencia primero, luego sentimientos de inferioridad y echarse al piso, buena técnica, la conozco muy bien. Y como dije antes, yo misma me contaba que ni siquiera intentaría competir con mi madre en cuestiones de belleza, ¿para qué? De entrada, en mi mente, yo había perdido.

En el siguiente capítulo abordaré a profundidad este asunto de los aspectos femeninos y masculinos en todos los seres humanos, hombres y mujeres. Al final pude darme cuenta a través de mis procesos de que mi parte masculina es la que me funcionó por años, en la que pude pararme. Y ésta hacía las cosas para alguien más, no para mí misma. No sabía cómo ponerla a trabajar para mí y entonces lo hacía para otras personas, instituciones, etc. Allí es donde ponía mi fuerza y mi poder. Mientras mi parte femenina estaba abandonada y se perdía toda la riqueza de este aspecto. Y claro, ella proyectaba hacia afuera, sobre todo en parejas, su necesidad de ser cuidada, protegida, apoyada, creando todo tipo de relaciones codependientes.

LA FUENTE SECA

Como hemos visto, todas estas historias inician en nuestra relación con la madre, y por supuesto la que tuvimos con papá fue también muy importante, pero el hecho de ser mujeres y por ende tener la necesidad de entender nuestro ser y nuestro hacer a partir de nuestra madre nos liga a ella. Y esto nos lleva —casi siempre de manera inconsciente— a buscar relaciones que nos den lo que ella no pudo o no supo darnos.

Tenemos nuestras carencias emocionales, agujeros emocionales, y vamos por la vida intentando llenarlas con todo tipo de cosas:

relaciones, sustancias, actividades, pero nunca hay suficiente para llenar estos vacíos, son pozos sin fondo. Y seguimos buscando, encontrando fuentes secas, a las que regresamos una y otra vez, con la esperanza de que un día salga agua y podamos saciar nuestra sed.

Para muchas de nosotras esto es algo desconocido. No sabemos que nos faltó algo o mucho y por lo mismo no reconocemos estas carencias. Pero sí proyectamos estas carencias en parejas y otras personas, y por allí podemos empezar a reconocerlas.

Bethany Webster y otras autoras le llaman a esta sensación de vacío *the mother gap*, que se traduce como *el abismo materno*. Y es, como Bethany lo explica, ese abismo que existe entre lo que necesitábamos de mamá y lo que realmente recibimos. Imagina por un momento ese abismo dentro de ti, creando, sin que sepas por qué, todo tipo de ansiedades, miedos, inseguridades, dependencias, desordenes, etcétera.

Ese abismo, gran hueco emocional, me lo imagino en mí como un vórtice que toma todo y nunca se llena. Antes de entender qué era, creía que era normal necesitar tanto y con tanta intensidad. Luego me fui dando cuenta de cómo me comportaba en mis relaciones, en mis hábitos alimenticios, en mi forma de complacer para ser aceptada y querida. Sí, la comida fue para mí, como para muchas otras personas, una fuente de amor. Era lo que sí recibía, aunque siempre sentí que no había suficiente. No sé si esto es real, pero mi sensación es que cuando era niña y había algo que me gustaba, estaba demasiado racionado.

Hoy me parece que puedo semejar el amor de mi madre con la comida: nunca había suficiente, siempre muy condicionado, escaso, y siempre me quedaba con ganas de mucho más. Toda esta hambre de amor la transferí desde muy chica a la comida, y ésta se volvió una fuente para mi satisfacción, la cuestión es que era algo temporal, no era posible comer siempre, pero sí que lo intentaba, llenarme con cosas ricas, tapar mis huecos emocionales comiendo comida preparada por mamá. O escondiéndome para ir a la hora en que todos tomaban la siesta a la cocina de la abuela y robar de sus postres.

El trabajo con mis desórdenes alimenticios me enseñó que esa hambre constante no tenía nada que ver con la comida, sino con todo lo emocional que me faltaba. Y fue hasta que me atreví a ver mi propio abismo materno que logré entender mis carencias y poco a poco aprender a darme eso que mi ser requiere, hoy ya no de madre, sino de mí misma.

La siguiente lista la utiliza Bethany Webster en su libro *Discovering the Inner Mother*, parafraseada del libro *The Emotionally Absent Mother* (La madre emocionalmente ausente) de Jasmin Lee Cori.

Ni esta lista ni nada en este libro tiene el propósito de culpar o hacer sentir mal a las madres, y más adelante, en el capítulo 7, tocaré este tema. Estos puntos son una guía de lo que todos los seres humanos hubiéramos necesitado de nuestras madres para convertirnos en mujeres y hombres emocionalmente completos y funcionales. Tampoco debe ser usado para intentar cumplir con estándares inalcanzables. Si algo me han dado la experiencia y la edad, junto con el trabajo personal, es entender y aceptar que no vivimos en una realidad que apoye este tipo de desarrollo ideal. Me parece que, al contrario, estamos aquí, en esta imperfección, reconociendo quiénes somos e intentando completarnos. Dicho esto, presento la lista:

LOS DIEZ ROSTROS DE LA MADRE

- *La madre como fuente.* Ella provee una sensación de venir de la bondad y el amor. Ser como la madre y venir de ella se siente seguro y positivo. Permite que la niña tenga la sensación de pertenencia y de ser parte de algo mayor, más poderoso que ella.
- *La madre como el lugar de apego.* La madre es constantemente responsiva a las necesidades de la niña. La criatura se siente

sostenida y segura. Le confiere una sensación de pertenencia e identidad a la niña.
- *La madre como la primera respuesta.* La madre está presente a la niña y disponible cuando surge alguna necesidad o emergencia. La niña se siente contenida y segura. Esto le brinda un sentido de pertenencia e identidad a l@s niñ@s.
- *La madre como modulador.* La madre apoya a la hija a modular sus propias emociones, primero empatizando con los sentimientos de la niña y luego guiándola suavemente a territorios más cómodos. La madre puede hacer esto al ayudar a la niña a nombrar sus emociones, proveyendo nutrición, contención, escucha empática o seguridad que calma. Para esto es importante que las emociones de la madre no sean extremas o que ella las regule. La madre puede también ajustar el ambiente a lo que se necesite para asegura la salud, bienestar y seguridad de la niña.
- *La madre como la que nutre.* La madre es afectiva con la niña, la calma, la hace sentirse segura y la tranquiliza. Acepta y comprende.
- *La madre como espejo.* La madre refleja a la niña su estado emocional, brindándole la sensación de que existe, de que es real y es valorada. El espejeo positivo construye el autorrespeto de la niña.
- *La madre como la porrista.* La madre entusiastamente celebra los progresos y logros de su hija. La madre le permite expresarse como la persona separada que es y celebra la expresión única de su ser. La alienta para alcanzar lo mejor de ella misma y le ayuda a asegurarse de que es capaz de hacer lo que la niña desee. Le confiere la sensación de merecer y del autovalor.
- *La madre como mentora.* La madre apoya a la niña mientras ella aprende y explora cosas nuevas. Le da apoyo y retroalimentación y honra las limitaciones de la niña en una manera que se siente cómoda. La madre se entona pacientemente al nivel de

aprendizaje de la niña y proporciona el apoyo de acuerdo con el entendimiento de la niña.
- **La madre como protectora.** La madre proporciona apoyo de una manera que comunica "yo te mantendré a salvo" y modela límites y autoprotección para la niña.
- **La madre como el hogar base.** La sensación de que la madre es un lugar estable al que siempre puedes llegar para sentirte en un hogar que te proporciona aliento, apoyo y confort.

Por supuesto, cualquiera de nosotras, madres, que leamos esto, nos juzgaremos terriblemente. Al menos yo, cuando lo leí la primera vez y en esta ocasión que lo escribo, algo dentro de mí se entristece profundamente, por no haberlo recibido como hija y por no haberlo sabido dar como madre.

Y reconozco que lo que me corresponde hacer ahora, ya como adulta, es darme esto en la medida de lo posible y construirlo con mi hija, aunque ya ambas seamos adultas, siempre es posible hacer cambios y sanar las relaciones desde la edad en la que se está. Pero, ante todo, necesito hacerlo conmigo misma, convertirme en la madre que intente dar a mi niña interior las cosas que aquí describo y que tanto me han hecho falta.

EJERCICIOS DE AUTOINDAGACIÓN

1. ¿Qué necesité de mi madre que no obtuve? ¿Cómo proyecto estas necesidades en otras personas, especialmente si tengo, en mi hija?
2. Observando tus relaciones pasadas y actuales, escribe cómo ha sido y es para ti moverte entre fundirte y separarte en tus relaciones. ¿Qué tipo de sentimientos, pensamientos y

Simbiosis con mamá

conductas surgen cuando estás en "simbiosis" y cuáles cuando te separas?
3. Escribe acerca de tu abismo materno. Tomando en cuenta los 10 puntos de los rostros de la madre, qué obtuviste y qué no.
4. ¿Qué has tenido que hacer para compensar las carencias de tu abismo materno?

CAPÍTULO 6

La eterna danza entre lo femenino y lo masculino

MAMÁ, SI TÚ NO ME VES, YO TAMPOCO ME VERÉ

Ya entrada en el proceso de arraigo sexual con W. Poppelier del que hablé antes —hacíamos mucho trabajo psicocorporal, ya que sus raíces están en el trabajo de Wilhelm Reich—, trabajando arduamente en las emociones y energía, uno de los ejercicios era realizar un círculo con nuestra respiración, la forma de hacerlo para hombres y mujeres era diferente. Las mujeres debían inhalar metiendo el aire por la vagina y expulsarlo desde el corazón. Los hombres lo expulsaban por el pene y lo aspiraban por el corazón.

Empezamos a respirar, y ya involucrada en el ejercicio se acercó una de las terapeutas asistentes a decirme que lo estaba haciendo al revés. Como si yo fuera hombre. Intenté revertir el sentido de mi respiración, pero no podía, se sentía muy raro y no podía hacerlo. La terapeuta me ayudó, pero inevitablemente regresaba al círculo contrario. De pronto salió mucho llanto, un llanto muy profundo, y me entregué a él. Después de llorar lo intenté de nuevo, y aunque con esfuerzo, lo pude hacer. Este ejercicio fue muy revelador para mí; al final del día nos reuníamos en círculo para comentar nuestro trabajo y hacer preguntas.

Ese día, muy conmovida aún, compartí esa sensación continua de tener un cuerpo demasiado masculino. Poppelier me preguntó si quería explorar eso más profundamente, me invitó a pasar al frente, a escuchar opiniones de las mujeres y los hombres del grupo. Todos sin excepción me dijeron que no veían eso, que mi cuerpo era femenino, que yo era femenina. Me costó recibirlo, pero lo tomé, lo guardé y con los años he continuado trabajando con ese aspecto para poder asimilarlo.

Al término de este proceso, que duró poco más de dos años, había entendido que en realidad me identifiqué con mi padre, en un intento de ser vista por mi madre. Que mi enojo e irritación con ella era por no haber recibido el modelaje que necesitaba tanto y que mi verdadera búsqueda era para integrar, sentir mi lado femenino.

Que mis continuos regresos a casa de mi madre, ya de adulta, eran por esa búsqueda de guía y de aprobación de ella. Que mi verdadero dolor fue no haber sido vista y guiada por ella. Mi gran enojo constante, mis pleitos con ella, sólo eran la manifestación de ese anhelo de mi niña interior de que me enseñara cómo ser mujer, como ella. Y actualizando todo esto, el drama verdadero era que yo misma no podía verme. La imagen que tenía de mí era totalmente errónea, distorsionada, como una caricatura cruel de mí misma.

Anoche justamente me buscó una chica de la villa donde vivo ahora. Ella me conoció hace cinco años, cuando mi expareja vivía aquí y ella le ayudaba con la limpieza. Es una chica joven, ahora de 29 años, preciosa, alta, delgadita y con un rostro bellísimo. En ese tiempo platicamos varias veces, e incluso cuando dejé de venir me buscó por Facebook para pedirme terapia. No pude ayudarla entonces ya que iba de regreso a la Ciudad de México por tiempo indefinido, pero de vez en cuando platicábamos por messenger.

Hace una semana vino a buscarme, supo que había regresado y aunque lo pensó mucho finalmente me pidió terapia. Anoche vino a su sesión, el pago (lo dejé a su consideración) fue un mole delicioso que prepara su madre y tortillas hechas por ellas. Muy nerviosa comenzó a platicarme su historia: es de este pueblito, sus padres son gente muy trabajadora y siempre han tratado de apoyarlas, tiene tres hermanas y un hermano. Sin embargo, ella lleva muchos años tomando antidepresivos. Es lo que le han recetado en diversas clínicas a las que ha asistido a través de los años. Alguna vez intentó terapia, pero aparentemente la psicóloga la presionaba mucho y acabó diciéndole que no valía la pena gastar su dinero, que si ella no ponía de su parte, no se sanaría.

Su problema, igual que el de muchas, es la autoimagen y el juicio tan severo que tiene de sí misma. Se siente fea, vieja; sus amigas ya están casadas, ella no ha podido mantener una relación estable por sus propios miedos. Está aterrada de intentar estudiar lo que siempre ha anhelado porque está convencida de que no podrá. Y vive aislada porque salir al mundo le causa una terrible ansiedad. ¿De dónde viene todo esto? De la forma en que aprendió a verse a sí misma, la cual seguramente fue consecuencia del espejo de su madre, *mujer sumisa y apagada*, en palabras de la hija.

Y por ese mal o nulo espejo no supimos desarrollar una autoestima sana. Esa capacidad de vernos con respeto, con aceptación. La capacidad de tener confianza y respeto por una misma. La medida en que a mí me agrada mi yo. La sensación de mi propio valor. Esa autoestima que cuando está presente nos hace alegrarnos de ser quienes somos.

Qué razón tuvo Goethe cuando escribió: "La peor desgracia que le puede suceder a un hombre —en nuestro caso a nosotras mujeres— es pensar mal de sí mismo".

EL AMANTE INTERIOR

En este capítulo quiero profundizar en algo sobre la siguiente reflexión de Sanford que me parece necesita mayor elaboración:

La eterna danza entre lo femenino y lo masculino

El alma humana es como un gran coso en el cual lo activo y lo receptivo, la luz y la oscuridad, el yin y el yang, intentan acercarse y forjar dentro de nosotros una indescriptible personalidad unificada. La consecución de esta personalidad de los opuestos, dentro de nosotros mismos, puede muy bien erigirse en el trabajo de toda una vida, y requiere gran perseverancia y una atención continua. Por lo general, los hombres necesitan a las mujeres para que esto llegue a realizarse y las mujeres necesitan igualmente a los hombres. Y, sin embargo, en última instancia, la unión de los opuestos no ocurre entre un hombre que está representando el papel de lo masculino y una mujer que representa el papel de lo femenino, sino dentro del ser que cada hombre y que cada mujer es y en el cual los opuestos son finalmente conjuntados.
John Sanford, *El acompañante desconocido*

En algunas ocasiones menciono que yo me movía desde mi aspecto masculino y que me identifiqué más con mi padre que con mi madre. Por eso me sentía tan masculina, como si estuviera poseída por la energía masculina de mi padre y me moviera en el mundo con ella.

Ahora intentaré explicar esto que me parece básico en el entendimiento de nuestra relación con ambos géneros. Mi explicación será lo más sencilla posible porque en realidad estos dos arquetipos de los que hablaré son conceptos muy profundos y complicados y yo aún continúo en el trabajo de entenderlos y asimilarlos.

La creación se manifiesta en polaridades. Ejemplos: *sí y no, alegría y tristeza, dolor y gozo, luz y oscuridad, positivo y negativo, noche y día, vida y muerte.*

Nuestro ser, como todo lo creado, también alberga esa polaridad, y la vemos en dos energías: aspecto femenino y masculino. Independientemente de ser un hombre o una mujer, todas las personas tenemos ambos aspectos.

El gran Carl G. Jung nombró "animus" al aspecto masculino de la mujer y "anima" al aspecto femenino del hombre.

En la mujer lo femenino es su vida consciente y el aspecto masculino —*animus*— se alberga en el inconsciente.

En el hombre lo masculino es su vida consciente y el aspecto femenino —*anima*— vive en el inconsciente.

El lado derecho del cuerpo, regido por el hemisferio izquierdo del cerebro, representa la parte masculina, y el lado izquierdo del cuerpo, regido por el hemisferio derecho del cerebro, representa el lado femenino. Esto es igual para ambos géneros.

La polaridad masculina implica movimiento, es la acción de engendrar, de penetrar, la capacidad de explorar el mundo y de ir en busca de lo que se quiere. Es la iniciativa, la lógica, la mente. Es la esencia de la libertad.

La polaridad femenina es la capacidad de entrega y de receptividad, la ternura, fecundidad, contemplación e intuición. Es la esencia del amor.

El trabajo de integración de ambas polaridades se denomina "matrimonio interior" o "boda alquímica", consiste en unificar y equilibrar ambos principios complementarios dentro de una misma para completarse.

Gráficamente estaría representado por el símbolo oriental del equilibrio dinámico entre el yin y el yang.

Como dije antes, son arquetipos, símbolos universales muy profundos, y en una visión espiritual compartida con palabras diferentes por tradiciones antiguas, se dice que el alma o *anima* es la polaridad femenina que ha descendido a los planos de la materia, para aprehender y elevarse en la unión con el *animus* o polaridad masculina.

Dado que los seres humanos son el recipiente o cáliz de estas dos polaridades, una de sus tareas es encontrar el equilibrio entre éstas y realizar dicha unión. Los seres humanos se inclinan a buscar en el

La eterna danza entre lo femenino y lo masculino

exterior esa pareja ideal; en otras palabras, nuestro hombre o mujer internos se expresan en el exterior como relaciones.

Frecuentemente nuestras relaciones más profundas y duraderas con un hombre o mujer afuera son un espejo de nuestro propio hombre o mujer internos. En cada encuentro con un hombre o una mujer ocurre una comparación inconsciente con nuestro propio hombre o mujer internos. Si esta comparación resulta en compatibilidad, nos enamoramos. Las relaciones son una danza entre nuestra parte masculina y nuestra parte femenina, reflejo de cómo experimentamos e incorporamos en nosotros patrones de la relación entre papá y mamá.

El problema básico en el mundo de hoy es el desequilibrio entre lo femenino y lo masculino, el desequilibrio entre el conocimiento y la sabiduría, entre el intelecto y la intuición (mente-cuerpo) y entre la actividad y el descanso, entre muchos otros aspectos.

Las relaciones son un desarrollo y un baile entre nuestros lados femenino y masculino. Una búsqueda de equilibrio entre el amor y la libertad, entre estar solos y relacionarnos, entre la fuerza y la receptividad, entre la cercanía y la distancia, entre el intelecto y la intuición, entre la relajación y la actividad y entre el encontrarse y el retirarse. Las relaciones externas son un espejo de la relación y la comunicación entre nuestros lados femenino y masculino. Las relaciones externas con un hombre o una mujer son una posibilidad de entender nuestro hombre interno (o mujer, en el caso de los hombres).

Abrazar nuestro propio hombre interior (o mujer) significa entender el drama interno que sucede entre nuestro aspecto femenino y masculino, el cual se manifiesta en el afuera como relaciones.

Frecuentemente nos identificamos más con un lado mientras escondemos y no expresamos el otro. Esto es justo lo que proyectamos en nuestras relaciones, a veces un lado es dominante, mientras que el otro es sumiso. Algunas veces un lado se desarrolla, mientras el otro está subdesarrollado; algunas veces un lado toma responsabilidad por el otro.

Sanando la herida materna

Ambos, el lado femenino y el lado masculino, necesitan encontrar su propia integridad e independencia. Cuando tanto la parte masculina como la parte femenina toman responsabilidad por sí mismas y viven su propia verdad, fluye el gozo y el amor entre ellas de manera natural.

A través del entendimiento tanto de nuestra parte femenina como de la masculina, podemos comprender que las relaciones externas simplemente "espejean" la relación entre nuestros aspectos femenino y masculino. Este entendimiento nos da la oportunidad de tomar responsabilidad consciente de nuestras elecciones y nuestros pasos futuros hacia la madurez espiritual.

En *Un viaje hacia el corazón*, Ascensión Belart dice:

> La energía masculina y la femenina se relacionan con el *dios Shiva* (conciencia) y la *diosa Shakti* (energía) los amantes universales de cuyo amoroso abrazo nace todo. Es la integración de las polaridades.
>
> Este *principio de integración de opuestos* es de primordial importancia en la psicología jungiana: la resolución que por medio de la integración acaba con el conflicto. Jung denominó "obra de principiante" a la integración de la sombra, y "obra maestra" a la integración del masculino y el femenino. Es la *Via Regia* o puente hacia el Sí mismo, la vía por excelencia para establecer la conexión con las profundidades de nuestro Ser.
>
> *El alma del hombre es de naturaleza femenina, y la de la mujer masculina.* Jung dice que los hombres son masculinos por fuera y femeninos en su interior, mientras que las mujeres son femeninas exteriormente y masculinas por dentro. Las mujeres son receptivas por fuera, pero penetrantes y duras en su interior, y los hombres son agresivos y fuertes por fuera, pero blandos y protectores por dentro. Cuando las mujeres conectan con su interior encuentran

La eterna danza entre lo femenino y lo masculino

lógica, competitividad, firmeza, poder personal y reflexión. Cuando los hombres vislumbran su interior muestran vulnerabilidad, compasión, sabiduría, deseo de unidad y tolerancia.

El *ánimus* es un arquetipo inconsciente que se revela como la imagen interna que tiene la mujer del hombre, lo masculino interno de la mujer. Por su parte, el *ánima* es la imagen inconsciente de la mujer en el hombre, lo femenino interno del hombre. *Ambos arquetipos generan atracción a través de la proyección de esa imagen interna en el exterior.* Jung dice que en los amores a primera vista uno es "tomado" por la fuerza interna del arquetipo, es decir que aquello que nos atrae de un hombre o una mujer es el propio *animus* o *ánima*. **Bert Hellinger**, creador de las constelaciones familiares, y para mí el principal heredero de Jung, manifiesta en su libro *Felicidad dual* que para que una relación sea duradera hay que crear una imagen interna que corresponda a la propia dignidad, fuerza y vocación, entonces llegará alguien que reúna estos aspectos.

En efecto, hay aspectos a tener en cuenta. Por ejemplo, es un hecho que la mujer que ha desarrollado su energía masculina se siente segura, es activa y tiene capacidad de decisión, en detrimento de su femineidad, por lo que a la hora de abrirse a un hombre necesitará reequilibrar ambas energías para no entrar en competencia con él y permitirle entrar en su vida. En este sentido **Hellinger** dice que **"cuando uno se realiza integrando lo que es propio del otro sexo se siente completo y se convierte en una persona solitaria y autosuficiente"**. Por su parte, los hombres que rechazan su parte femenina se muestran poco receptivos, les cuesta entregarse y tienden a huir de la intimidad. Los hay que integran el femenino reprimiendo su agresividad, mostrándose excesivamente débiles y buscando una mujer que los sostenga. Algunos hombres se quejan de que las mujeres hemos perdido femineidad en este proceso, mientras que para otros es una liberación no tener que cargar con el destino de las mujeres.

Parece que *existe un desfase entre los procesos de los hombres y las mujeres*. Es fundamental que todos los que transitamos un camino de consciencia tengamos en cuenta estos procesos para equilibrarnos en primer lugar individualmente. El mundo necesita que las fuerzas masculinas y las femeninas se equilibren, cooperen y fluyan juntas, que no predomine lo masculino sobre lo femenino, que la Diosa recobre su lugar y lo masculino se ponga al servicio de lo femenino. Un mundo con las dos alas, la del amor y la libertad, integradas y fluyendo en una completa unión.

Siempre hay otra vuelta de tuerca, y más allá de los arquetipos junguianos ahora necesitamos *resintonizar y apropiarnos de nuestra masculinidad y femineidad*. Una vez que hombres y mujeres hemos desarrollado las energías masculinas y femeninas en nuestro interior, es hora de dar un paso más para que el arquetipo integrado no coarte y restrinja la plena expresión de la esencia sexual, es decir, necesitamos fortalecer la propia masculinidad y femineidad.

En su libro *En íntima comunión* David Deida investiga los tres estilos de relación y nos propone nuevas vías de crecimiento en pareja. Existen, según él, *tres fases en las relaciones con sus características específicas: la de dependencia, la de 50-50 y la etapa de íntima comunión*. Un recorrido de crecimiento necesario, individualmente y como pareja, para integrar y reequilibrar en cada uno las energías de manera que la energía masculina y femenina fluya entre ambos naturalmente. Si la mujer se resitúa en su polaridad femenina el hombre hará lo propio con su polaridad masculina, y viceversa. En el libro también hay información de la polarización para relaciones entre personas del mismo sexo.

Animus y **ánima** *son arquetipos profundamente transformadores*. Cuando el hombre integra su femenino y la mujer hace

La eterna danza entre lo femenino y lo masculino

lo propio con su masculino, ambos recobran energía y se hacen dueños de las expectativas y fantasías inconscientes proyectadas en el otro sexo, lo que da como resultado una mayor aceptación de la realidad y del otro como es, menos exigencias, desilusiones y conflictos, y una mayor libertad y creatividad para ambos. Gracias a este proceso la relación de pareja se renueva, se vuelve más sana, profunda y completa.

La pareja arquetípica sirve de motivación para ir más allá, hacia un nuevo horizonte. Cuando las energías se equilibran en cada uno de ellos, y el masculino de él es más fuerte que el masculino de ella, y el femenino de ella es más fuerte que el de él, ambos conquistan su espíritu salvaje y poder personal. Ella impele hacia un flujo de amor, intimidad y comunicación más profunda a través de la sensualidad y la irradiación, y él aporta dirección, propósito, libertad y expansión a la relación. Ambos cultivan la conexión consigo mismos comprometidos en sus procesos de realización personal, permaneciendo presentes con el corazón abierto momento a momento, en la práctica del verdadero amor, despiertos a la totalidad de su Ser. La práctica del amor se refleja en una sexualidad sagrada que fluye entre la pasión, la rendición y el éxtasis, y relajados en su verdadero Ser experimentan la Unidad. *Cuando el alma accede a la profundidad de los abismos e integra la mitad que le falta alcanza la plenitud.*

Hasta aquí todo suena bellísimo. ¡Qué delicia integrar nuestros dos aspectos y convertirnos en seres tan completos que, lejos de depender, compartimos y amamos! Suena casi como de cuento de hadas, pero no lo es, estoy convencida de que eso es parte de lo que, como los seres espirituales que somos, estamos trabajando en estos planos, pero requiere precisamente eso, trabajo y mucha responsabilidad. NO hay atajos, no hay pastillas ni técnicas mágicas.

Sanando la herida materna

Cada mujer tiene a su hombre dentro de ella, y cada hombre tiene a su mujer dentro de él. Sólo la persona que medita puede conocer su Ser Completo. En este proceso su consciente e inconsciente se funden, lo masculino con lo femenino. Esto crea un estado orgásmico en la persona. Ya no es una experiencia momentánea que llega y se va. Es algo que continúa, día con día. Con cada latido del corazón y cada respiración.

OSHO

Seguramente llegar a este estado de totalidad absoluta no es cosa fácil, como indico arriba, quizá no logremos la absoluta unión interna, pero vamos poco a poco, paso a paso. Yo misma puedo darme cuenta cómo he ido poco a poco limpiando e integrando estas polaridades en los diferentes aspectos de mi vida. Y lo veo claramente por el tipo de hombre que atraigo y por la relación que hoy tengo con mi pareja.

Si hubiéramos tenido una madre y un padre muy conscientes y maduros, no sólo emocional sino espiritualmente, cuya relación hubiera sido un verdadero modelo de amor y respeto para nosotras, nuestra parte femenina estaría sana, abierta, receptiva y en pleno amor, y la parte masculina, activa en el mundo, nutriéndose de la creatividad de lo femenino y poniendo su energía al servicio de ella, protegiéndola.

Mujer, mientras lees piensa por un momento en esto: ese ser que has anhelado tanto que llegue a tu vida y te proteja, cuide y ame, está dentro de ti: tu aspecto masculino. Y tu aspecto femenino es el que sabe recibir, amar, nutrir, crear. Y cuando ambos finalmente se encuentren y se nutran mutuamente, atraerán a esa pareja externa con quien construir una relación de este tipo. Pero no es la otra persona con la que sucederá esa maravillosa unión.

Aunque es cierto que el hecho de relacionarnos afuera nos ayuda a ver lo que pasa dentro, la clave es no perdernos en la otra persona, usar esa relación afuera como el maravilloso espejo que es y aprender de lo que pasa dentro.

Si lo trabajamos y vamos creando conciencia, ese encuentro externo puede crear la integración entre nuestro lado femenino y el lado masculino. De otra manera y desde una parte infantil tan lastimada, nos perdemos en esos juegos de poder con las demás personas. Expectativas, demandas, dramas y más dramas.

> Quien mira afuera, sueña. Quien mira dentro, despierta.
> CARL G. JUNG

Como todo lo que se hace desde la conciencia, las relaciones externas pueden convertirse en las grandes maestras, ya que contienen la posibilidad de enseñarnos a amar tanto a la pareja externa como a la interna y de desarrollar e integrar nuestra parte femenina y masculina en esa relación con nuestra contraparte externa.

De una manera muy simplista, lo diré así: Como mujer, aprendí de mi madre (o no) a ser mujer. Mi aspecto femenino está muy influenciado por ella. Mi aspecto masculino está influenciado por mi padre (incluso su ausencia). La forma en que se relacionan estos dos aspectos dentro de mí es la forma en que mis padres se relacionaron. A partir de esto yo me relaciono con el otro género, así como se relacionó mi madre con mi padre.

El siguiente artículo fue escrito por Amana Trobe, se los comparto porque me parece una manera muy clara de describir qué buscamos en las parejas y cómo aprender de esas relaciones. Amana es una de las mujeres que más me han inspirado y enseñado a integrar mi parte femenina. Ella, junto con su esposo, Krishnananda Trobe, han sido para mí un bello ejemplo de relación de pareja sana y llena de amor y respeto. Ellos, como lo he dicho antes, son los fundadores del Learning Love Institute y viajan por todo el mundo impartiendo talleres.

Sanando la herida materna

Mirando hacia mi vida y a lo que he aprendido al estar dentro de relaciones con hombres, comenzando con mi padre, me doy cuenta de que mucho de lo que aprendí ha sido de manera indirecta. Fui forzada a aprender cualidades que faltaban en mis parejas masculinas, cualidades que tuve que encontrar interiormente.

Mi padre era alcohólico. Él no estaba, o bien estaba deprimido o quejándose. Fue muy difícil como niña y pude lidiar con ello diciéndome a mí misma que no tenía padre. Ahora puedo ver que eso me ayudó a encontrar mi propia fuerza y valor interior. Y esto, de una forma extraña, se convirtió en un regalo.

Mi primer novio carecía de dirección, lo cual me inspiró a encontrar eso internamente.

Más tarde tuve que encontrar integridad y honestidad, ya que elegí parejas que tampoco tenían esto.

Al ir encontrando estas cualidades internas fue posible conocer a alguien con mucha energía masculina positiva y aprender de manera más directa de esa energía.

En mi relación con Krish se me ha retado a confiar en mí misma, a ir a mi propio ritmo y a no apresurarme para tratar de mantenerme al suyo; a moverme de acuerdo con mi propio sentido de dirección y a darme el tiempo y nutrimiento que necesito. Aprecio y me inspira esta energía masculina que se mueve y crea constantemente, pero al mismo tiempo mi reto es continuar siendo fiel a mi manera, que muchas veces es más lenta y simplemente diferente. Al paso de los años he crecido amando y apreciando las diferencias, sin sentirme ya amenazada por su intensidad.

Vivimos en un mundo donde hay tanto desequilibrio entre la energía femenina y la masculina. La energía masculina ha estado dominando por tanto tiempo, que incluso las mujeres han favorecido esa energía masculina en ellas mismas. Lo que sucede cuando hay

La eterna danza entre lo femenino y lo masculino

demasiada energía masculina y no hay suficiente energía femenina, es que la energía masculina se vuelve opresiva, agresiva, impaciente e incluso violenta. Y en este desequilibrio, lo femenino se vuelve sumiso, letárgico y deprimido. Todas las bellas cualidades femeninas como aceptación, amor, confianza, creatividad y receptividad se pierden en la energía muerta de la depresión y resignación.

Si miramos a las dos energías como simplemente energía, sin nada que ver con los sexos, sino sólo energía femenina y energía masculina, son dos energías que se complementan la una a la otra. La femenina es suave, gentil, fluida, sintonizada con la naturaleza, sintonizada con el cuerpo, perceptiva, sensible, más centrada en el vientre y el corazón, viviendo en sintonía con la intuición; como agua, lista para moverse, fluir y adaptarse a las circunstancias del ambiente en el que se encuentre; es muy flexible y cede. Tiene cualidades de calidez, compasión, amor y aceptación.

La energía masculina es más sólida, estable, confiable, clara, lista para la acción, intención, con valor y voluntad, enfoque, energía, fortaleza y presencia. La energía masculina tiene la energía de perseverancia y creatividad.

En su estado no sano, la energía masculina puede convertirse en violenta, agresiva y juiciosa. El estado no sano de la energía femenina es colapsada, letárgica, depresiva, quejumbrosa y se pierde a sí misma.

Es importante estar conscientes de que tenemos ambas energías dentro de nosotros. Si tenemos una tendencia a movernos hacia la energía femenina negativa y deprimirnos, colapsar, sentirnos desesperanzados y sin sentido, entonces vamos a atraer la energía masculina negativa; internamente, en la forma de nuestro juez siendo muy duro y severo con nosotras y en el exterior en la forma de una pareja que puede ser juiciosa, enojona, crítica o que presiona. El darnos cuenta de este hecho nos da poder. Es nuestro ser encerrado en la energía femenina negativa quien atrae esta energía masculina negativa y no es mera coincidencia que atraigamos a una persona en particular.

Esa persona está en nuestra vida para enseñarnos una lección muy valiosa.

¿Cuál es la lección que aprendemos en este caso?

Nuestra lección es despertar nuestra energía masculina positiva; poner límites, bloquear la energía masculina negativa y protegernos a nosotras mismas de la crítica, violencia y presión. Conforme nuestra energía masculina se fortalece nos volvemos más seguras y confiadas de nuestros límites, nos sentiremos lo suficientemente a salvo para permitir a nuestra energía femenina florecer… Relajarse… Expandirse. Entonces, es posible estar en una relación sana con un hombre y es seguro ser vulnerable.

Es una falacia el creer que nuestro florecimiento como mujeres sólo puede suceder cuando tenemos a un hombre en el exterior de forma segura. Si nuestra energía femenina no es sana: es colapsada, aletargada o deprimida, entonces atraeremos a un hombre no sano como un intento de sanar, de retarnos a nosotras mismas a despertar a ese hombre sano.

Es nuestro intento de crear equilibrio en este mundo.

Trabajando con muchas mujeres veo lo desafiante que es establecer límites, ya que tenemos que encarar nuestro miedo al abandono. Y como mujer, o persona con mucha energía femenina, es aún más desafiante, ya que la energía femenina de manera natural se disuelve, difumina y cede. La naturaleza de la energía femenina es que conecta y se disuelve, por lo que al principio parece que es algo extraño a nuestra naturaleza el establecer límites y defendernos a nosotras mismas. Podemos juzgarlo como ser rígidas, insensibles o incluso egoístas, pero sin esta energía masculina fuerte y firme nunca nos sentiremos lo suficientemente seguras

La eterna danza entre lo femenino y lo masculino

para disolvernos y fusionarnos por completo con el otro. Sin un respeto y amor profundos por nuestra individualidad, esta tendencia natural a fundirnos y fusionarnos fácilmente se convierte a sí misma en algo negativo que es amargo, iracundo, resentido, deprimido, aletargado, desesperanzado y desconfiado.

¿Cómo establecer límites cuando estás tan desesperadamente hambrienta de amor? Nuestra parte herida y hambrienta anhela conexión y no le importa para nada la dignidad ni el respeto propio. Todo lo que esta parte nuestra quiere es conexión, algún sentimiento de pertenencia y de unidad. Se requiere de mucha madurez y profundidad el ser capaces de sostener y nutrirnos a nosotras mismas, en vez de ir con alguien para que llene ese vacío.

Muchas mujeres son muy seguras y fuertes en su vida laboral, en su creatividad, pero cuando se trata de sus relaciones íntimas, fácilmente se pierden a sí mismas.

Un buen ejemplo es una cliente mía que es muy exitosa y segura en su vida laboral de negocios, pero tan pronto se acerca a una pareja y pasa más tiempo con él, comienza a conceder, a enfocarse en él, a agradarlo, a disolverse en él, y deja de sentirse a sí misma y a sus necesidades. El hambre de disolverse y fundirse la toma por completo y pierde su centro. Comienza a hacer las cosas que él quiere hacer, a involucrarse en sus proyectos, incluso a comer lo que él quiere comer. Deja de hacer ejercicio y deja de tomarse su tiempo para meditar. De hecho, deja de sentir lo que quiere o necesita, pero comienza a volverse temperamental, emotiva y rápidamente se siente incomprendida y rechazada y se enoja con él. Con frecuencia no se da cuenta de que es ella quien se está rechazando a sí misma o más bien abandonándose cada vez que se acerca a él y se "flipea" o pierde el control cuando él no está sintonizado con ella. Ésta es una dinámica muy dolorosa que se siente muy real cuando estamos en ella.

Sanando la herida materna

En realidad ha atraído a alguien con una voluntad y energía muy fuertes, quien no la siente fácilmente. Él está muy en su energía masculina, que es lo que la atrae. Pero eso también significa que con frecuencia él no está sintonizado de la manera en que a ella le gustaría. Y esto la pone tensa, la lleva a su límite.

¿Cómo puede regresar a sí misma de manera que pueda permitirle a él ser tal y como es?

Su proceso es reconocer que su huella de abandono ha sido detonada y que necesita tomar tiempo y espacio para estar con ella misma, incluso cuando está con él. Es importante para ella saber que cuando se acerca es fácil perderse a sí misma. Requiere tomar tiempo extra y cuidado para estar consigo misma. Necesita escuchar internamente y sentir cuando está haciendo algo que no está bien para ella y tener el valor de seguir su energía, aun cuando a él no le guste o se ponga temperamental. Necesita establecer límites si él la trata de controlar y voltear su energía hacia ella misma y confiar en su propia manera de ser en este mundo.

Claro que puede compartir con él lo que le está sucediendo. Pero si su compartir es una manipulación para tratar de cambiarlo, es que no ha aprendido la lección ni ha encontrado su fuerza interna.

Me parece muy claro que entender la diferencia entre las energías femenina y masculina es vital para lograr el amor y el tipo de relación que se desea. Independientemente de ser hombre o mujer, llevamos dentro ambas energías, y de hecho en nuestras relaciones románticas elegimos de manera consciente o inconsciente el estar en una u otra polaridad.

En su artículo, Amana Trobe explica la parte lastimada, colapsada de la energía femenina y de la masculina. Para ir un poco más profundamente en esto, entendamos que la energía masculina es el hacer, el pensar, planear, programar, tomar decisiones, es la visión de nuestro caminar. La energía femenina está en el ser, recibir, permitir, experimentar, tocar, expresar, responder, nutrir. Es la visión del amor.

Y repitiendo lo ya dicho, ambas son muy necesarias para lograr una vida más completa y plena. El amor a la libertad y la libertad del amor. Son las dos alas del ave. Sin una, no puede volar.

El amor sin libertad es codependencia.

La libertad sin amor es antidependencia.

Cuando la energía masculina está lastimada se muestra a través de la manipulación, la agresión, salirse con la suya, berrinches, mucho juicio, muchas opiniones, ser "sabelotodo". Las personas, hombres o mujeres, cuya energía masculina está muy lastimada, son peleoneras, abusivas, *bullies*.

Cuando esta energía se sana tomamos control de la parte de hacer de nuestra vida, recuperamos la visión del camino, del rumbo hacia donde queremos caminar, cómo aterrizar nuestros planes, hacer que las cosas sucedan.

La energía femenina lastimada es la parte que busca quien la rescate, la víctima, la princesa prisionera de la madrastra —que en realidad representa a la madre interna—. Crea dramas, es chismosa, metiche y manipuladora.

Cuando esta energía femenina está sana se permite "ver", expresa sus necesidades, su vulnerabilidad, sus sentimientos. Recibe y permite, se abre a la vida, se sabe relacionar, se nutre y nutre.

Cuando ambas energías están sanas y se encuentran, la parte masculina cuida y protege a la femenina, la femenina recibe y nutre a la masculina. Forman la pareja interior.

Recordemos que mientras no hay esta sanación interior e integración de nuestras dos polaridades la vida nos pondrá enfrente un gran espejo que será esas parejas románticas. Elegiremos a alguien que nos refleje al atraer y ser atraídas hacia esas partes heridas de nosotras que podemos ver en el otro u otra.

En mi propia experiencia he descubierto que mi parte femenina se esconde detrás de máscaras masculinas (enjuiciar, hacer demasiado, atacar) cuando se siente insegura, no vista o no comprendida.

Nuestra energía femenina necesita ser vista, saber que está siendo percibida. Si no sucede esto, busca afuera desesperadamente. Aprender a vernos, a escucharnos, a sentirnos es justo lo que se necesita, de otra manera buscaremos afuera creando relaciones de codependencia.

Tal como nos indica Amana en su artículo, es importante hacernos conscientes de nuestras heridas, responsabilizarnos de ellas, dejar de proyectar en los otros nuestras necesidades no resueltas, entender que, dentro de nosotras, tenemos las herramientas para nutrirnos y aprender a pararnos en nuestros pies.

Usar nuestra energía masculina sana para enfocarnos de nuevo en nosotras y en nuestra propia vida, dejar de usar esa energía para obsesionarnos acerca de nuestras relaciones. Ser capaces de cuidar nuestras propias necesidades para no tener que colgarnos de una pareja que lo haga.

Alguna vez leí un texto sobre este tema, desgraciadamente no recuerdo quién lo escribió, pero una idea de esto me quedó muy grabada: *la energía femenina necesita sentirse a salvo. Esto viene de miles de años de evolución, la energía femenina ha sido la presa, por eso necesita sentirse protegida.*

Cuando ponemos nuestra energía masculina al servicio de nuestra energía femenina nos relajamos, aprendemos a confiar en nosotras. La energía femenina sana se enfoca en el placer y el autocuidado y en decir no a aquello que realmente no queremos en nuestra vida para no sentirnos abrumadas.

Pero ante todo puedo decir que en mi propio camino he podido experimentar cómo mi parte femenina se relaja y se tranquiliza cuando mi parte masculina la cuida, la protege, la honra, la escucha y le cree. Cuando mi parte masculina está demasiado ocupada afuera controlando, actuando, lidiando con la vida y se desconecta de la maravillosa intuición de mi femenino, su sensibilidad, su saber estar y su gran sabiduría, entonces es cuando toda yo me pierdo y caigo de nuevo en la fantasía de creer que alguien de afuera tiene que darme eso que estoy necesitando.

Todo lo que requiero es pararme por un momento, conectarme internamente y dejarme escuchar la voz de mi parte femenina, pero ésta sólo la puedo escuchar cuando me desconecto del ruido y las voces del mundo externo y sobre todo del bla bla bla de mi mente. Respiro profundamente varias veces, llevando mi atención, mi enfoque a mi cuerpo, a sus sensaciones, sentimientos y allí está la puerta a las profundidades del ser.

Allí recuerdo que algo mayor que yo me sostiene y puedo dejarme caer, en total relajación, en los brazos amorosos de la existencia.

EJERCICIOS DE AUTOINDAGACIÓN

1. Escribe acerca de los siguientes temas:
- ¿Cómo te relacionas con las personas de tu mismo sexo?
- ¿Cómo te relacionas con las personas del otro sexo?
- ¿Cómo era la relación entre tus padres?
- Tus creencias acerca de lo femenino.
- Tus creencias acerca de lo masculino.

2. ¿Qué entendimientos te llegan acerca de lo que escribes?

CAPÍTULO 7

La mujer en el espejo roto

La primera vez que leí *El valor de lo femenino*, de Marianne Williamson, fue de regreso de un viaje de trabajo a Guadalajara. Mi vuelo estaba retrasado y decidí caminar un poco dentro del aeropuerto. Encontré una pequeña librería, entré y empecé a echar ojo a ver qué encontraba, y allí estaba, un pequeño libro, lo hojeé y decidí comprarlo.

Empecé a leerlo y me fue tomando, poco a poco fui entrando en cada una de las siguientes palabras, las leía y releía queriendo entender a fondo su significado:

> Es muy difícil ser mujer. Me doy cuenta de que también es muy difícil ser hombre, pero éste es un libro sobre mujeres.
>
> Cada fracción de segundo, cada minuto, en cada ciudad de cada país lloran más mujeres, fuerte o calladamente, de lo que nadie, hombre o mujer, se imagina. Lloramos por nuestros hijos, nuestros amores, nuestros padres y nosotras mismas. Lloramos avergonzadas porque sentimos que no tenemos derecho a llorar, y lloramos en paz porque sentimos que ha llegado la hora de hacerlo. Unas veces gemimos en nuestro llanto y otras damos alaridos. Lloramos por el mundo. Sin embargo, pensamos que lloramos solas.

La mujer en el espejo roto

Creemos que nadie nos oye. Y ahora todas debemos escuchar. Hemos de coger la mano de la mujer que llora y ayudarla con ternura, porque de otro modo "ella" —esta ensombrecida identidad colectiva femenina— se convertirá en un monstruo que ya no permitirá que no lo oigan. Este libro pretende escuchar y comprender a la mujer en el mundo de hoy, tal como existe en este momento: una prisionera que aún lleva encima todos sus viejos y sucios emblemas. Es como una niña, pero no es una niña. Es nuestra madre, nuestra hija, nuestra hermana, nuestra amante. Ella nos necesita y nosotros la necesitamos.

Yo tenía aproximadamente 36 años, y lidiaba con una hija adolescente, enojada y rebelde. Me sentía impotente ante esa situación. Me sentía víctima —no es lindo reconocerlo, pero así era—; una parte mía creía que nadie la tenía tan difícil como yo.

Madre divorciada, padre ausente, hija adolescente y encima de todo yo tenía que trabajar para mantenernos a las dos. En ese momento no había un hombre en mi vida, y eso siempre me hacía sentir menos que las que sí tenían esposo o alguien que las apoyara y que —según yo— tenían todo lo que yo no podía tener.

Eran los años en los que me descubrí muy enojada con las mujeres. Estaba viviendo en casa de mi madre, después de un intento de vida en Milwaukee, que abandoné porque no era perfecto. Todo esto lo entendí después, pues en aquellos años era experta en justificarme y culpar al otro. Mi relación con mi madre era terrible, y con mi hija, peor. No sabía qué hacer con ella. No entendía por qué ella no se hacía responsable de sí misma. Hoy que lo recuerdo aún me duele esa parte mía que pretendía algo así: mi hija tenía 14 años y estaba mucho más perdida que yo. Pero desde mi narcisismo, desde mi "victimez" no era capaz de ver eso, todo era "acerca de mí".

Justo por ese tiempo, buscando una terapeuta —según yo— para mi hija, alguien fuera del círculo de amigas y terapeutas conocidas, que no supiera nada de nosotras, de la familia, una gran amiga, Gina, me recomendó a su psicoanalista, nunca me atrajo esa corriente, pero mi amiga me platicó un poco de esa mujer y decidí probar; insisto, era para mi hija.

Le llamé y le pedí una cita para Dassana; me dijo que primero querría platicar conmigo y acordamos el día y la hora. Convenientemente su lugar estaba no muy lejos del camino que tomaba de regreso de la oficina a casa de mi madre, donde vivíamos. Ese día llegué un poco tarde, por lo común soy muy puntual y orientada, pero por alguna razón —con seguridad Freud reiría socarrón— me perdí.

Cuando por fin di con la casa, me agradó, fue como llegar a un lugar familiar, aunque nunca había estado allí. Era como en un pequeño bosque, un área llena de árboles. La casa era de madera, con otras construcciones alrededor, como pequeños departamentos en el mismo terreno. Conocerla fue toda una experiencia, una mujer chilena, mayor que yo, hermosa, natural, cabello largo, suelto, un vestido sencillo, sexy, de algodón. Me gustó mucho y me intimidó un poco.

Me preguntó por qué quería terapia para mi hija, le platiqué un poco y me propuso que yo tomara la terapia, al menos de inicio. Acepté y empecé mi trabajo con ella, fui descubriendo que era una feminista de corazón, su energía era de una gran madre, una guerrera, pero a la vez una mujer muy femenina y sensual. No recuerdo en qué momento salió el tema de mi enojo con mi madre y entonces me dijo: "Aura, necesitas trabajar este enojo, asumirlo, pero puede ser muy difícil y complicado hacer esto mientras vives en su casa. ¿Por qué no te vienes con tu hija y viven aquí?"

Me mostró dos recámaras en la casa mayor, también dentro de la propiedad, disponibles para renta. En esa misma casa había otras dos recámaras ocupadas, una habitada por una mujer joven enferma y su pareja que la visitaba frecuentemente, ambas clientes de Lore, y la otra, por una bellísima mujer joven israelí con quien hice una hermosa amistad. Una comunidad de mujeres. Aún hoy que miro hacia atrás y recuerdo ese año lo veo como si fuera un sueño, estoy convencida de que al igual que a todas las demás, el espíritu de la madre universal me llevaba sin yo darme cuenta. Creía que yo estaba sola pero no veía la inmensa gracia que nos cuidaba y guiaba.

Además de las que vivíamos allí, con frecuencia llegaban otras mujeres a los grupos de terapia o simplemente a estar en el lugar. Todas estábamos juntas en un grupo de terapia para mujeres y de manera alternada tomábamos sesiones individuales con Lore. Fue un trabajo de mucha confrontación. Mi hija también empezó a tomar terapia, pero ella individualmente. Ese trabajo me enseñó mucho a verme, tanto en mi parte herida como en la parte sabia. Recuerdo un día que ante una situación que yo tenía que enfrentar me dijo: "Tienes una voz muy poderosa, puedes ser una gran guía para mujeres, pero no desde tu vergüenza, no desde esa parte tuya tan lastimada".

En esos años jamás me pasó por la mente ser psicoterapeuta o pensar que algún día estaría escribiendo libros para mujeres o artículos en diferentes revistas o colaborando en programas de medios. Todavía había mucho que sanar en mí, aún tendría que caminar un poco más antes de llegar a ese punto y sobre todo encontrar las formas de reconciliarme con lo femenino en mí, con mi madre inicialmente. Lore me inició de alguna manera en este camino de reconciliación interna con mi aspecto femenino.

Otras mujeres llegarían a mi vida, en forma de amigas, psicoterapeutas, maestras, escritoras, y cada una fue ayudándome a ir cada vez más profundo en mí, pero ante todo reconozco la magia de la vida en este caminar. La madre universal, la energía femenina, María, Isis, Yesi Walmo, no importa el nombre, ella nos abraza y nos toma de la mano para guiarnos. El asunto es que lo permitamos, y muchas veces desde el profundo enojo y dolor de mujeres que traemos cargando de generación en generación, no sabemos cómo hacer esto.

"La Diosa se despierta en nuestro corazón antes de despertarse al mundo. Es preciso que notemos que existe. Debemos honrarla, adorarla y reverenciarla, independientemente del nombre que le demos. Porque no hacerlo es deshonrarnos a nosotras mismas. Ella es nuestra esencia femenina. Es el poder de lo femenino y la gloria espiritual que yace dentro de toda mujer y todo hombre", expresa Marianne Williamson en *El valor de lo femenino*.

Porque creo firmemente en lo anterior es que escribo este libro, cada capítulo, para ir juntas entendiendo que hay dos partes, por decirlo de alguna manera, nuestra parte herida y las emociones que hemos reprimido y acumulado por años en nosotras: nuestro enojo, dolor, vergüenza y culpa generacional, pero esto, y quiero ser muy clara al respecto, se hace en terapia, con ayuda profesional, en lugares seguros, donde no salpiquemos nuestras ya de por sí dañadas relaciones.

Quiero agregar que para sanar esta parte hay que hacer un verdadero trabajo psicoterapéutico con ayuda profesional, no hay atajos, no hay caminos fáciles, fórmulas rápidas y mágicas. Y digo esto porque cada vez veo más personas y escuelas que, atraídas por un tema que se ha vuelto tan popular como la codependencia y las heridas de la infancia, ofrecen recetas de cocina aprovechando la necesidad de tantas personas.

La otra parte es nuestra conciencia, nuestra guardiana interna, madre interior, voz sabia, la cual hay que cultivar, ayudarla a crecer; de esto hablaré mucho más en el siguiente capítulo.

Este trabajo nos ayuda a entender que en realidad no hay culpables, somos todas, madres, hijas, abuelas —y todos también—, víctimas inconscientes de una sociedad a la que le importa un bledo que sanemos emocionalmente, no le importa la parte individual, es una sociedad oscura, densa, que jamás apoyará el crecimiento de la conciencia porque esto implicaría su final. Buscar apoyo y soluciones en esa sociedad es perder el tiempo. Es mejor aprender a trabajar nuestro mundo emocional interno y desde allí crear nuestras propias comunidades abiertas a mujeres y hombres que busquen sanarse para sanar este mundo.

La herida materna existe porque no hay un lugar seguro donde las madres puedan procesar el enojo ante los sacrificios que la sociedad demanda de ellas. En un ensayo publicado por Teen Vogue, llamado "La mayoría de las mujeres que conoces están enojadas. Y eso está bien", Laurie Penny escribe:

El enojo femenino es tabú, y por buenas razones; si alguna vez hablamos acerca de él directamente, en números demasiado grandes como para ignorarlos, una o dos cosas tendrían que cambiar. ¿Cuántas veces los hombres en el poder intentan —incluyendo a Donald Trump— empujar y sobajar a esas mujeres que los critican argumentando que nuestras emociones son un desorden de hormonas sucias y sangrientas, que nada es racional, nada es real? Estas bromas nunca son bromas. Son estrategias de control.

El patriarcado está tan asustado de la ira de las mujeres que con el tiempo también nosotras aprendimos a temer.

Muchas hijas adultas aún temen inconscientemente el rechazo por elegir no hacer los mismos sacrificios que hicieron las generaciones anteriores, y este miedo surge con frecuencia de manera inconsciente sobre las propias hijas. Una hija joven es un blanco potente para la ira de la madre, porque la hija aún no ha renunciado a su persona por la maternidad. La hija joven puede ser un recordatorio para la madre de su propio potencial no vivido. Y si la hija se siente lo suficiente valiosa para rechazar algunos de los mandatos patriarcales que su madre tuvo que tragarse, entonces ella puede fácilmente detonar esa ira escondida de la madre.

BETHANY WEBSTER, *Discovering the Inner Mother*

Sanando la herida materna

Desde que tengo memoria, y seguramente desde mucho antes, los 10 de mayo, día de las madres en México, eran de gran celebración en la familia. Días antes empezaba la actividad intensa entre las mujeres de la familia lideradas por la abuela Amanda, excelente cocinera y anfitriona de muchas celebraciones.

Muchos recuerdos de mi infancia son en esa casa de los abuelos maternos, ubicada en una calle del centro de la entonces pequeña ciudad de Villahermosa. De frente no se veía muy grande. Estaba la puerta de la casa, un ventanal a la izquierda y a la derecha la entrada al garaje. La entrada daba directo a la sala que se usaba en las fiestas, cuando había visitas, sobre todo para adultos —totalmente prohibida para nosotros los niños— y justo después el comedor principal.

A la derecha había una especie de estudio con un gran escritorio de madera que pasaba por la oficina del abuelo, lugar inaccesible e intocable para cualquiera de nosotros, los niños, y finalmente la entrada al gran patio. Una puerta que no recuerdo mucho pero que, como cualquier puerta o ventana en Tabasco, tenía otra puerta con miriñaque, que es el nombre que se les da a los mosquiteros o la tela de alambre.

Al cruzar esa puerta se entraba a un pasillo largo, muy largo, que llevaba a las diferentes recámaras y baños, a la mitad del pasillo se encontraban la cocina y el antecomedor, todo colocado a la izquierda. A la derecha y a lo largo de todo esto estaba el patio, escenario de muchos juegos y fiestas de y para nosotros. En medio del patio había una palmera rodeada de flores y a la entrada y frente a la cocina dos pozos que se mantenían tapados pero que a nosotros nos encantaba abrir para ver si encontrábamos alguna tortuga en el agua. Había jardineras, o "arriates", como les llamaba mi abuela, llenos de flores a lo largo de la pared de la derecha, donde terminaba la casa.

Cuando pienso en esos años, recuerdo a las mujeres, la abuela, las tías, mi madre, María —la señora que desde que yo recuerdo cocinaba junto con la abuela— siempre haciendo algo. Los hombres iban y venían, sobre todo si había fiesta. El abuelo salía muy temprano a los ranchos y llegaba siempre a la misma hora, su rutina entre semana era la misma, día tras día. Cuando él llegaba se acababa la diversión, todos a sus casas y a dejarlo descansar.

Regresando al 10 de mayo, día de las madres, siempre se celebró en la casa de los abuelos, quizá alguna vez en el rancho principal, pero donde fuese, las mujeres trabajaban como locas desde días antes preparando la comida y todo lo necesario para que los invitados se la pasaran muy bien.

Durante la celebración ellas iban y venían, ayudadas por las empleadas, sirviendo botanas, trayendo platillos, recogiendo todo, mientras los señores sentados celebraban sin parar y brindaban por sus mujeres, sus madres, por todas las presentes. Los niños nos quedábamos jugando en el patio, ya más grandes nos escapábamos a la tiendita de la vuelta a gastarnos los "domingos" en dulces y juguetes.

Por supuesto lo mismo sucedía en todo tipo de fiestas, Navidad, año nuevo, y ni qué decir del día del padre. Pero a mí particularmente me molestaba que el *día de las madres* todas trabajaran tanto y terminaran muertas de cansancio cuando supuestamente habría que celebrarlas a ellas.

No lo sabía entonces, pero me parece que ya desde esos años al mirar este tipo de cosas y muchas más que me parecían muy injustas algo en mí se rebelaba, pero no tuve la forma ni el conocimiento, ni estaba en el lugar para ello, de unirme con otras mujeres que sintieran o pensaran como yo y de alguna manera hacerlo patente.

La cuestión también es que, dentro de mí, sí veía eso, pero culpaba a mi madre y a mis tías por permitir esas injusticias, sobre ellas y sobre nosotras. No entendía por qué no se rebelaban, peleaban, algo que hiciera más justo el trato hacia ellas y hacia nosotras. Hoy reconozco que, a pesar del enojo contra mi madre por no defendernos a sus hijas, por no rebelarse ella y darnos el ejemplo, a pesar de haberme movido más hacia el lado de mi padre, algo en mí podía percibir su dolor de ser mujer, y aunque supuestamente se enorgullecía de haber sido una hija tan obediente y nunca haber dado un problema, dentro de ella algo se estaba rompiendo, algo ya no se acomodaba como antes.

No sé si el hecho de haber tenido un par de hijas rebeldes, que cada una a su manera nos movimos de donde se supone que teníamos que estar como "mujercitas decentes", no sé si el inesperado divorcio de mi padre, fue lo que la obligó a enfrentarse a esa sociedad tan reprimida y represiva ya desde otro espacio, el de una mujer divorciada, cuando antes era la hija de don Juan, esposa y madre, mujer decente, de buena familia, y de pronto toda su identidad tenía que ver con su divorcio. Creo que fue entonces que pudo darse cuenta de lo que realmente pasaba, ya estando fuera de esos círculos sociales a los que ya no era tan invitada.

Ésa es la madre que llamó mi atención. Yo tenía 15 años cuando mi padre tuvo que irse del pueblo, cuando tuvieron que divorciarse para proteger a mi madre ante posibles movimientos legales en contra de mi padre. No recuerdo haberla visto llorar o quebrarse. Nunca nos mostró el miedo que seguramente sintió ante la situación que tenía que enfrentar. De haber sido siempre un ama de casa que tenía muy pocos ingresos —supongo que para apoyar en los gastos—, dando clases de natación y de inglés, pero que su actividad principal era ser esposa y madre, de pronto se vio ante la responsabilidad de tener que mantener una casa con cinco hijos.

Su padre, el abuelo Juan, le ofreció apoyarla en todo, pero ella lo rechazó, sabía perfectamente el precio que tendría que pagar por esa ayuda, y por sus propias palabras sé que no estaba dispuesta a renunciar a esa libertad obtenida de forma involuntaria pero que de alguna manera empezaba a valorar.

Ella siempre nos contaba que en ese momento tomó todas sus emociones, las metió en un cajón, lo cerró y tiró la llave, no tenía tiempo de lamentarse y llorar por lo que estaba pasando, tenía que sacarnos y salir ella adelante. Y fue lo que hizo. Le ofrecieron un puesto de maestra de inglés en la prepa privada donde estábamos los tres mayores, el cual rechazó, pues con ese sueldo no resolvía nada. Decidió meterse en bienes raíces, había completado un certificado de decoración de interiores por correo y también se anunció como decoradora, siguió dando clases de natación particulares, hacía traducciones, vendía muebles de ratán usando la casa como sala de ventas. Iba y venía todo el día, trabajando aquí y allá.

En un par de años mi madre abrió una tienda de decoración con una socia, viajaba a Estados Unidos, ya que vendía terrenos en Corpus Christi, Texas, se compró un carro nuevo, se metió a aprender francés y tenía sus romances a escondidas.

Nosotros éramos adolescentes, todo esto me tocó de los 15 a los 17 años, pero estaba demasiado ocupada en mis propios dramas de adolescente para poner atención a lo que mi madre vivía internamente; además, como buen ejemplar de sus tiempos y cultura, ella no expresaba mucho.

Estos años de la vida de mi madre fueron una inspiradora historia de éxito y superación, que se vio interrumpida porque un par de años después aceptó regresar con mi padre, quien ya vivía en otro estado y se había también levantado económicamente. Como comenté antes, volvieron a casarse, hubo fiesta y todo, mi hermano mayor y yo fuimos testigos, y mi madre dejó toda su vida, todo lo que había logrado en Tabasco, para seguirlo. Se mudó junto con mis dos hermanos pequeños.

No pasó mucho tiempo para que mi madre se diera cuenta de que en realidad nada había cambiado, esto en palabras de ella. Mi padre seguía siendo el mismo, ella quizá había crecido un poco por todas sus experiencias y de alguna manera ya no se sentía muy contenta con el tipo de relación que tenían. Pero ya estaba hecho, y como la gran guerrera que era mi madre, hizo todo lo posible por que las cosas funcionaran. Nosotros, los tres hermanos mayores, estábamos ya en la Ciudad de México en la universidad, por lo que sabíamos poco de lo que pasaba con ellos.

Unos años más tarde se repitió la historia, después de una serie de problemas mi padre se fue de la casa y volvieron a divorciarse. Para entonces ellos vivían en la Ciudad de México, yo me había separado de mi entonces esposo, mi hija y yo vivíamos con mis padres.

Comiendo con mi madre y unas amigas de ella, contaba la historia de "amor" que vivió con mi padre. Una de sus amigas le preguntó por qué había vuelto con él, ella sonrió y le dijo: "Porque estaba muy enamorada de él".

Al escuchar esta respuesta algo dentro de mí se prendió, sentí una vez más el enojo y juicio en contra de mi madre. No dije nada, pero me quedé pensando, tratando de entender qué se detonó en mí. ¿Por qué me molesta tanto cuando sonríe y habla de cómo amó a mi padre? ¿Será que me refleja una forma de ver la vida fantasiosa e infantil, donde a pesar de todo lo vivido y aprendido una sigue atrapada en la idea del amor romántico? Quizá porque me hubiese gustado aprender de ellos cómo crear una relación amorosa madura y real. Me parece que esto es mucho de lo que me enoja.

Hay personas que me han dicho que soy dura con ella, que mis comentarios son severos, y debo confesar que es cierto. Sí, a veces he sido dura con ella —quiero pensar que eso ha ido disminuyendo—, de la misma manera que si no pongo atención me vuelvo muy dura con mi parte más vulnerable. Aprendí a serlo porque mi madre era dura conmigo.

¿Dónde nació esta dureza? Me atrevo a decir que mi madre se endureció cuando su opción de ser femenina era ser como su madre. No habla mucho de ella, como dije antes, la tiene como borrada, pero puedo leer entre palabras que nunca quiso ser como su madre, entonces se disfrazó de su padre, de la misma manera que lo hice yo.

Aprendí muy bien. Y ambas creímos que ese disfraz nos protegería de convertirnos en mujeres "débiles", sumisas, complacientes.

Tanto mi madre como yo y muchas otras mujeres nos engañamos pensando que desarrollar la parte masculina era lo que nos sanaría, sería el poder. De alguna manera veíamos a las demás mujeres, las que se habían quedado en el lado de lo femenino, como aburridas, débiles e incluso quizá un poco inútiles. Ambas, sin mucha conciencia, deseábamos crecer y parecernos a nuestros papás, y sin saberlo entonces nos convertimos en lo que en términos junguianos se conoce como "hija de papá".

Pero allí, en el fondo, estaba la niña, la mujer lastimada y rechazada actuando desde la oscuridad. Nadie lo adivinaría al verla a ella o verme a mí, pero nuestras relaciones, la forma en que hemos permitido ser tratadas por parejas hombres lo dicen bastante claro. La idea que tuve siempre es que yo era igual a mi padre, y lo mismo pensaban los demás. A mi madre también le decían que era muy parecida a su padre, mi abuelo. Eso sucede en la superficie, pero si vemos más profundamente, ambas traemos bien grabada la herida de las mujeres de nuestro linaje y de casi todos los linajes femeninos de nuestras culturas.

Aunque hicimos todo lo posible por no repetir estos patrones de sumisión y obediencia, al final era un programa bien instalado en cada una de nosotras. No escapamos de ello a pesar de haber tomado formas diferentes y haber sido tan capaces de pararnos frente al mundo y ser independientes. Una fuerza inconsciente mayor que eso nos jalaba y nos ponía en "nuestro lugar", el lugar de las mujeres de la familia: atrás de sus hombres, renunciando a su vida, a sus logros —si los había—, para seguir a su lado.

Mi madre siempre ha dicho que haber empezado una familia tan pronto como se casó, con tres hijos, uno tras otro, y dos más ocho y 10 años más tarde, la hizo muy feliz, pues era su sueño desde pequeña, su gran fantasía. Mi madre pertenece a la generación que nunca se atrevió a hablar de sus enojos y frustraciones ante la maternidad. Podían, y de hecho lo hacían, quejarse de sus maridos hasta reventar, y también de sus hijas e hijos, pero era porque ellos estaban mal, no porque ellas estaban hartas, cansadas, frustradas, hasta la madre de ser madres y esposas.

El sueño se rompía para muchas, o quizá para todas, ese sueño acariciado de casarnos, tener una familia perfecta, ser madres y esposas perfectas, vivir felices para siempre como nos decían en los cuentos de princesas y príncipes de entonces. Recuerdo que cuando veíamos o mencionábamos una película, mi madre siempre agregaba: "No cuentan lo que pasa después de que se casaron y vivieron muy felices". Yo la escuchaba y no entendía, pero si ella decía que era muy feliz siendo madre y esposa, ¿por qué hacía esos comentarios?

Historia de Margot

Soy la menor de seis hermanos, tres mujeres y tres varones; fui educada en una familia muy conservadora. Tengo un hijo, Julián, hoy un hombre de 27 años. De entrada, he de decir que la maternidad no era algo que estuviera en mis planes cuando quedé embarazada; en aquel entonces vivía en unión libre y, viniendo de una familia de pueblo muy tradicional y conservadora, fue un shock. Tenía miedo de qué iban a decir mis padres, la gente no tanto, pues yo ya no vivía en el pueblo sino en Cancún. Miedo de cómo iba yo a mantener, criar y educar sola a mi hijo, la frustración de que me dieron de baja del trabajo por estar embarazada y no tener "base", el haber decepcionado a mis padres y el giro que iba a dar mi vida laboral y profesional, pues tenía planes que debí postergar. Contemplé la posibilidad de un aborto, pero al final decidí seguir adelante con el embarazo.

Me casé con el papá de mi hijo cuando éste tenía 25 días de nacido y mi pertenencia a una nueva familia de crianza diferente (chiapaneca) también me originó temores y frustraciones, pues me sentía muy observada en mis escasas habilidades maternas, supongo que como muchas mamás primerizas.

Me divorcié cuando Julián tenía ocho años, y el miedo de hacer una vida sola, sin una pareja y con un hijo, la vergüenza de ser "la hija divorciada" o la "madre soltera" de la familia me causaba muchos conflictos. Me sentía totalmente avergonzada y fallida, pues era todo lo que se suponía que no debía ser, de acuerdo con los estándares familiares. Todas las frustraciones, miedos y culpas de no saber educar y guiar a mi hijo "como debe de ser" se vieron aumentados exponencialmente cuando, en la adolescencia, mi hijo cayó en adicciones al alcohol y drogas.

Recuerdo, como si fuese hoy, cuando una prima mía me dijo que él andaba en malas compañías y malos pasos; sentí vergüenza, miedo, culpa y frustración, pues se confirmaba que mi desempeño como madre había sido deficiente, me sentía una nulidad en todo sentido: como madre, como hija, como mujer. Me sentía "atrapada" en mi rol de madre, pues sentía que me limitaba en muchas cosas que quería hacer. Con 32 años y en la flor de la vida me autoimpuse el no volver a tener una pareja formal hasta que Julián fuese lo suficientemente mayor, por lo que mi vida romántica y sexual se limitó a ir de acá para allá con algunos hombres, siempre casados, con quienes salía un tiempo, y cuando sentía que me iba a "enganchar", simplemente los dejaba, y sentía que mi rol de madre me impedía muchas cosas, como el hecho de tener una pareja formal, aunque, repito, fue una cuestión autoimpuesta.

Solía ser muy rígida conmigo misma y, por ende, con mi hijo. Definitivamente ya no encontraba mi esquina, mi neurosis estaba al mil, no entendía cómo y por qué me sentía y comportaba de esa manera, y fue así como llegué, hace cosa de 10 años, a un grupo de 4º y 5º paso en el que milito hasta el día de hoy, y también comencé, *hace casi dos años, el camino de recuperación con Aura a través de los diversos talleres que he tomado. Gracias a todo este camino que llevo recorrido, tanto en mi grupo/hacienda como por los talleres, hoy en día vivo de una manera muy diferente a lo expuesto arriba.*

Mi hijo también ha tomado su propio camino de sanación, y hoy por hoy tenemos una relación maravillosa. Me siento la madre más afortunada del universo. Como tal, ya no siento culpas, ni vergüenza ni miedo, sólo amor, mucho amor y esperanza, pues sé que el camino aún es largo y quiero seguir caminándolo y disfrutándolo, hasta que la vida me lo permita. En mi experiencia, mi proceso de 12 pasos y de retiros de hacienda y tus talleres se han complementado de una manera maravillosa para beneficio de mi recuperación, he aprendido a ir cada vez más hacia adentro en la búsqueda de mis raíces, y eso es algo por lo que estoy infinitamente agradecida con mi poder superior.

A continuación, comparto un poderoso artículo sobre maternidad de Sarah Babiker, periodista en temas de género:

> Ser madre es una explosión de sentido, un ecosistema de emociones cambiantes, un vuelo raso sacudido de vértigos. Algo que de ninguna manera cabe en los anuncios.
>
> A quienes somos madres nos han metido en un club del que no sé si quiero formar parte. Y es que ejercemos un rol fundamental para la sociedad, qué dirían los apologetas funcionalistas. Sobre nuestras cansadas espaldas maternas afirman que reposa el futuro. Hoy se celebra nuestro día: hace semanas que lo recuerdan los escaparates. Los anuncios enumeran nuestras cualidades, definen nuestro lugar en el mundo. Hablemos pues nosotras, que las agencias publicitarias ya han tenido ocasión de hacer oír su relato.
>
> Del mismo modo que un día me hice hija, y por eso hoy puedo escribir estas líneas, otro día me hice madre. Años después de

ese día aún me sorprende presentarme como la madre de *x* o la madre de *y*. Pero mucho más estupefacta me deja que aún sean casi todas madres las que habitan la sala de espera de los consultorios, las que se sientan en las sillas diminutas de las clases de mis hijas durante las reuniones trimestrales, las que confabulan en grupos de WhatsApp ad hoc sobre qué regalarle a la profesora a final de curso.

Una puede mantener una fe miope en un supuesto igualitarismo hasta que va a un hospital y sale de ahí con un hijo. Y entonces, sin negar los cambios en las paternidades, ni ciertas voluntades aisladas de hacer las cosas más justas, es la inercia del mundo la que te pone en tu lugar, la que te coloca del otro lado del teléfono cuando toca llamar al pediatra, del otro lado de la mesa de la tutora, del otro lado del mercado laboral, el lado de casi afuera, como bien muestran las estadísticas. Y es que la inercia del mundo es patriarcal, trasciende las negociaciones familiares y se impone desde los imaginarios sociales y el desquiciado mundo del empleo remunerado. Vengo de una estirpe de mujeres fuertes, pero también entregadas. Mujeres que lo dieron todo, educadas en el sacrificio, maestras en priorizar las necesidades de sus hijas e hijos. Y gracias a ellas estoy aquí. Eso no implica que yo defienda la entrega materna como un don esencialista, menos aún el sacrificio, tan cristiano.

El capitalismo se lo quiere robar todo, nos saquea el amor y los conceptos, los valores y el deseo. Te quiere educando críos narcisistas a las afueras de tu abnegación. Te quiere premiando a tu madre por su abnegación con perfumes y rosas. Que ella se quede con sus quejas y cansancios callados en la nevera, mientras tú te llevas tus tuppers de croquetas. Total, hay mil productos en el mercado para paliar esa frustración ilegítima de las madres que no llegan.

Sanando la herida materna

Este artículo es fuerte, pero, por otro lado, es una delicia leer la honestidad de estas palabras, poder abiertamente hablar de lo que pasa en nosotras, de nuestro hartazgo como mujeres y muchas veces con el rol de madres que la sociedad ha diseñado para todas, hartas de sentirnos mal en silencio porque muchas veces no somos capaces de sentir ese amor incondicional que siempre nos achacan y nos exigen tener. Porque estamos cansadas, tristes, deprimidas, y cuando abrimos la boca nos quieren callar con pastillas, con regalos, con juicios.

Llegamos a olvidar que somos seres humanos, mujeres completas, y esto incluye sentimientos que no siempre son tan loables y nobles como los que supuestamente tenemos que sentir todo el tiempo hacia los hijos. No somos medias mujeres, cuyos medios cuerpos se ponen en pedestales, y digo medios cuerpos porque literalmente nos cortan el derecho energético de pararnos en nuestros pies, de arraigarnos en la tierra y desde allí ser honestas y verdaderas con lo que sentimos y queremos. Y junto con esto, el derecho de sentir nuestros genitales, nuestro placer, nuestra fuerza vital, nuestra ira.

Basta con leer las tarjetas de felicitaciones por el día de las madres, ver los anuncios de las tiendas, las frases que se usan para describir el amor de la madre y observarnos al leerlas, escuchar todo eso que se supone somos las madres.

Ser madre en estas sociedades es de verdad complicado y difícil. Ahora es más abierto, pero entendamos que generaciones atrás nadie hablaba de estas dificultades, nadie las mencionaba. Si aún hoy es tabú aún en muchas sociedades, apenas en otras nos atrevemos a levantar la mano y decir: "Ey, esto no está tan fácil".

Historia de Betty

Siempre fui la muñequita de mi mamá, la hija linda de papá. Cuando me casé, lo hice con un hombre que me trataba así, como ellos lo hacían. A los dos años de casados me embaracé, no podía esperar a ser mamá y jugar con mi bebé, cargarlo, amarlo, darle sentido a mi vida a través de él, o ella. La verdad es que estaba un poco aburrida, dado que mi esposo tenía un excelente trabajo, yo no tenía que trabajar; sí, claro, tenía una carrera universitaria, pero la verdad nunca pensé mucho en ella. Entré a la carrera porque mis amigas también lo hicieron, tomé psicología, me gradué antes de casarme, pero realmente nunca he ejercido.

Muchas de mis amigas se habían casado, y aunque nos veíamos para desayunar e ir de compras y a veces cenas con los esposos, la verdad es que me sentía aburrida con todo eso. También tenía amigas que habían terminado su carrera y estaban ejerciéndola, a ellas las veía poco, casadas o solteras, el hecho de que trabajaran limitaba mucho la disponibilidad para vernos. Normalmente ellas podían o en las noches o si eran solteras, los fines de semana, y ésos eran los tiempos para mi marido, que, aunque no siempre estaba, le gustaba saber que yo lo esperaba en casa.

Cuando nació mi beba, al principio todo era felicidad, aunque estaba agotada y muchas veces tenía más ganas de dormir que de estar con ella, pero mi madre venía seguido a ayudarme, mis amigas me visitaban para conocer a la bebé y mi esposo llegaba más temprano con la ilusión de verla y pasar tiempo con las dos. Todo parecía estar muy bien. Poco a poco todo volvió a la normalidad, menos visitas, marido de vuelta a sus horarios absorbentes y mi madre ocupada en sus propios asuntos con menos tiempo para mí.

Me quedé yo sola con la beba, casi todo el día se me iba en atenderla a ella. No sé, creo que tenía una imagen muy diferente de lo que sería ser madre. No era tan bonito ni tan satisfactorio como creí que sería. Después de los primeros meses se puso un poco mejor, podría vestirla, sacarla a pasear y juntarme con otras amigas que tenían hijos de la misma edad. El problema fuerte fue cuando ya no *quiso hacerme caso, a veces me desesperaba mucho y buscaba apoyo en mi esposo o mi madre, ambos me veían como si estuviera loca.*

Especialmente mi madre, que tuvo tres hijos y no contaba con ayuda y que todo lo había hecho bien. Y cada vez que yo quería hablar de lo que me pasaba, me contaba de cuando alguno de nosotros o todos nos enfermábamos y ella tenía que ser la enfermera, cocinera, lavadora, etc. "Si yo pude con tres, no sé por qué tú te quejas con una sola hija."

Nadie ni nada nos prepara para este trabajo, para lo que nos espera cuando empezamos a tener bebés. En uno de los primeros capítulos conté que cuando di a luz a mi hija, única hija, tenía 22 años y vivía en Estados Unidos. Durante el embarazo sentía mucho miedo, no tenía idea de cómo iba a funcionar como madre. Mi madre se quedó en mi casa dos semanas cuando nació la bebé, yo me relajé y me dejé ayudar, ella lo hacía todo. El día que se fue se me quemaron unas camisetas de algodón porque me quedé dormida, mi madre me dijo que tenía que hervir toda la ropa nueva antes de ponérsela a la beba.

Cuando me desperté y percibí el olor a quemado me paré corriendo, la bebé lloraba, yo lloraba, era un caos. No pude bañarla en tres días, no me atrevía. Finalmente le pedí a mi entonces esposo que me ayudara, que se pusiera a mi lado mientras lo hacía.

Ligia Dassana lloraba todos los días, desde las seis de la tarde hasta las 10 de la noche, me decían que eran cólicos, que era normal, pero yo me volvía loca, no sabía qué hacer. Su llanto me hacía llorar. Y cuando pensaba en mi madre y sus historias de cuando nos tuvo a los primeros tres, uno tras otro, y ella se encargaba de la casa, la limpieza, el lavado a mano de pañales de tela, la comida y el cuidado de todos, incluyendo a mi padre, y decía que se sentía feliz haciendo eso, yo reafirmaba que no servía para ser madre o ama de casa. Otro fracaso más, ya había cortado la universidad para casarme y formar una familia, pero me parecía que tampoco en eso tendría éxito.

La mujer en el espejo roto

Estuve deprimida por semanas, las cosas no mejoraron, mi entonces esposo era duro y pretendía que yo lo fuera también. Él se puso muy celoso de la atención que le daba a Ligia y empezó a comportarse como si la bebé fuera su rival. De pronto tenía dos hijos, y creo que el peor era el adulto.

Ser madre para mí fue muy difícil, y lo siento sobre todo por mi hija, porque ella fue la que sufrió mi desbalance, mi confusión, mi terror.

Me pregunto cómo habría sido esa experiencia si hubiera tenido un grupo de madres experimentadas que me escucharan, que no me juzgaran y me ayudaran a creer en mí, en mi instinto, en mi intuición y no en los libros que me mandaban. Y que también me hicieran ver que esas madres abnegadas y amorosas de las películas y novelas no eran el ideal al que tenía que aspirar. Que estaba bien enojarse, frustrarse, sentir todo lo que sentía e incluso enseñarme cómo sacar todo eso para no tragármelo, pero tampoco desquitarme con mi hija.

Muchas madres hemos hecho eso: proyectar y desquitar nuestra ira en contra de nuestros hijos de muchas maneras. Y esa ira NO es en contra de los hijos o hijas, es en contra de una sociedad disfuncional, estúpida, que fuerza a las mujeres —con sus ideales y estándares imposibles— a sacrificarse y casi volverse mártires para ser las madres que la sociedad aprueba y aplaude.

Historia de Adriana

Dejé a mi esposo por su alcoholismo después de 15 años de estar juntos, estaba cansada de aguantarlo y de estar siempre sin dinero y sin posibilidades reales, cansada de tanta promesa rota. Me llevé a mis dos hijos y les pedí a mis padres que me ayudaran.

Dado que mi esposo no tenía trabajo yo tuve que hacerme cargo de todos los gastos, de los niños y míos. Para evitar el pago de una renta nos quedamos con mis padres, su casa no era demasiado grande, pero había espacio para los tres.

La verdad es que estoy enojada, muy enojada, todos los años que siguieron me tocó luchar muy fuerte para sacar a mis hijos adelante, aguantar críticas de mi madre por no ser la madre perfecta que ella fue. Mis tías se reunían y me aconsejaban regresar con mi marido. "Exageras", me decían, "no es para tanto, sí, toma un poco, pero tus tíos son iguales, y aquí estamos", "hazlo por tus hijos, ellos necesitan a su padre".

Y cuando finalmente dejaron de molestar con ese tema, empezaron a meterse en mi forma de educar a mis hijos. Si yo salía con amigas después del trabajo, estaba mal. Los fines de semana que se iban con su padre y yo aprovechaba para salir, hacer cosas, estaba mal. Cuando finalmente me divorcié y empecé a salir con alguien, las mujeres de la familia se me echaron encima. ¡cómo era posible que dejara a mis hijos —ya adolescentes—, algunas veces para irme de cuzca!

Su padre tenía sus novias y nadie decía nada, yo salía con una sola persona y era un asunto terrible. Al final yo era la madre, tenía que dar esa imagen de mujer decente y de buenas costumbres, si no, qué pasaría con mis hijos. "Qué bueno que tuviste dos niños y no niñas, qué ejemplo les darías", me decía mi madre.

MADRES PERFECTAS

La sociedad nos manda sutilmente mensajes a las madres de cómo debemos ser perfectas, y esto sólo nos crea culpa y vergüenza por no ser como esa sociedad establece que las madres deben ser y actuar. Mensajes como "Si no sabes ser madre, si no eres una súper mamá, es tu culpa. Porque tú tendrías que ser capaz de manejarlo fácilmente.

Criar niños felices y bien portados. Tener una carrera exitosa, ser una mujer atractiva y que se mantiene joven a través de los años".

Con tanta exigencia de la sociedad y de la familia hacia las madres, no me sorprende que el día de las madres sea un día que en realidad provoque todo tipo de sentimientos: gratitud, ira, tristeza, envidia, vergüenza.

Como comenta la escritora Bethany Webster en su artículo "The Legacy of Female Shame and How to Disrupt It" (El legado de la vergüenza femenina y cómo detenerlo), la sociedad tiene una relación muy complicada con las madres. Nos idealizan o nos culpan. Nos ven a través de lentes polarizados, blancos o negros, y esto nos provoca vivir sintiéndonos avergonzadas y culpándonos, tanto hijas como madres, todo porque no podemos cumplir con la imagen ideal:

Los mensajes de los medios retratan el sueño imposible

[...] Especialmente para el día de las madres, nos muestran imágenes de madres e hijas celebrando como las mejores amigas, en profunda cercanía, compartiendo todo y celebrando juntas. Para muchas mujeres esto es el reflejo del sueño imposible.

[...] El mensaje cultural que recibimos es: "si no tienes este tipo de relación con tu madre —o hija— algo debe estar muy mal contigo".

La vergüenza femenina: esconde tu ser auténtico, y sonríe a través del dolor

El patriarcado siempre ha presionado a la mujer para ser "perfecta" y esconder su dolor con una sonrisa. Una de las batallas más grandes de las que oigo a las mujeres hablar es la sensación de que no puedes ser tú misma con tu madre, que hay una presión no verbalizada de priorizar la imagen sobre la realidad. O que tu madre prefiere la apariencia sobre la verdad. Hay una sensación de que hay un "muro de negación" y que ella prefiere vivir dentro, y que si tú no estás pretendiendo lo suficiente, lo estás haciendo mal. Éste es un resultado de un legado de vergüenza femenina, y es una realización dolorosa.

La culpa y la vergüenza es un asunto fuerte en estos temas de ser mujer. Seamos madres o hijas, nunca es suficiente nada en realidad, y lo peor es que no lo reconocemos como el terrible virus que es y con el cual nos hemos ido infectando generaciones tras generaciones de mujeres.

En el capítulo "Las raíces de la codependencia: vergüenza y culpa", de mi *Crea el espacio para el amor*, hablo a profundidad de estos virus y los menciono como una verdadera enfermedad del alma, pilares de nuestra codependencia. La vergüenza es una herida que se siente desde adentro y que nos separa dolorosamente de nuestro ser y nuestras cualidades esenciales.

Nos toma y no nos permite vernos como realmente somos sino en la distorsión de esa vergüenza. La culpa, más que tener que ver con lo que hacemos, nos atrapa y se asegura de que no nos salgamos de la "cajita", como lo mencioné en uno de los capítulos anteriores.

Es muy importante entonces, en este camino de sanación como mujeres, seamos hijas o madres, trabajar amorosamente con nosotras y aprender a desidentificarnos de la parte herida —siempre trabajándola—, reconocer que, aunque ciertamente cargamos traumas, somos mucho más que eso que nos pasó. Cultivar la luz interna y el autoamor.

EJERCICIOS DE AUTOINDAGACIÓN

1. Escribe sobre tu vergüenza y dolor, trabaja con ellos en terapia.
2. Trabaja en liberarte de conceptos negativos sobre ti misma.
3. Alinéate con quien eres realmente, honrando tus valores, gustos y sensibilidades. No te bases en la aprobación o desaprobación de los demás.
4. Acepta lo que sientes y eres.
5. Hazte responsable de ti, de tus sentimientos, pensamientos y conductas.
6. Vive auténticamente aprendiendo a ser congruente entre tu sentir y actuar.
7. Fomenta honestamente la autoestima en otros (eso refleja la tuya).

CAPÍTULO 8

De niñas heridas a sacerdotisas

Reloj de campanas, tócame las horas
Reloj de campanas, tócame las horas
Para que despierten las mujeres, todas
Para que despierten las mujeres, todas
Porque si despiertan todas las mujeres
Porque si despiertan todas las mujeres
Irán recobrando sus grandes poderes
Irán recobrando sus grandes poderes
Reloj de campanas, tócame de prisa
Reloj de campanas, tócame de prisa
Para que despierten las sacerdotisas
Para que despierten las sacerdotisas
La que invoca el cielo, la que invoca el agua
La que invoca el fuego, la que invoca el viento
La que lleva ofrendas a su tierra madre
La que lleva ofrendas a su tierra madre
Porque de sus hijas, ella necesita
Porque de sus hijas, ella necesita
Que canten y dancen llenas de contento
Que canten y dancen llenas de contento
Invocando siempre a los cuatro elementos

De niñas heridas a sacerdotisas

Invocando siempre a los cuatro elementos
Reloj de campanas, tócame las horas
Para que despierten las mujeres, todas
Para que despierten las mujeres, todas
Ana Lilia, de Xalapa, Veracruz.
Mujer de extraordinaria sensibilidad, pintora, caminante,
viajera, exploradora interior, danzarina

La mayoría de las mujeres que conozco son sacerdotisas y sanadoras, aunque muchas todavía no lo saben, y algunas no lo sabrán jamás. Todas somos hermanas de una orden misteriosa.
Marianne Williamson, *El valor de lo femenino*

Ser mujer es y ha sido un dolor enorme, no minimicemos todo lo que hemos pasado desde hace generaciones. Se dice que hace siglos las mujeres eran adoradas en las antiguas tradiciones; el respeto a lo femenino y a sus cualidades era un valor intrínseco. Si esto fue así, se perdió completamente, porque parte de la victoria de una sociedad patriarcal es hacernos creer a las mujeres que somos "menos que", y tan nos lo hemos creído que así lo enseñamos de madres a hijas.

Nuestra desvalorización es un efecto más de esas culturas patriarcales arraigadas en la colonización y la destrucción de la tierra, nuestra madre tierra. Hemos colaborado, pues no sólo lo han hecho los hombres, en destruir nuestro entorno y faltarle el respeto a nuestra gran madre.

Es importante darnos cuenta de esto, salirnos del lugar de víctimas y tomar total responsabilidad por sanar nuestras raíces rotas y carcomidas por el miedo, la vergüenza y todas nuestras culpas. La tierra de nuestro alrededor está seca, está enferma y por lo mismo nos enfermamos más. Trabajar con nosotras equivale no sólo a sanarnos nosotras, nuestras hijas, nuestras hermanas, sino también al espíritu de lo femenino.

Sanando la herida materna

Algo está pasando, lo siento yo y lo sentimos todos los seres humanos que estamos abriendo los ojos, que estamos trabajando para crear conciencia en nosotras y dentro de lo posible en nuestro entorno. Sí, algo más allá de nosotras está sucediendo, pero no debemos sólo esperar: unámonos, ayudémonos, despertemos.

Sí, seguimos siendo las sacerdotisas, sólo que muchas siguen dormidas y lastimadas. Hablamos mucho acerca del empoderamiento femenino, de cómo somos "diosas", del despertar de las mujeres, del feminismo, sin embargo no podremos realmente empoderarnos mientras no aprendamos a tocar y abrazar estos espacios personales, internos, en los cuales nos hemos exiliado de lo femenino y de nuestro propio poder.

La herida femenina, materna, se manifiesta de diferentes formas, como hemos visto, y necesitamos estar conscientes de cómo participamos en este juego maquiavélico en el cual somos las prisioneras enamoradas de nuestros verdugos; además creyendo que realmente ellos tienen la llave de nuestras prisiones, que ellos pueden liberarnos, y ésta es la mayor ironía, porque la llave la tenemos nosotras, pero desde el estado inconsciente y atolondrado en el cual hemos vivido casi todas, ni cuenta nos damos.

En realidad, desde una visión más amplia, no hay enemigos, no es un pleito de hijas contra madres, o de mujeres contra hombres. Cada ser humano tiene que hacerse cargo de su propia basura emocional, cada mujer, cada hombre necesita despertar, es algo que maestros y maestras nos han advertido y enseñado.

Bethany Webster lo explica del siguiente modo:

> Si continuamos ignorando el impacto total del dolor de nuestra madre en nuestra vida, seguiremos siendo, en cierto grado, niñas. Empoderarnos completamente requiere mirar nuestras relaciones con nuestra madre y tener el coraje de separar nuestros

propios valores, creencias y pensamientos individuales de los de ella. Requiere sentir el dolor de haber tenido que atestiguar el dolor que nuestras madres soportaron y procesar nuestro propio dolor legítimo que tuvimos que vivir como resultado.

Esto es muy confrontador, un verdadero reto, pero es el nacimiento de la verdadera libertad. Conforme vamos abrazando el dolor, éste puede ser transformado en autoconocimiento, integridad y aumento de la autoconfianza.

Al ir sanando la herida materna, la distorsionada dinámica de poder entre las mujeres se resuelve cada vez más porque las mujeres ya no piden a las otras que se minimicen para suavizar su propio dolor.

El dolor de vivir en un patriarcado ha dejado de ser un tópico tabú de conversación. Ya no tenemos que escondernos detrás de máscaras que entierran nuestro pasado bajo una falsa fachada de poder. El dolor puede entonces ser visto como legítimo, ser abrazado, procesado e integrado, y últimamente transformado en sabiduría y poder.

A medida que las mujeres vamos sanando la herida materna, podemos crear nuevos lugares seguros para que podamos expresar la verdad de nuestro dolor y recibir un apoyo que es muy necesario. Madres e hijas pueden comunicarse una con otra sin miedo de que la verdad de sus sentimientos rompa la relación.

El dolor ya no necesita esconderse en las sombras, desde donde se manifiesta como manipulación, competencia y autoodio. Nuestro dolor puede ser totalmente sentido para que pueda transformarse en amor, un amor que se manifiesta como apoyo feroz de una por otra y una autoaceptación profunda, liberándonos para ser valientemente auténticas, creativas y totalmente satisfechas.

Conforme nos comprometemos en este proceso de sanación, poco a poco disipamos la gruesa neblina de proyección que nos mantiene atoradas para que podamos vernos más claramente, apreciarnos y amarnos.

Sanar nuestra herida del linaje femenino, la herida materna, no es ponernos en contra de mamá, de las abuelas y de las mujeres que nos precedieron. Este trabajo no debe ser en contra de nadie, debe ser a favor de todas. Y de hecho de todos, porque, aunque estemos hablando entre y para mujeres, los hombres no están fuera de todo esto que sucede. Son una parte bien importante en todo este proceso colectivo de despertar y sanar.

Por otra parte, en palabras de Marianne Williamson:

> Nuestro poder místico no debería relegarse al lejano pasado. Aún existe. Yo quiero el mío ahora, al igual que todas las mujeres que conozco. Debemos reclamar nuestra bondad así como nuestro poder. Hoy en día, la razón de que no hayamos encontrado nuestro grial, la clave de quiénes somos como mujeres, es que lo buscamos en mundos de falsos poderes, en los mismos mundos que, en primer lugar, nos lo arrebataron. Ni los hombres ni el trabajo nos van a restituir el cetro perdido. Nada de este mundo puede llevarnos a casa. Sólo el radar de nuestro corazón puede hacerlo, y, cuando lo haga, regresaremos a nuestros castillos. Allí llevamos coronas de oro y recordamos cómo reír, amar y gobernar.
>
> No podemos esperar que el mundo nos restituya nuestro valor; estamos aquí con el fin de restituir nuestro valor para el mundo. El mundo exterior puede reflejar nuestra gloria, pero no puede crearla. Ni puede coronarnos. Sólo Dios puede hacerlo, y ya lo ha hecho.

Empecemos por el principio, por los primeros pasos, porque para poder restaurar nuestra gloria como mujeres, como seres humanos, es importante trabajar con la parte herida y crecer la semilla de la conciencia.

No necesito inventar el hilo negro en este asunto de la sanación. Uno de los regalos de vida que yo agradezco profundamente es haberme encontrado en mi camino con personas, psicoterapeutas, instructores de meditación, maestras, guías maravillosos.

He tenido el privilegio de trabajar personalmente con algunas de estas extraordinarias personas, a otras las he conocido a través de sus libros, y de cada una tomo la medicina que tanto me ha ayudado para compartirla con ustedes.

He leído muchos libros acerca de la relación madre-hija y cómo sanarla. Cuando me encontré con el libro de Karyl McBride *Madres que no saben amar* (*Will I ever be enough?*), para un tema de radio que me habían solicitado, me encanté con él, pues la forma en que la autora describe el proceso, cómo surge el problema, cómo el narcisismo de mamá nos afecta y, al final, cómo terminar el legado, son pasos muy necesarios en este proceso. Te lleva de la mano a través del proceso de sanación y recuperación.

Con la experiencia aprendemos que no sirve tratar de brincar inmediatamente a sentir perdón y amor cuando dentro de nosotras hay tanto dolor y enojo. En mi propio proceso he tenido que aprender a entrar a estos sentimientos incómodos para darles espacio, sanarlos y sólo entonces se produce la alquimia de la transformación.

Podemos saber que estamos haciendo bien el trabajo porque algo dentro de nosotras cambia, podemos aceptar cada vez más las imperfecciones de mamá, soltar la expectativa de que ella tiene que ser como queremos que sea, pero algo importante antes de pretender llegar a este punto es vivir el dolor de no haber tenido esa madre que nos nutriera y fuera tal como hubiésemos querido.

Otro punto importante es trabajar en la separación psicológica, no sólo con mamá, que es obviamente un aspecto muy importante de nuestro camino como mujeres, sino con todo el paquete familiar. Esta parte de la individuación —que explico con detenimiento en el capítulo 5 en las etapas de desarrollo— es algo que seguramente no se dio en su totalidad en el momento adecuado, y por lo mismo necesitamos darnos el permiso de continuar con ese proceso.

Y digo permiso porque muchas veces en culturas como la nuestra se ve como algo terrible, como un gesto de ingratitud y desamor, el desear desapegarnos de la familia, separarnos sanamente para encontrar nuestro propio camino, nuestros propios valores y gustos. Y me atrevo a decir que esta parte del proceso es el que a muchas personas les cuesta trabajo y en el que se quedan atrapadas sin atreverse a desplegar sus alas y volar fuera del nido, aunque sólo sea energética y psicológicamente.

Sólo una misma puede saber si esa separación tiene que ser literalmente una separación física, si es algo temporal o si es necesario mantener distancia con mamá o con algún otro miembro de la familia que no sepa respetar nuestras decisiones. Pero la mayoría de las veces esta separación puede ser temporal, mientras nos fortalecemos y crecemos, porque como lo he dicho antes, es muy difícil salirnos del rol de hijas que tomamos de niñas si permanecemos en el mismo entorno.

El paquete de sanación y crecimiento emocional incluye aprender a lidiar con la familia de maneras más sanas, saber cuándo estar y cuándo retirarnos y sobre todo aprender a poner límites.

La tercera parte, que es justo el cómo terminar con este legado, ofrece, entre otras cosas, pasos específicos de recuperación para estas hijas.

Éstos son mapas, son las señalizaciones en el camino de cada una, pero ¿cómo lograr esto? ¿Cómo poder retomar el camino de la aceptación y la reconexión conmigo misma?

Como ya dije antes, y lo repito las veces que sean necesarias: no hay atajos.

De niñas heridas a sacerdotisas

Para poder regresar a casa es necesario pasar por esa parte herida, no hay de otra.

En mi experiencia, para tomar un verdadero camino de sanación y crecimiento tenemos que llegar a un punto en nuestra vida donde estemos ya tan hartas del sufrimiento, de la ignorancia, de vivir en desconexión con nuestro verdadero ser, que estemos dispuestas a quitarnos las vendas y realmente reconocer nuestras conductas de compensación, todo lo que hemos construido alrededor de nosotras como parte de nuestro mecanismo de defensa.

Para explicar esto más claramente usaré una metáfora que escuché usar a Krish Trobe en uno de los entrenamientos:

Imagina que vives en un edificio de tres pisos. El tercer piso es lo que llamamos "el ser compensado", el ser falso. El segundo piso, el de en medio, es donde vive nuestra niña herida, es la parte lastimada, llena de miedo, desconfianza, vergüenza, culpas, etcétera. En el primer piso se encuentra tu verdadero ser. Normalmente hacemos lo posible para evitar estar en el segundo piso y para ello vivimos casi todo el tiempo en el tercero. Necesitamos bajar al primer piso para reconectarnos con nuestra esencia y darnos cuenta de que no es verdad que todo lo que hay dentro de nosotras es lo que se encuentra en el segundo piso.

Cuando entramos en un proceso real de terapia nos movemos al segundo piso, pero en esta ocasión lo hacemos de manera diferente. Quizá hasta ahora sólo ha sido un conocimiento intelectual, "sé que tengo vergüenza, sé que tengo miedo", pero este saber algo no nos sana. Necesitamos sentirlo, bajar al cuerpo, abrir esas puertas cerradas y darnos la oportunidad de sentir de nuevo. Un conocimiento intelectual no es suficiente para sanar y crecer.

En palabras de Krish y Amana Trobe: "Un factor esencial que nos ayuda a sanar y salir de la identidad de niña herida —o niño— es cuando podemos volver a experimentar esos eventos traumáticos ahora con la conciencia, recursos y fuerza de una adulta mirando hacia atrás y sintiendo lo que realmente se sintió cuando esas cosas sucedieron".

La vida es una verdadera maestra para reproducir situaciones que abran de nuevo esas puertas cerradas de nuestro inconsciente y nos lancen al segundo piso. Desgraciadamente desde el estado mental y emocional infantil en que la mayoría vivimos la mayoría de las veces, no sabemos cómo hacer esto y seguimos actuado como cuando teníamos cinco años y sentíamos miedo o vergüenza. Nos escapamos al piso de arriba.

Por esto es tan importante abrazar un proceso terapéutico. Hay mucho que descubrir en nosotras, la aventura de ir poco a poco conociéndonos, siendo cada vez más auténticas al ir "pelando la capa de la cebolla". Y justo de esto se trata, de recuperar nuestra autenticidad, nuestro verdadero ser, seguir creciendo en lo que somos.

Para mí la terapia es y seguirá siendo mi camino de autoconocimiento. No sólo en los momentos en que he tenido que enfrentar alguna pérdida o situación dolorosa. Por supuesto que en esos momentos es cuando corremos a buscar terapia para que el psicoterapeuta haga algo de magia y nos quite el dolor, y si esto no sucede casi de inmediato, entonces corro a tomar pastillas, a distraerme de alguna manera para no tener que sentir dolor, vergüenza o miedo. Pero ello sucede porque aún no he entendido que la puerta a mi ser es justo a través de estas heridas. Ya lo dijo con bellas palabras el poeta y místico sufí Rumi: "La herida es el lugar por donde entra la luz". Nuestra historia personal, nuestras heridas, son todas esas puertas de regreso a nuestro ser, a nuestro potencial, a nuestro verdadero poder.

Es muy diferente vivir un proceso, por doloroso que sea, de la mano de una persona que profesionalmente nos sepa acompañar y ayudar a ver que hacerlo solos, huyendo de uno mismo para no sentir, o incluso con personas que, a pesar de sus buenas intenciones, no entienden lo profundo de tu proceso.

TU MADRE INTERIOR

En *Discovering your Inner Mother*, Bethany Webster aborda este tema así:

> Tu madre interior es tu propio ser adulto, con todo su conocimiento y poder, apoyado por fuerzas superiores como el universo, Dios, diosa y tu ser superior.
>
> Siendo la madre interna, ayudas a tu niña interior a ver que el pasado está verdaderamente en el pasado. Lo haces siendo consciente del estado emocional de tu niña interior y haciendo nuevas elecciones que demuestran que los peligros que ella enfrentó en su etapa temprana de infancia ya no están presentes.
>
> Al ser tú la madre interna, tienes la habilidad de cuidar a tu niña interior y proveerle aquello que tu madre no fue capaz de darle.
>
> Algunos ejemplos:
>
> - Calmarla cuando está asustada
> - Tranquilizarla cuando te mueves en una nueva dirección que parece riesgosa para ella.
> - Apoyarla afirmando su valor, su virtud y hacerla sentir que merece.
> - Proteger sus límites.
> - Apoyarla en sus deseos de jugar, aprender, explorar y crecer.
> - Afirmar su ser bondadoso y bueno y hacerle saber que sus virtudes son indestructibles sin importar lo que pase en la vida.

Hace poco escuché el concepto *madre interior*. Me dije: ésta es la pieza faltante en muchos de los trabajos terapéuticos. Tantas personas que llevan un tiempo en procesos profundos, indagando, sanando, explorando y limpiando la casa interna de emociones viejas, y sin embargo algo no acaba de estar bien en el presente.

Ya he mencionado antes las dos partes que es necesario trabajar en nuestros procesos. Una es la parte emocional lastimada que no creció, nuestra niña herida, aparentemente incapaz de cuidarse y que desde sus miedos continúa actuando de maneras disfuncionales, repitiendo el patrón de apego con mamá y la forma de ser tratada por papá. La otra parte es la conciencia, nuestra guía interior, la madre interna. Esa semilla con la que todas nacemos pero que muchas veces ante una tierra infértil no crece, se queda en potencial.

La parte infantil frecuentemente nos tiene tomadas en gran medida. Es como si fuéramos unas niñas pequeñas solas en una casa, sin una madre o padre que nos cuide, que nos guíe, que nos ame y acepte. ¿Dónde está mamá? Es aquí donde entra esta otra parte nuestra: la conciencia.

Debemos cultivar en nosotras, a través del trabajo de terapia, meditación, etc., esa semilla para que crezca cada vez más, porque cuando esta parte crece también lo hace nuestra capacidad de "darnos cuenta", de responsabilizarnos y de mantenernos con nuestros recursos, aun estando en el proceso de sanar las heridas. Es la madre que aparece para cuidarnos desde adentro. Cuidar esa parte interna infantil que tan desesperadamente busca y busca afuera quien la cuide, quien la rescate, quien la abrace. Sigue buscando a mamá.

Incluso estando en terapia, si no aprendemos a crecer esa parte de conciencia, a desarrollar en nosotras esa madre interna que nos guía y contiene, entonces esa niña interior seguirá buscando afuera, transfiriendo sus necesidades infantiles a otras personas, incluso al terapeuta. Esto último es un proceso, pero tiene que irte llevando al punto donde tú puedas hacerte cargo de ti y aprender a estar con personas que te respeten y te den amor y afecto.

Esa madre interna, como una madre amorosa, nos cuida y nos aleja de las situaciones peligrosas que la niña interna, como niña que es, no sabe ver. Y que de hecho, por sus propios patrones de infancia, la jalan como si fueran imanes.

Para desarrollar esa guía interna saludable, lo que llamamos "la madre interior", necesitamos aprender a aceptarnos, a crear reglas flexibles, estándares razonables que estén a tono con quien somos como mujeres, valores basados en el amor, límites firmes pero amorosos y un apoyo constante para aprender a confiar en nosotras. Muy pocas tuvimos esto, pero podemos empezar a dárnoslo.

- Para encontrar a nuestra madre interna necesitamos examinar la relación con nuestra madre con la intención de obtener claridad para crear cambios positivos en nuestra vida.
- Transformar creencias limitantes que hemos heredado con la intención de adoptar nuevas creencias que apoyen totalmente nuestra renovación.
- Tomar responsabilidad por nuestros propios caminos siendo más conscientes de patrones previamente inconscientes y haciendo nuevas elecciones que reflejen nuestros deseos verdaderos.

En mi trabajo de conectarme con mi niña interior, una de las primeras cosas que descubrí es que esta parte mía no confiaba en mí. Tardé tiempo en entender que no se trata de decirle cosas bonitas sino realmente llevar a la acción todo aquello que quiero comunicarle.

Si todos los días me comunico con mi niña interior y le digo lo mucho que vale y que la amo, pero sigo actuando sin respetarme, haciendo cosas que me hacen sentir mal y poco valiosa, estando con personas que no me respetan, siendo incapaz de poner límites, claro que mi niña interior no va a creer mí. Si constantemente me insulto, me digo cosas ofensivas, humillantes, ¿quién las recibe? Mi niña interior.

Sanando la herida materna

Es importantísimo entonces crear una vida de autoamor día a día. Si al principio es difícil, actúalo: actúa como si realmente te amaras, te apreciaras, te valoraras, poco a poco lo irás sintiendo, pero recuerda que lo que sana son los actos, no sólo las palabras. Algo sucede internamente cuando empezamos a tratarnos con amor, empieza con una y se va extendiendo.

Si yo aprendo a respetarme, a honrarme y considerar mis necesidades, si me dejo de juzgar, comparar, criticar y en vez de esto aprendo a verme con amor y con respeto, algo se transformará en mí y esa madre interior empezará a hacerse cargo de mi vida.

Tómate el tiempo para sentirte. Recuerda que los sentimientos son las voces de nuestras necesidades, y reconectarnos con sentimientos y necesidades es básico en el proceso de *maternarnos*.

Yo estoy convencida, por mi propia experiencia y por lo que he visto en otras personas en tantos años de trabajo, de que sobre todo al inicio es importante buscar ayuda, terapia, grupos de apoyo, grupos de crecimiento, etcétera.

Y también alejarnos, aunque sea temporalmente, de nuestra familia de origen. Al darnos tiempo de fortalecernos, de aprender a poner límites, después podremos retomar las relaciones que decidamos tener y trabajar en ellas, pero primero somos nosotras. Nuestra niña interior, nuestra madre interior y la relación entre ellas.

Aprender a amar esa parte herida de nosotros que conocemos como la niña interior nos llevará a recuperar nuestra vitalidad, capacidad de asombro, juego, gusto por la vida, curiosidad y tantas cualidades de la esencia que tapamos, negamos, olvidamos y que son esos maravillosos tesoros de nuestro ser.

Entre más desarrollemos las habilidades para *maternarnos*, más cambios positivos se irán produciendo en nuestra vida de mujeres. Recuperaremos la autoconfianza, el sentido de valor personal, un mundo extenso de posibilidades de vida se abrirá ante nosotras.

Mi más grande sueño es crear círculos de mujeres alrededor de las hogueras. Mujeres que quieran sanar, crecer, amar y ayudar a sanar a otras mujeres. E invitar a los hombres que deseen amar a su mujer interna, sanar su parte masculina y bailar juntos alrededor del fuego de la conciencia, pues como dice Marianne Williamson:

> Los hombres que nos rodean necesitan este cambio tanto como nosotras, o quizá más. Nuestros hijos ven en nosotras la verdad que nosotras no vemos: saben que tenemos un poder que no se puede comparar con el de ningún otro ser. Cuando recordemos nuestra verdadera herencia, los hombres se convertirán en nuestros auténticos compañeros.
>
> El mundo cambiará cuando toda mujer comprenda que es hermosa, poderosa y fuerte. Que merece amor, aprobación y apoyo. Que todas seríamos gloriosas si extendiéramos nuestras alas. Que cada una de nosotras es una parte de la Diosa, grande y poderosa.

COSAS QUE ME SANAN

Me sana hablar con amigas que, como yo, buscan sanación en nuestra hermandad. Compartir, tomar una copa de vino con ellas, platicar de la vida.

Me sana el amor de los animales, no sólo los míos, sino todos, los colibríes que se acercan al bebedero que pusimos, las otras aves que se bañan en la fuente del patio. Los perritos callejeros que me reconocen camino a casa cuando paro y se acercan a que les dé comida y agua.

Me sana meditar con lo femenino, con las diosas, las budas, las dakinis.

Sanando la herida materna

Me sana orar al Padre, a la Madre, pedir fuerza, apertura, sabiduría.
Me sana caminar, descalza cuando es posible, en la naturaleza.
Me sana plantar flores y árboles y hierbas para cocinar y hacer tés.
Me sanan las risas de niños y adultos.
Me sana cocinar para mi clan.
Me sana llorar por el dolor del mundo y orar con todo el corazón.
Me sana cantar alrededor de una fogata.
Me sana el mar y sus olores.
Me sana nadar, bailar, cantar.
Y por supuesto, me sana mirarme en los ojos de quien me ama.

¿Qué te sana a ti?

EJERCICIOS DE AUTOINDAGACIÓN

1. ¿Qué necesité de mi madre que no obtuve?
2. ¿De qué maneras estoy inconscientemente proyectando estas necesidades en otras personas-parejas, hijas, amigas?
3. ¿Cómo sería la relación ideal con tu madre?
4. ¿Cómo sería la relación ideal de tu niña interior con la madre interior?
5. ¿Qué actividades puedes realizar que nutran tu niña interior en tu vida actual?

CAPÍTULO 9

Mi cuerpo, mi templo

Vive totalmente y vive intensamente para que cada momento se vuelva de oro y tu vida entera se convierta en una serie de momentos dorados.

OSHO

EL CUERPO COMO HERRAMIENTA DE SANACIÓN

En cada uno de mis libros anteriores escribí un capítulo dedicado al trabajo con el cuerpo, aquí también me parece esencial hablar de él y su importancia en nuestra sanación integral, por lo que reproduzco estos párrafos de *Amor... ¿o codependencia?*

> La forma más real, honesta y directa de saber que está pasando en nosotras es escuchar nuestro cuerpo. El cuerpo nos habla, se expresa por medio de las emociones, de sensaciones, de movimientos, de enfermedades y dolencias. Nos avisa si algo está pasando adentro.
>
> Si aprendemos a escucharlo, puede ser nuestro mejor guía en la vida. Por desgracia, no entendemos su lenguaje y lo ignoramos totalmente. La experiencia de haber abandonado nuestro cuerpo es la que nos causa tanta desarmonía, conflicto y sufrimiento.

Sanando la herida materna

> Nuestras dependencias o adicciones se originaron a partir de esta separación y por lo mismo, no pueden ser curadas o tratadas si tomamos en cuenta sólo la mente, sin considerar el cuerpo.

Mi hermana y compañera de camino Patricia y yo hacemos desde hace años un taller para mujeres: Templo de Mujer. Nos gusta pensar en este grupo como una reunión de mujeres listas y deseosas de redescubrir la esencia de su energía femenina, sexual y amorosa, de reencontrar su gozo, creatividad y vitalidad.

En este taller trabajamos con las tensiones corporales, bloqueos energéticos y emocionales y con los condicionamientos —que como mujeres tenemos— acerca de nuestro cuerpo.

Conocer realmente nuestro cuerpo nos da la oportunidad de darnos cuenta de la forma de prisión que fue creada alrededor de nosotras. Hemos convertido nuestro cuerpo en un basurero, en una prisión, en vez de que sea el hermoso templo que alberga nuestro ser. Por eso es tan importante regresar a él y empezar a limpiarlo, energizarlo, respetarlo, honrarlo.

Trabajar con el cuerpo es redescubrir una herramienta que por lo común damos por hecho y que no consideramos a menos que sea para cumplir con prototipos sociales, pero que es en realidad un cofre que esconde un verdadero tesoro, más allá de lo que nuestra mente concibe.

La energía que nace de él nos ayuda a vivir la vida de una manera más plena, más gozosa. Los recursos de desarrollo, de crecimiento y sanación que se encuentran en él son en verdad invaluables, pero desgraciadamente no es algo que nos enseñen en la sociedad, al contrario, nos enseñan a usarlo sólo como algo utilitario.

Como mujeres es quizá más doloroso, porque mucho de nuestro valor está depositado en la forma del cuerpo. Y si esa forma no es acorde con el prototipo de la belleza, entonces lo rechazamos y lo llegamos a odiar, a esconderlo, porque nos sentimos avergonzadas de él.

Y más allá de esto, nuestra energía vital, sexual, nuestra pasión está en el cuerpo. Si reprimimos esto, vamos por la vida como zombis, sin poder conectarnos con esa vitalidad y vivir la vida con pasión, no desde los miedos.

El cuerpo hospeda nuestra verdad, nuestra capacidad de estar en el aquí y ahora y de retomar el poder de la diosa interna que vive en él convirtiendo nuestro cuerpo en el templo donde aprendamos a confiar en nuestros sentimientos, percepciones, energía, la gran sabiduría del cuerpo.

Trabajar con el cuerpo nos ayuda a ampliar nuestra visión de nosotras mismas, a entender que somos seres espirituales, mentales y energéticos y que el cuerpo es ese lugar sagrado que alberga nuestro ser.

Nos ayuda a conectarnos con las emociones, recuperando la respiración, el movimiento y la sensación del cuerpo. Esto restaura nuestra confianza en nosotras mismas y nos facilita abrirnos a la vida a través de recuperar la fuerza y el arraigo de nuestro ser. A partir de ello podemos crear una vida más plena, más creativa y armoniosa.

HABITANDO MI CUERPO

Entre muchas de las escuelas psicoterapéuticas en las que he trabajado, las que incluyen el cuerpo, el trabajo emocional y energético son las que más me han ayudado a dejar de escapar y entrar profundamente en esos lugares donde la mente, el conocimiento, el "saber" no tienen acceso.

He tenido varias y muy valiosas experiencias con diferentes escuelas de psicoterapia corporal. De hecho, fue lo que conocí primero en los muchos años de trabajo con el doctor Carlos de León de Wit, años después en Arraigo Sexual, Bioenergética, y un poco más tarde el trabajo del Path of Love que también se basa mucho en el trabajo psicocorporal. Mientras trabajaba en el Osho Center conocí a una maestra de este trabajo, Aneesha Dillon, la trajimos para dar un taller de "pulsación" que es el nombre de la técnica creada por ella. Posteriormente, cuando ya no estaba yo en el centro, la invité de nuevo a impartir talleres y por último un entrenamiento.

Aneesha, a quien menciono en mis libros anteriores, es la creadora de Osho Pulsation. Esta técnica es un encuentro entre el trabajo corporal y de respiración neo reichiano con la meditación.

También desarrolló la pulsación tántrica, la cual tiene sus raíces en la capacidad natural del cuerpo para sentir placer y gozo y el anhelo del espíritu por expansión y silencio.

Aneesha originalmente se entrenó en la técnica neo reichiana en el Instituto Radix en California, hace más de 30 años. En 1976 marchó a la India a conocer al místico hindú Osho. A través de su larga asociación con el trabajo de Osho desarrolló una síntesis única de técnicas del mundo oriental y el mundo occidental para el crecimiento humano.

Aunque antes de conocerla ya practicaba las meditaciones activas de Osho como una gran herramienta de apoyo en mi crecimiento, el trabajo con ella me dio un entendimiento mucho más profundo y completo de cómo trabajan estas meditaciones. Es una verdadera alquimia de transformación que inicia en lo profundo de nuestro ser, en nuestro cuerpo energético.

De su libro *Pulsaciones de la energía* tomo el siguiente texto:

> No llegamos a este planeta divididos.
>
> El recién nacido es una fuente de energía orgánica, armoniosa, de fluir libre; por energía me refiero a la fuerza de vida que brota de alguna fuente misteriosa dentro de nosotros.
>
> En la medicina tradicional china esta energía es conocida como "chi"; en la ancestral yoga de la India se le conoce como

"prana", y ambos sistemas la describen como existente tanto dentro de nuestro cuerpo como flotando libremente en el espacio.

En la cultura occidental, Franz Mesmer la llamó "magnetismo animal", Charles von Reichenbach la llamó "odyle", Henri Bergson la élan vital, la "fuerza vital". Para Sigmund Freud era la "libido" y para Wilhelm Reich "orgone". En un individuo joven esta energía se encuentra no dividida y sin control. Se expresa de forma espontánea a través de todo tipo de impulso natural y comportamiento incivilizado.

Un niño no sabe nada de formalismos. Si está triste, llora. Si está contento, ríe. Corre cuando está activo e inmediatamente se acuesta y duerme cuando está cansado. Mama sin "pedir permiso" o sin "agradecer", y expulsa la comida sin decir "lo siento, estoy lleno". Eructa, expulsa gases, hace pipí y popó sin siquiera pensar en la etiqueta.

Pero lentamente, un proceso de adiestramiento y educación empiezan a moldear la energía y el comportamiento del niño; tanto una como el otro van juntos.

Una buena parte de este adiestramiento es necesario. El niño tiene que aprender a usar la bacinica, a usar ropa, evitar peligros como jugar con agua hirviendo o con la estufa, o salir a la calle sin precaución…

Los padres cuidadosos tienen que entrenar al niño de mil formas distintas para que después pueda valerse por sí mismo y funcionar en este mundo.

Este proceso educacional afecta esa energía que fluye libremente. Empieza a moldearse, expresándose de acuerdo con requerimientos sociales: ésta es la hora y el lugar para comer… ésta es la hora y el lugar para correr, gritar y jugar… ésta es la hora de dormir.

Paralelo a este proceso, el daño al sistema de energía del niño/niña inicia. Parte de este daño es inevitable; tan sólo parte de los golpes y sinsabores que todo ser viviente encuentra. Por ejemplo, ¿por qué un árbol crece con un tronco torcido o chueco? Quizá de forma accidental fue golpeado por un auto cuando era pequeño. El árbol crece torcido.

Es una condición de la vida. Algunas veces crecer es doloroso, y no hay nadie a quien culpar.

Por ejemplo, cuando un niño se enferma y es llevado al hospital, tal vez sus padres no pueden quedarse con él las 24 horas. Tienen que trabajar, ganar dinero, cuidar otros hijos, y quizá las reglas del hospital prohíben quedarse a dormir. Frecuentemente, en una situación similar, el niño se sentirá abandonado, rechazado, y quizá después enojado con sus padres, culpándolos: "¿Cómo pudieron hacerme eso? ¡Porque no me aman!"

Para el niño, esto tiene sentido, porque el abandono fue una experiencia emocional innegable. Para los padres, no obstante, fue una realidad totalmente diferente:

"Tuvimos que hacerlo", explican más tarde.

"Estabas enfermo y necesitabas una operación, de otra manera podrías haber muerto."

De este modo, a veces los padres actúan con las mejores intenciones, pero a pesar de todo, la herida emocional sucede. Aun cuando la conclusión del niño sea errónea, puede ser herido por su propio mal entendimiento, por la imposibilidad de poder digerir o aceptar algo que para los padres era obviamente lo correcto.

Esto es lo que yo llamo daño "inevitable" o "ineludible" al sistema de energía del individuo. En la mayoría de los casos no es serio y es de fácil curación.

Adicionalmente, existe una gran cantidad de daño innecesario causado por el proceso condicionante social.

A cada niño se le proporciona por los padres un juego de ideales; cómo les gustaría que fuera esa criatura. Y el problema es que esos ideales no necesariamente, quizá nunca, soportan la expresión natural de la individualidad y energía del niño.

Así que el niño es adiestrado, o condicionado, a actuar de forma opuesta a su propia naturaleza, y esto provoca una división básica. Parece que le sucede a cada ser humano.

Las dos aéreas donde el condicionamiento es más dañino son la emocional y la sexual. Es ahí donde el daño más profundo ocurre:

"No te rías… No llores… No te enojes… No estés triste…"

Muchos podemos recordar ocasiones en que, mientras crecíamos, nuestras emociones eran reprimidas, cuando teníamos que tragarnos nuestras lágrimas, nuestro coraje, cuando teníamos que esconder nuestros sentimientos y aparentar ser lo que no éramos.

Se nos dijo que sonriéramos cuando queríamos gritar.

Se nos dijo que platicáramos cuando queríamos lloriquear. Todo esto tuvo un impacto poderosamente negativo en nuestra energía, inutilizando su expresión.

"No te toques ahí… No tengas pensamientos pecaminosos… El sexo es sucio… No te masturbes o te quedarás ciego…"

De la misma manera, la energía del sexo fue reprimida, escondida en la oscuridad, oculta de la vista pública, como si no existiera. Esto también impactó nuestra energía, estrangulándola desde su propio origen.

Se puede argumentar que este tipo de adiestramiento y condicionamiento es tan necesario como las otras formas que he descrito. En efecto, mucha gente está convencida de que así es, diciendo que los impulsos naturales, animales, del niño han de ser estrictamente domados y canalizados hacia un comportamiento civilizado.

Pero la verdad es que la cura es peor que la enfermedad imaginada, la solución es más dañina que el problema.

Sanando la herida materna

Fueron Sigmund Freud y uno de sus más grandes discípulos, Wilhelm Reich, quienes descubrieron que la represión sexual subyace en el origen de la neurosis psicológica. Y fue Reich quien descubrió que el entumecimiento y la rigidez que padecen todos los adultos son causados directamente por la represión sexual y emocional.

Yo estoy de acuerdo con Reich. Mi experiencia personal al trabajar con miles de personas lo hace irrefutable. Al acumular la energía que busca manifestarse a través del sexo y de los sentimientos, especialmente cuando se es joven, nos estamos literalmente matando, haciendo imposible disfrutar la vida.

Viendo esta situación, Reich se lanzó hacia una larga lucha contra las culturas europeas y americanas en las que vivía y laboraba, desafiando sus creencias y suposiciones más básicas.

Defendió la libertad sexual para todos los individuos desde el nacimiento e infancia en adelante. Lo que esto significa es que el niño en desarrollo debería sentirse apoyado en sus impulsos biológicos naturales, debería poder mamar de ese seno, tener un contacto físico cercano y debería poder jugar con sus genitales.

Tanto a los niños como a las niñas se les debería permitir disfrutar la etapa del "juego sexual" que abarca las edades de cinco a siete años, y después de la pubertad, la libertad sexual para los adolescentes que sea vista tanto natural como importante para mantener una psique saludable.

En el capítulo "La sombra del cuerpo" de mi libro *Crea el espacio para el amor* escribo ampliamente de la importancia de considerar el trabajo psicocorporal como parte de la sanación de las heridas de infancia por medio de la liberación y restitución de nuestro flujo energético y emocional.

En ese mismo capítulo comparto una de las meditaciones activas de Osho, de hecho, mi favorita, La respiración de los chakras (Chakra Breathing Meditation). En ese texto comparto la excelente explicación acerca de estos centros energéticos y su función psicológica en nosotras dada por Aneesha en su libro *Pulsaciones de la energía sexual*.

Hoy quiero compartir otra de las meditaciones activas, de hecho, una de las dos principales, creadas por Osho mismo. Su nombre es kundalini, y al igual que la respiración de los chakras y las demás meditaciones activas, es posible adquirir la música en www.osho.com en la pestaña de meditaciones activas. Al final de cada explicación se muestra la liga para adquirir la música, ya que cada meditación tiene la suya.

Como información adicional, kundalini es una palabra sánscrita que significa serpiente enroscada, haciendo alusión a una serpiente que yace enroscada y dormida en la base del tronco. Esta energía dormida representa el potencial de activar y atraer a nosotros una gran gama de energías, las cuales normalmente no reconocemos como parte de nuestra realidad; a este conjunto de energías se le llama kundalini, la energía de la madre cósmica, la shakti primordial, la diosa, etcétera.

En el trabajo que he desarrollado sanando la codependencia es vital contactar con esta energía, despertarla, usarla para crecer y, como mujeres, empoderarnos, inyectar pasión a nuestra vida, estar en nuestro centro, en pocas palabras, empoderarnos desde lo más profundo de nuestro ser.

¿POR QUÉ MEDITACIONES ACTIVAS?

En mi camino no sólo he practicado las meditaciones activas de Osho, también me involucré mucho tiempo en la práctica de vipassana y más tarde en el budismo bön. Pero independientemente de las prácticas que sigo, las meditaciones activas son parte del trabajo con mi energía, con mis emociones, con el cuerpo de dolor.

En muchas ocasiones, cuando me siento agobiada o muy cargada emocionalmente, me tomo una hora y hago una de las meditaciones activas. Para mí son unas herramientas increíbles cuando la mente me toma o alguna emoción llega con demasiada fuerza.

Lo siguiente es un resumen de una explicación dada por Osho durante la charla 4 perteneciente a The Psychology of the Esoteric acerca de la importancia de estas meditaciones para el ser humano en estos tiempos:

> El ser humano contemporáneo es un fenómeno muy nuevo, y ningún método tradicional puede utilizarse exactamente tal como es, porque el ser humano contemporáneo no ha existido antes. El ser humano contemporáneo es un fenómeno reciente. Por lo tanto, en cierta forma, todos los métodos tradicionales se han vuelto irrelevantes. Su espíritu no es irrelevante, pero su forma se ha vuelto irrelevante porque este ser humano es reciente.
>
> Por ejemplo, el cuerpo ha cambiado muchísimo. Ha dejado de ser natural como siempre lo fue. El cuerpo humano actual es algo muy poco natural. Cuando Patanjali concibió su yoga, el cuerpo era un fenómeno natural. En la actualidad no es un fenómeno natural. Es algo absolutamente diferente; está tan drogado que ningún método tradicional puede ser de ayuda….
>
> Toda la atmósfera es artificial actualmente: el aire es artificial, las condiciones de vida de la sociedad son artificiales. Nada es natural. Tú has nacido en este medio artificial; te has desarrollado en él, así que los métodos tradicionales están resultando perjudiciales. No se pueden utilizar tal como están. Tendrán que cambiar de acuerdo con lo moderno, con la situación actual…

Mi cuerpo, mi templo

Por eso cuando utilizo métodos caóticos y no sistemáticos para desplazar este centro del cerebro, estos métodos caóticos ayudan mucho. Con ningún método sistemático se puede desplazar el centro más abajo del cerebro, porque la sistematización es una labor del cerebro. Tú lo sistematizas todo a través del cerebro. Por tanto, si utilizas métodos sistemáticos, el cerebro quedará más reforzado. Hará acopio de energía para sí mismo.

Así que yo utilizo métodos caóticos porque a través de los métodos caóticos el cerebro se anula. No tiene nada que hacer. No da lugar a un sistema y no puede aplicar una fórmula matemática. Es algo tan caótico que el centro del cerebro se ve desplazado automáticamente al corazón, y éste es un paso importante: desplazar el centro del cerebro al corazón. Así que si practicas mi método vigorosamente, de forma no sistemática, caóticamente, tu centro se ve desplazado hacia abajo. Llegas al corazón.

Cuando llegas al corazón, entonces aplico la catarsis, porque tu corazón está muy reprimido a causa de tu mente: la mente ha ganado mucho territorio en tu interior, te ha dominado, lo ha absorbido todo. No hay espacio para el corazón, así que los anhelos del corazón han sido reprimidos. Nunca has reído de corazón, nunca has llorado de corazón, nunca has hecho nada de corazón. La mente siempre entra a sistematizar, a hacer las cosas matemáticamente. Esa mente calcula y concluye y se introduce. El corazón se reprime…

Así que los métodos caóticos se usan primero para desplazar el centro —el centro de la conciencia— del cerebro al corazón. Luego se necesita la catarsis para liberar el corazón, para descargar las represiones y aligerarlo. Si el corazón se vuelve ligero y se libera, entonces el centro de la conciencia se desplaza todavía más abajo. Llega al ombligo, que es la fuente de la vitalidad. Es la fuente, es la semilla original de donde todo proviene: el cuerpo, la mente, todo lo demás.

Sanando la herida materna

Yo utilizo este método caótico muy considerablemente, muy significativamente. Los métodos sistemáticos no son de ayuda actualmente, porque el cerebro los convierte en su propio instrumento. El cantar bhajans tampoco ayuda ahora, porque el corazón está tan cargado que no puede florecer en un canto real...

La conciencia debe ser desplazada hacia abajo, hacia la fuente, a las raíces. Sólo entonces es posible la transformación. Por eso yo utilizo métodos caóticos para desplazar la conciencia del cerebro. Y cuando estás en el caos, el cerebro deja de funcionar, no puede funcionar.

Cuando tú estás en caos, el cerebro no trabaja. Por ejemplo, si tú estás manejando un automóvil y repentinamente alguien corre en frente tuyo, tú reaccionas tan súbitamente que el cerebro no trabaja. No puede hacerlo porque necesita tiempo. Piensa en qué hacer y qué no hacer. Así, cada vez que hay una posibilidad de accidente y pisas el freno, sientes una sensación cerca de tu ombligo, nunca cerca del cerebro. Sentirás que tu estómago está afectado, porque la totalidad de tu conciencia está siendo desplazada debido al caótico accidente. Si éste hubiera podido ser calculado y predicho antes, entonces no sería necesario; la mente lo resolvería, el cerebro sería capaz de manejarlo. Cuando estás en un accidente desconocido, algo desconocido sucede. Entonces verás que tu conciencia se ha movido hacia el ombligo...

Si tú le preguntas a un monje zen: "¿Desde dónde piensas?", él pondrá sus manos en el estómago. Cuando los occidentales por primera vez entraron en contacto con monjes japoneses no pudieron entenderlo: "Esto no tiene sentido! ¿Cómo puedes pensar desde el estómago?" Pero la respuesta zen tiene mucho significado. La conciencia puede utilizar cualquier centro del cuerpo, y el más primario, el que está más cerca de la fuente original es el ombligo, y el más alejado es el cerebro. Entonces, si la energía vital se mueve hacia fuera, el cerebro se convertirá finalmente en el centro de conciencia. Si la energía vital se mueve hacia dentro, el ombligo se convertirá finalmente en el centro.

De otra forma tú sólo verbalizarás y seguirás verbalizando, y no habrá cambio, ni transformación. Incluso si conoces las cosas adecuadamente, no serás transformado, porque no es suficiente conocer las cosas adecuadamente. Uno tiene que ir a las raíces, y tiene que cambiar y transformar las raíces. De otra manera no cambiarás…

Y algunas veces una persona tiene más dificultades cuando sabe qué es lo correcto y no puede hacer nada. Surge una nueva impaciencia, una nueva tensión: se pone doblemente tenso. Él entiende, pero no puede hacer nada. El entendimiento es significativo sólo cuando viene de tu ombligo, de las raíces. De otra manera nunca es significativo. Si entiendes desde el cerebro, entonces no habrá transformación.

Lo supremo, lo original, lo interior no puede ser conocido desde el cerebro, porque estás en contacto con lo supremo desde tus raíces, de las cuales has venido. Todo tu problema es que te has alejado del ombligo. Tú has venido desde el ombligo y morirás a través de él; has entrado por esa puerta y saldrás por ella. Uno tiene que regresar a esa puerta, y cuando llegas a las raíces no es difícil cambiar. El cambio es simple, pero el volver a las raíces es difícil y arduo.

En mi experiencia, la meditación kundalini me ha servido no sólo para soltar el estrés y las locuras de mi mente, sino para irme conectando a través del baile con mi aspecto femenino, con mi suavidad, mi capacidad de conectarme con el gozo de mi cuerpo y abrirme a recibir a la vida.

Hubo una etapa de mi vida, durante la cual la estaba pasando muy mal emocionalmente, en que la hacía hasta cuatro veces al día, bajaba considerablemente los niveles de estrés y el sufrimiento emocional. Por eso no me canso de recomendarla.

Éstas son las instrucciones para hacerla, y como menciono más atrás en este capítulo, la meditación se practica con su música específica, la cual indica y apoya energéticamente las diferentes fases.

Esta meditación se hace mejor al anochecer o al final de la tarde. Sumergirnos por completo en el sacudirse y el baile de las dos primeras etapas nos ayuda a "fundir" la parte rígida de nuestro ser, donde el flujo de energía se haya reprimido o esté bloqueado, para que esta energía pueda volver a fluir, bailar y transformarse en dicha y alegría. Las dos últimas etapas permiten que toda esta energía fluya de forma vertical y se dirija hacia arriba, hacia el silencio. Es una forma muy efectiva de liberar tensiones y relajarnos al final del día.

Instrucciones:
La meditación dura una hora y tiene cuatro etapas. La meditación termina cuando escuchas tres veces el sonido de una campana.

Primera etapa: 15 minutos
Suéltate y deja que todo tu cuerpo se sacuda, sintiendo las energías que suben desde tus pies hacia arriba. Abandónate completamente y hazte uno con ese sacudirse. Puedes estar con los ojos abiertos o cerrados.

Segunda etapa: 15 minutos
Baila, de cualquier forma que lo sientas, y deja que todo tu cuerpo se mueva libremente.

Puedes estar con los ojos abiertos o cerrados.

Tercera etapa: 15 minutos
Cierra los ojos y permanece inmóvil, sentado o de pie… observa, sé un testigo de todo lo que está ocurriendo dentro y fuera de ti.

Cuarta etapa: 15 minutos
Manteniendo los ojos cerrados, acuéstate y permanece inmóvil.

Nota:
En la cuarta fase puedes elegir permanecer sentado si lo deseas.

ALGUNAS SUGERENCIAS DE OSHO PARA ESTA MEDITACIÓN:

Primera etapa:
Si estás haciendo la meditación kundalini, permite que se dé el sacudirse; ¡no lo produzcas! Permanece de pie en silencio, siente su llegada, y cuando tu cuerpo empiece a temblar un poco, ayúdalo, ¡pero no lo produzcas!

Disfruta con ello, siente la dicha que trae, permítelo, recíbelo, dale la bienvenida, pero no lo fuerces.

Si lo fuerzas se volverá un ejercicio, un ejercicio corporal físico. Entonces el sacudirse se dará, pero sólo en la superficie. No te penetrará. Permanecerás dura como una piedra, como una roca, interiormente. El cuerpo solamente te seguirá.

Cuando digo sacúdete me refiero a tu dureza; tu ser de piedra tendría que sacudirse hasta sus mismos cimientos para que se vuelva líquido, fluido, para que se disuelva, fluya. Y cuando el ser de piedra se vuelve líquido, tu cuerpo le seguirá. Entonces no hay quien se sacuda, sólo un sacudirse; entonces nadie lo hace, simplemente se está produciendo. Entonces no hay una hacedora.

Disfrútalo, pero no lo fuerces. Y recuerda, cuando fuerzas una cosa no puedes disfrutar de ella. Son cosas opuestas, contrarias; nunca se encuentran. Si te esfuerzas en una cosa no puedes disfrutar de ella; si tú disfrutas con ella no puedes forzarla.

Segunda etapa:
Goza con la danza, porque entre más dichoso estés, más se moverá la energía hacia arriba; entre más suba la energía, más dichoso te sentirás.

Tercera etapa:
Es conveniente sentarse, para que desaparezca todo el cuerpo y solamente permanezca la columna vertebral. La energía se mueve hacia arriba a través de la columna, y toda la energía se acumula en ella.

Mi recomendación para esta meditación es hacerla, de ser posible, diario, quizá empezar con ciclos de 28 días. Frecuentemente en nuestros talleres la utilizamos al final del día para ayudar a integrar y acomodar la experiencia vivida. Ésta no es un sustituto de la psicoterapia, pero sí un gran apoyo a la misma.

Como ya comenté al inicio, Patricia y yo trabajamos juntas impartiendo talleres, y mientras yo colaboro con mi propio trabajo, ella lo enriquece y profundiza con herramientas de psicoterapia corporal.

Un paso básico para estar mejor es aprender a sentir y expresar nuestras emociones, ya que es mucho de lo que nos ha enfermado, tanto a niveles psicológicos como físicos y espirituales. Por eso doy tanta importancia al trabajo psicocorporal, pero como señalé antes, estas meditaciones no son un sustituto de la terapia formal. Son herramientas de apoyo y de transformación desde el interior.

Tanto esta meditación como las demás meditaciones activas nos ayudan moviendo el cuerpo, la energía, y esto es parte —debe ser parte— de nuestro proceso de sanación. Movernos, bailar, caminar, cantar...

SEGUNDA PARTE
MUJERES SANANDO MUJERES

Mujeres sanando mujeres

Cuando una mujer se para en su verdad —a pesar de sus miedos— inspira a otras a hacer lo mismo.

Las amistades femeninas que funcionan son relaciones en las que las mujeres se ayudan entre sí y pertenecen a sí mismas.
LOUISE BERNIKOW

La sanación más grande en mi camino ha sido y sigue siendo acompañarme de mujeres, amigas, maestras, guías que ya sea por un tiempo o por periodos más prolongados están en mi vida.

Parte de sanar la herida materna en mi caso y de reconciliarme con lo femenino ha sido aprender a crear relaciones nutricias y de complicidad con otras mujeres.

Las viejas formas de relacionarme desde la competencia, comparaciones, juicios, inseguridades, envidias, chismes de los años adolescentes y de mujer joven aterrada de enfrentar la vida se transformaron en lazos y vínculos amorosos de hermandad, apoyo y sanación.

Invité a participar en este libro a varias de estas amigas, todas psicoterapeutas y algunas compañeras en el camino de la búsqueda espiritual. Con algunas de ellas llevo años de compartir la vida, con otras menos tiempo; unas son famosas, otras no tanto, pero todas son para mí, además de hermanas, grandes maestras de diferentes aspectos de lo femenino y de la vida en general.

Les pedí que escribieran algo que naciera de su propia experiencia de sanación con la madre y más allá de la herida materna, con lo femenino. Porque al final, más allá de nuestras heridas, de lo que pasó o no pasó con mamá, nos espera la vida: el encuentro con la madre universal y el encuentro con nosotras que a partir de un punto trasciende lo vivido en la infancia.

Todas ellas trabajan con el tema de las heridas y lo femenino desde diferentes ángulos.

Gracias a todas ellas por lo que nos comparten aquí. Un tesoro de aprendizaje en cada palabra. Gracias, mujeres amadas.

CAPÍTULO 10

Luz y sombra de los arquetipos femeninos

LOS ARQUETIPOS, FORMAS DE LA MADRE UNIVERSAL

Inicio esta segunda parte con el escrito de Patricia, no sólo mi hermana de sangre, sino mi hermana de camino espiritual y mi socia en la tarea que ambas elegimos de crear conciencia en el mundo; además es quien me ha apoyado, guiado, acompañado y ayudado a verme, aun en mis peores momentos, de una manera compasiva, y cuya complicidad en la vida desde pequeñas ha sido el aire debajo mis alas.

Honro profundamente su camino, su sed por el conocimiento que con los años y las experiencias se ha convertido en sabiduría. Espero que nuestros caminos continúen juntos y podamos seguir tejiendo mejores realidades para nosotras, nuestras hijas, hermanas, amigas, alumnas y que junto a ellas podamos crear enormes círculos donde tomadas de la mano, presentes o a distancia, bailemos y cantemos alrededor del fuego, creando un mundo mejor para todos los seres sintientes.

PATRICIA MEDINA

Cúrate, mijita, con la luz del sol y los rayos de la luna.
Con el sonido del río y la cascada.

Sanando la herida materna

Con el vaivén del mar y el aleteo de las aves.
Cúrate, mijita, con las hojas de la menta y la hierbabuena,
con el neem y el eucalipto.
Endúlzate con lavanda, romero y manzanilla.
Abrázate con el grano de cacao y un toque de canela.
Ponle amor al té en lugar de azúcar y tómalo mirando las estrellas.
Cúrate, mijita, con los besos que te da el viento y los abrazos de la lluvia.
Hazte fuerte con los pies descalzos en la tierra y con todo lo que de ella nace.
Vuélvete cada día más lista haciendo caso a tu intuición, mirando el mundo con el ojito de tu frente.
Salta, baila, canta, para que vivas más feliz.
Cúrate, mijita, con amor bonito, y recuerda siempre...
¡Tú eres la medicina!
MARÍA SABINA,
curandera y chamana oaxaqueña

Me gustaría compartirles dos cosas acerca de mi encuentro con lo femenino.

Algo de lo que he vivido y aprendido en estos años de búsqueda y crecimiento y lo que aún me gustaría alcanzar.

Desde que tengo 13 años me veo a mí misma como una niña sumamente curiosa de los porqués de la vida. Eso me hizo empezar una jornada para encontrar respuestas.

Muchas respuestas he encontrado y muchas otras preguntas he formulado durante estos años.

De lo que sí estoy segura hoy es que la vida tiene un propósito, y ese propósito es conocer quiénes somos y dar eso que somos al mundo.

Y de ahí surge una buena pregunta: ¿cuál es el camino para conocernos?

Luz y sombra de los arquetipos femeninos

Estas páginas que les compartiré son parte de irme conociendo como mujer a través de mi encuentro con lo femenino.

Una forma de entender cómo se manifiesta la energía femenina en nuestro mundo es a través de los arquetipos, por lo que me tomaré unos minutos para explicarlos de una forma concisa y breve.

Sigmund Freud, el creador del psicoanálisis, fue una piedra angular para la psicología contemporánea. Él descubrió que hay un inconsciente y afirmó que los procesos psicológicos que nacen de él son la base del comportamiento y los problemas emocionales y mentales que pueden sufrir las personas.

Carl Jung trabajó con Freud y su aportación al análisis de los sueños fue muy importante, pero se alejó de Freud, ya que Jung era un místico nato y profundizó más su entendimiento de la psique humana. Esto hizo que Jung configurara su propia teoría psicológica, la psicología analítica, y se basó en un concepto de inconsciente que iba más allá de lo explicado por Freud: un inconsciente colectivo, que habita en nosotros como una composición de aspectos no sólo individuales, sino también colectivos, heredado por nuestros ancestros, y que funciona como una matriz que da forma a nuestra manera de percibir e interpretar las experiencias que nos ocurren como individuos.

Esa matriz está formada por los *arquetipos*, que son patrones, símbolos universales que residen en este inconsciente colectivo y que forman parte de nuestra motivación más básica y a través de los cuales evolucionamos. Según Carlos de León, creador del Instituto de Ontogonía —despertar del ser— y uno de mis grandes maestros, los arquetipos funcionan como procesos de energía y conciencia, enzimáticos o alquímicos, que nos ayudan a transformar nuestra energía y nuestra conciencia para llegar a experimentar lo que somos verdaderamente.

De lo que se trata entonces es de ir generando una vivencia más sana con el arquetipo que estemos encarnando en el momento, y eso va completando el rompecabezas que somos, creando el proceso de transformación psicológica que Jung le llamó *individuación* o el proceso de llegar a ser *yo misma*.

Los arquetipos se manifiestan en las mitologías de todas las tradiciones como símbolos universales que inspiran, protegen y llaman.

Les compartiré cómo Carlos de León describe desde esta visión arquetípica los procesos naturales que tenemos que vivir como hombres y mujeres en nuestras diferentes etapas de vida. Aquí hablaré de los que vivimos las mujeres.

Les nombra los seis ciclos lunares de la sangre.

Iré nombrando estas etapas una por una y compartiendo algo de lo vivido por mí en ellas.

En esta visión el arquetipo está representado por diosas de la mitología griega, pero por supuesto los podemos encontrar en todas las mitologías, como lo mencioné anteriormente.

Nos muestra lo que nos encontramos en cada una de las etapas: las virtudes que podemos generar y la parte distorsionada y oscura en la que podemos caer.

NACIMIENTO

Artemisa: virginidad/renacimiento
Artemisa era la diosa olímpica de la caza, el desierto y los animales salvajes. Era también la diosa del parto y de las cosechas y protectora de las niñas hasta la edad de matrimonio.

La Diosa Virgen da:
• Independencia • Un espacio propio • Contacto con la naturaleza • Curiosidad • Pureza • Intento agudo y enfocado • Hermandad • Visión lunar (psiquismo y penetración a la sombra) • Sueños en donde estamos solos en lugares desconocidos • Locura divina • Rebeldía compasiva

Luz y sombra de los arquetipos femeninos

Debilidades de la Diosa Virgen:
• Impaciencia por la debilidad • Ira explosiva • Inaccesibilidad • Falta de compasión • Egoísmo

NIÑA

Nombras el árbol, niña.
Y el árbol crece, lento y pleno,
anegando los aires,
verde deslumbramiento,
hasta volvernos verde la mirada.

Nombras el cielo, niña.
Y el cielo azul, la nube blanca,
la luz de la mañana,
se meten en el pecho
hasta volverlo cielo y transparencia.

Nombras el agua, niña.
Y el agua brota, no sé dónde,
baña la tierra negra,
reverdece la flor, brilla en las hojas
y en húmedos vapores nos convierte.

No dices nada, niña.
Y nace del silencio
la vida en una ola
de música amarilla;
su dorada marea
nos alza a plenitudes,
nos vuelve a ser nosotros, extraviados.

Sanando la herida materna

¡Niña que me levanta y resucita!
¡Ola sin fin, sin límites, eterna!

OCTAVIO PAZ

MI NIÑA

El arquetipo de la madre se presentó por primera vez en mi vida en la forma de mi propia madre. Ella era una mujer para quien la ternura no era lo suyo, una madre no tan maternal. De hecho, era bastante masculina. Según sus palabras, le quería demostrar a mi abuelo (un hombre ranchero, con valores familiares, enojado con la aristocracia, trabajador, fuerte y macho y que tuvo cinco hijas) que ella podía ser igual o mejor que cualquier hombre.

Esa figura femenina materna tomada por lo masculino me gustó. Cuando era niña yo no quería ser princesa, quería ser el príncipe. En nuestras visitas al rancho lo que más disfrutaba era estar trepada en los árboles, subirme a los caballos y galopar lo más rápido que se pudiera. Entre más salvaje, mejor.

¿Pero qué pasaba con mi parte femenina? El costo de esa distorsión arquetípica me pegó de varias formas. Mi madre, al querer demostrarle a su papá que era tan buena como cualquier hombre y meterse en esa competencia, incluso con nuestro padre, su esposo, no se dio cuenta de que rechazaba por ello su propia femineidad. La cual venía modelada también de una forma neurótica por mi abuela, una mujer sumamente abnegada hacia su hombre y poco valorada por él.

Lo que no sabemos es que lo que no nos gusta, lo echamos al inconsciente, y desde ahí su fuerza es mayor. Jung le llamaba a esta parte fragmentada, reprimida e inconsciente, la *sombra*. Entonces por fuera mi madre se mostraba como una mujer con cualidades masculinas, asertiva, echada para adelante, competitiva, pero muy en lo profundo se sentía desvalorada y asustada. Y de ahí surgí yo.

Luz y sombra de los arquetipos femeninos

Desgraciadamente, en esta lucha de poder para demostrar nuestro valor incluimos también a nuestros hijos. Y ellos se vuelven o nos volvemos peones de sus juegos de ajedrez. Cuando pequeños, somos leales a nuestros padres. Es una lealtad infantil que se muestra de diferentes formas. Yo tomé el miedo de mi madre. Y en la adolescencia volverme su paladín en su lucha ya no contra su padre, sino contra el mío.

Al final ambas queríamos recuperar una postura digna a nuestro ser mujer, que en su primera instancia había sido desvalorizada por mi abuelo y mi abuela (a través también de todo lo que ellos aprendieron de su familia y de su cultura acerca de esto).

Sin embargo, el camino que vimos abierto implicaba que nosotras, a su vez, también nos desvalorizamos al tratar de ser niñas-niños.

Éste es en resumen mi camino de ser niña a mujer: una niña asustada, sumisa, domesticada y al mismo tiempo salvaje y masculina.

MENSTRUACIÓN

Hécate: femineidad/inframundo
Hécate era la diosa de la magia, la brujería, la noche, la luna, los fantasmas y la necromancia.
La Hechicera da:
• Conocimiento de los ciclos • Contacto con la parte energética y espiritual • Significado oculto de las cosas • Contacto con la esencia • Transmutación
Debilidades de la Hechicera
• Resistencia a la vida • Resistencia al poder • Abuso de poder

> Aparentemente es poco gracioso de mi parte mencionar mi periodo en público, porque la biología actual de mi cuerpo es demasiado real.

> Está ok vender lo que está dentro de las piernas de la mujer, mucho más de lo que está ok mencionar su funcionamiento interior.
> El uso recreacional de este cuerpo es visto tan hermoso, mientras que su naturaleza es vista feo.
>
> Rupi Kaur, poeta pakistaní defensora del derecho a menstruar sin tener que esconderse por eso

MI TRANSFORMACIÓN

Mi encuentro con la segunda etapa (la transformación de niña a mujer a través de la menstruación) fue seguido muy de cerca por la tercera (el encuentro con el hombre ya como mujer). Una época de confusión e ignorancia. No recuerdo una plática con mi madre acerca de la menstruación. Mi transformación física estuvo llena de vergüenza. No fue grato ver cómo cambiaba mi cuerpo.

Ya mujer empecé a caminar senderos místicos, como el tantra, como el camino de Don Juan, y entendí que el momento de la menstruación es donde se abren las puertas de otros mundos y donde conectamos con un poder especial de la mujer. Es a través de la menstruación que las mujeres limpiamos nuestra energía, y si tenemos una pareja, también limpiamos la suya, ya que las mujeres estamos conectadas con el principio de recibir. Y al recibir, recibimos todo, lo positivo y lo negativo. Cuando tenemos una pareja tomamos su energía y es a través de este ciclo que participamos de una manera natural en la purificación de ambos.

También, como danzante de luna, sé que la sangre lunar es sagrada y que se baña la tierra con ella, como una simbología de nuestra conexión de la tierra y nuestra matriz, fertilidad, creatividad que nos hace uno con la diosa.

Se nos ha dicho que somos "impuras" en sociedades machistas, donde la mujer tiene que esconder que tiene su menstruación. Cuánto poder perdemos las mujeres al vivir nuestra menstruación como algo sucio, algo de lo que hay que avergonzarse.

Qué diferencia entre esto y algunas prácticas tribales donde la niña que tenía su menarca era protegida en una tienda especial y se le consideraba, por su conexión con la vida en ese momento, como parte de la bendición a la tierra para que diera frutos.

La menstruación es la manifestación de la capacidad del cuerpo de dar vida, es el vehículo donde puedes conectar con tu emocionalidad de una manera más clara y es el momento en que tienes el poder para ver lo intangible, de ahí el nombre de este arquetipo: la Hechicera.

DESPERTAR SEXUAL

Afrodita: sexualidad/transformación
En la mitología griega, diosa del amor, el sexo, la atracción y la belleza.

La Amante da:
- Belleza • Creatividad • Pasión • Inspiración • Exploración • Empatía • Plenitud • Crecimiento

Debilidades de la Amante:
- Culpa y vergüenza • Perderse en la opinión de los demás • Posesividad y celos

Lilith

Pertenecía al linaje de las diosas – pájaro.
Tenía ese par de alas bordadas.
Entonaba agudas melodías y en su voz era una mujer libre.
La eligieron para ser la primera esposa de Adán.

Y por un tiempo él conoció el placer de la magia corporal, el olor del almizcle y escuchó la música de las esferas celestiales en su periplo constante.

Luego quiso someterla. Estar por encima. Poseer lo que no puede ser poseído.

No entendía que ella era diosa y que al levantarse desplegaba la aurora entintada de violetas y que en la noche comandaba el oscilar de las mareas y que con sus brazos orquestaba el coro de los pájaros.

¿Cómo podía quedarse a los pies de aquel que deseaba encadenarla?

¿Para qué servían las alas si no para volar?

Kyra Galván

MI MUJER SEXUAL

Si mi madre no tuvo conmigo una plática del proceso de transformación que sucede en la menstruación, mucho menos me habló de la sexualidad.

Mi lugar de aprendizaje sexual eran los libros eróticos que mis amigas tenían y nos prestábamos, y revistas como *Playboy* y *Penthouse* que mi padre tenía, según él, muy guardadas en su clóset. Historias que me llenaban de ideas machistas y distorsionadas de cómo debía de ser la mujer en su relación de amante con el hombre. Eso fue generando una huella, junto con algunos abusos que tuve, en mi forma de vivir mi sexualidad. Una sexualidad que hace de la mujer un objeto y que se vive como algo pecaminoso, que hay que esconder.

El encuentro con mi adolescencia y las hormonas fue un camino turbio, no claro, en donde trataba de entender cómo vivir esta nueva etapa de mi vida, entender en lo que me estaba convirtiendo sin una guía sana. Observando también lo que los niños hacían con todo esto y viendo cómo su experiencia era totalmente diferente a la nuestra.

Aquí también se empieza a entrelazar de una manera más fuerte la siguiente etapa arquetípica: el encuentro con el amante.

Los niños de mi pueblo, en donde crecí, tenían también muy distorsionado su encuentro con lo masculino. Hijos de machos, donde la sexualidad era vivida por primera vez en prostíbulos y demás. El problema que tengo con los prostíbulos no es de origen moral, es con la inconsciencia.

Y la inconsciencia que yo encuentro en esos lugares es que la sexualidad, que en mi camino del tantra reconozco como un vehículo para encontrar lo divino a través de ver a tu pareja como la manifestación de la diosa, se convierte en un vehículo para vivir lo más bajo de los deseos, pero sin ninguna intención más que indulgirse en ellos. Y claro, con toda la consecuencia que esto implica de cómo ven este combo de sexualidad y mujer.

Don Juan, mítico chamán mencionado en los libros del antropólogo Carlos Castaneda, afirmaba que muchos hombres usaban a las mujeres para masturbarse, y para mí esto es parte de la herencia de esa distorsión. O esta idea de que las madres son asexuales o que las esposas deben de ser cuasivirginales.

Esto está cambiando, y me da gusto. Aceptar que la sexualidad nos pertenece a ambos géneros e ir unificando a la puta y a la santa en una sola mujer y no pensar que hay mujeres para pecar y mujeres para casarse es juntar los opuestos en el camino de oro, que es el camino de en medio.

Regreso a mi historia.

Me encuentro en un pueblo donde los hombres son eso: una caricatura machista del arquetipo hombre. Por supuesto que había excepciones, chicos conectados más con su esencia, pero eran los menos. La experiencia de adolescentes donde tener un encuentro íntimo con una chica era vivido como una especie de puntaje que elevaba la autoestima del ganador, la búsqueda de una experiencia de autoconocimiento y de amor que deberían de ser las relaciones sexuales, se daba en un escenario bastante desalentador.

Todo ello, junto con todo lo que ya traía cargando, por una parte, me hizo sentir muy desvalorada, pero por otra parte poseedora de un poder que me ayudaría a tener cierto control. Ahí caí presa de entrar en ese juego neurótico que se da desde el principio de los tiempos entre un hombre y una mujer: el sexo se vuelve una moneda de cambio, lo cual traiciona esta idea tántrica con la que comulgo totalmente: el sexo es un camino a lo divino, a través de la experiencia de unión y éxtasis que da el amor y la total entrega.

El problema es que cualquier transacción tiene su precio. Lo que yo buscaba realmente era el amor, no tener el control. Eso me generó más confusión. Si no se daba el amor de una manera recíproca y natural, entonces siempre tenía ese as bajo la manga. Pero no se gana, al contrario, se pierde. Las relaciones se vuelven un campo de batalla, se pierde la espontaneidad, la curiosidad, la apreciación, el vínculo y, sobre todo, la posibilidad de crecimiento en pareja.

Como muchas de nosotras, vengo arrastrando heridas emocionales del pasado. Y he entendido que la consecuencia más grave de ellas es creer que somos algo que no somos, sino que es el resultado de la incapacidad de nuestros padres de ser modelos sanos, de ser espejos nítidos para poder ver nuestro verdadero rostro, ya que ellos tienen también sus propias heridas.

De ahí viene la sensación de no ser suficiente, de no ser valiosa, de ser *abandonable*, etcétera.

Por esas heridas, durante muchos años busqué verme en el rostro del amado. Tener una identidad a través del amor romántico. Sentirme viva, con significado, si mi amado me amaba.

Luz y sombra de los arquetipos femeninos

Por supuesto que parte de sentirnos plenos en la vida tiene que ver con las relaciones de amor que vamos creando a nuestro alrededor. Pero eso es diferente a sentir que, como mujer, si no tienes un hombre a tu lado, hay algo malo en ti, o sentir que vales menos si la persona que quieres no te corresponde.

Hoy entiendo que mi valor es independiente de quién esté a mi lado. Por supuesto que me suman las relaciones conscientes y de amor que tengo. Pero no se requiere que venga exclusivamente de un hombre, puede ser de mis hijos, de mis nietos, de mis amigas, de mis pacientes, de la divinidad.

No puedo decir que ya llegué a mi meta, pero sí puedo decir que he dado muy buenos pasos para acercarme a esa sensación de totalidad, ya que recuerdo la sensación de desesperanza y desolación que me generaba el hecho de que no tuviera una pareja y hoy estoy en un lugar más apacible y relajado con respecto a eso. Si me encuentro en esta etapa de mi vida con un hombre que quiera caminar conmigo, será hermoso, pero si no, busco que sea hermoso también.

MATERNIDAD

Hera: maternidad/creatividad
Hera era la diosa del matrimonio y la protectora de las mujeres casadas, pues era la esposa legítima de Zeus, lo que la convertía naturalmente en la protectora de las mujeres casadas.
La Madre da:
• Conexión, arraigo, contacto • Nutrición y posibilidades • Compasión
• Persistencia
Debilidades de la Madre:
• Pérdida de independencia • Pérdida de individualidad e intereses personales, victimización • Posesividad y celos • Tendencia a la depresión

Sanando la herida materna

La loba

Yo soy como la loba.
Quebré con el rebaño
Y me fui a la montaña
Fatigada del llano.
Yo tengo un hijo fruto del amor, de amor sin ley,
Que no pude ser como las otras, casta de buey
Con yugo al cuello; ¡libre se eleve mi cabeza!
Yo quiero con mis manos apartar la maleza.
Mirad cómo se ríen y cómo me señalan
Porque lo digo así: (Las ovejitas balan
Porque ven que una loba ha entrado en el corral
Y saben que las lobas vienen del matorral).
¡Pobrecitas y mansas ovejas del rebaño!
No temáis a la loba, ella no os hará daño.
Pero tampoco riáis, que sus dientes son finos.
¡Y en el bosque aprendieron sus manejos felinos!
No os robará la loba al pastor, no os inquietéis;
Yo sé que alguien lo dijo y vosotras lo creéis
Pero sin fundamento, que no sabe robar
Esa loba; ¡sus dientes son armas de matar!
Ha entrado en el corral porque sí, porque gusta
De ver cómo al llegar el rebaño se asusta,
Y cómo disimula con risas su temor
Bosquejando en el gesto un extraño escozor...
Id si acaso podéis frente a frente a la loba
Y robadle el cachorro; no vayáis en la boba
Conjunción de un rebaño ni llevéis un pastor...
¡Id solas! ¡Fuerza a fuerza oponed el valor!
Ovejitas, mostradme los dientes. ¡Qué pequeños!

Luz y sombra de los arquetipos femeninos

No podréis, pobrecitas, caminar sin los dueños
Por la montaña abrupta, que si el tigre os acecha
No sabréis defenderos, moriréis en la brecha.
Yo soy como la loba. Ando sola y me río
Del rebaño. El sustento me lo gano y es mío
Donde quiera que sea, que yo tengo una mano
Que sabe trabajar y un cerebro que es sano.
La que pueda seguirme que se venga conmigo.
Pero yo estoy de pie, de frente al enemigo,
La vida, y no temo su arrebato fatal
Porque tengo en la mano siempre pronto un puñal.
El hijo y después yo y después... ¡lo que sea!
Aquello que me llame más pronto a la pelea.
A veces la ilusión de un capullo de amor
Que yo sé malograr antes que se haga flor.
Yo soy como la loba, quebré con el rebaño
Y me fui a la montaña fatigada del llano.

ALFONSINA STORNI

MI SER MADRE

Quiero explicar por qué cito el poema "La loba" de Alfonsina Storni. No porque fui madre soltera, pues me casé "bien" y mis hijos estuvieron en ese "dulce amargo" matrimonio por 18 años, sino porque como terapeuta, amiga de madres y madre yo también, soy testigo de que la maternidad tiene muchas aristas.

Y quiero honrar la lucha de las madres solteras, una de ellas mi hermana. También porque creo, para nuestra salud mental y emocional, que no debemos de caer en esta fantasía peligrosa de que las madres tenemos que ser mujeres buenas, sacrificadas, abnegadas y felices para siempre por el hecho de convertirnos en madres.

El arquetipo de madre abarca las cualidades maternales idealizadas: la vinculación, el cuidado, la compasión, el amor y la guía a seguir. Constantemente oímos historias de actos heroicos hechos por mujeres para salvar, cuidar a sus hijos. Y para mí ésa es la fuerza del ser *madre* en nuestro inconsciente colectivo. De hecho, ser madre día a día requiere de esa fuerza, ¿o no?

Sin embargo, también hemos escuchado de nuestras madres: todo lo hice por ustedes (refiriéndose a los hijos); me quedé con el hombre que no amaba por ustedes, dejé mis sueños a un lado, soporté maltratos, etcétera. Ésta es la parte neurótica, distorsionada del arquetipo: la mujer abnegada, sumisa.

La realidad es que nos enfrentamos a muchos retos personales y sociales.

Por nombrar unos cuantos: se deja de ser un *yo* para convertirse en un *ustedes y yo*. Levantarse a deshoras, bajar fiebres, estar disponible 24 × 7, dejar sueños atrás, ganar más para mantener al crío, dejar la libertad de la soltería, etcétera.

Una amiga muy cercana me dijo sabiamente que "domesticar" a nuestros niños es muy doloroso para ellos y para nosotras también, ya que ellos muchas veces se sienten transgredidos y nosotras impotentes y confundidas.

Es muy difícil esta tarea interminable de moldear y educar. Y de repente la única forma que conocemos es esa forma que tanto odiábamos de nuestras propias madres. Sin saber ni cómo, ya grito como ella, ya digo las cosas que ella me decía a mí. Y en la autorreflexión se presenta otra gran tarea: cómo me convierto en madre sin convertirme en mi madre.

Pero también lo pongo en evidencia: mis hijos me revelan mi corazón como nadie más. Mi corazón se vuelve valiente y miedoso con ellos, se desborda en amor como miel que sale de él. Mi vida tiene un significado diferente al que tendría si no existieran. Y me han llenado de lecciones de vida, gracias a las cuales me siento más sabia.

Ser madre es un camino en el cual vivimos una experiencia de muchos colores.

Cuando me casé pensaba que no iba a tener hijos, porque veía un mundo de caos que para mí iba de mal en peor. Pero dos eventos cambiaron mi decisión: uno, el compartir una noche con la hija de mi prima Martha, una mujer con la que fui uña y mugre en mi infancia y mi adolescencia, y el otro fue que Vivi, una amiga muy querida, que formaba parte de mi sangha, de mi familia espiritual, se embarazó y me encantó la idea de también vivir esa experiencia. Al final decidí tener tres hijos.

Mi vida como madre tiene mil y un momentos imposibles de resumir en este espacio. Trataré de escoger algunos que sean lo suficientemente significativos para compartirles su impacto en mi encuentro con lo femenino desde el rostro de ser madre.

Por supuesto el parto. Cada uno de mis partos me hizo encontrarme cara a cara con la parte bestial de la vida que es dar a luz. Tu cuerpo te toma, estés lista o no, y te lleva a través de picos de dolor intenso, de apertura, de entrega que yo no conocía. Y por supuesto se coronan cuando el bebé nace: el milagro de la vida. La ternura de ese momento. El sentimiento de protección que nace en el corazón, como nunca antes se había sentido, nació. Ahí comenzó mi encuentro vivencial con el arquetipo femenino en su aspecto maternal.

En este relato también es muy importante decir que mi relación con lo materno también traía huecos emocionales, formas infantiles de poner límites, desconfianza en mí misma que se proyectaba en desconfianza en mis hijos.

Desde estos huecos quise darles lo que a mí me faltó de parte de mi madre. No quise ser rígida al ponerles límites y me fui al otro polo.

Sanando la herida materna

Los solté de más, y cuando se me salían de control mi respuesta era explotar. Por otra parte, quise que sintieran más mi presencia, ya que yo no sentía el apoyo de mi madre en las cosas que yo requería, y también me fui el otro extremo: los ahogaba con mi sobreprotección.

También me fue muy difícil conciliar las ganas de ser "buena madre" con la parte de mi ser mujer que seguía siendo adolescente, salvaje y rebelde, y que quería sentirse sin obligaciones y libre para hacer lo que quisiera. Me fragmenté en dos.

Cuando volteo hacia atrás y recuerdo mis experiencias con mis pequeños, me hubiera gustado hacer ese proceso con mayor sabiduría, empatía, suavidad y firmeza, y lo siento en lo más profundo de mi corazón, por todos los momentos que, en vez de eso, fui intolerante, inmadura, insensible. Pero sé que me faltaba mucha madurez para lograr eso. Y la fui logrando gracias a eso que viví.

Aprendí que el sacrificio con sentido es muy diferente a la sumisión neurótica al "deber ser", es decir a lo que nos enseñan que debemos de ser como madres.

Esos momentos donde te dejas a un lado para servir al otro que verdaderamente te necesita y que te abren la puerta a la autotrascendencia suceden muchísimo cuando eres madre. Las veces en que logré hacer esto mi corazón se llenó de amor, de compasión y ternura. Eso para mí es el verdadero regalo que te da el ser madre.

Ser madre me dio la fuerza que yo no conocía que era capaz de tener.

Me hizo ser testigo de cómo un ser humano se va desenvolviendo en su vida, y de ser alguien totalmente dependiente se va transformando en alguien capaz de sostenerse, de resolverse, de lograr metas.

La adolescencia de mis hijos fue otra etapa de mi ser madre. Aprendí en esa etapa que no es cierto que los padres son los que siempre "saben". Si apoyas a tu hijo en su conexión consigo mismo, ellos muchas veces saben que es mejor para ellos que tú. Un diálogo con ellos nos lleva a un camino más certero.

Luz y sombra de los arquetipos femeninos

Mi ser madre también cambió la forma en que me relacionaba con las mujeres. De hecho, las amigas que hoy atesoro en mi corazón vienen de compartir no sólo una búsqueda espiritual, sino de también el haber sido madres.

Me gustaría aquí dar un espacio a ese encuentro tan rico que han sido para mí mis amigas, pues como dice Gale Berkowitz: "Las amistades entre las mujeres son especiales. Dan forma a lo que somos y a lo que todavía tenemos que ser. Calman nuestro mundo interior tumultuoso, llena los vacíos emocionales en nuestro matrimonio y nos ayudan a recordar lo que realmente somos".

Mi encuentro con lo femenino estaría incompleto si no comparto algo de mi historia con las amigas.

Cuando fui niña, en mi inocencia, era fácil tener amigas. Mi más amada comadre ha sido mi prima Martha. Cuando llegó el tiempo de la adolescencia el reto fue mayor. La competencia era más clara en las clases de ballet; queríamos ser la *prima donna*, ser vistas por la maestra. Y cuando entró en mí el gusto por los chicos la cosa se puso más ruda. Las mujeres estamos muy acostumbradas a medir nuestro valor si el hombre nos escoge. Y para que nos escoja hay que competir, y eso genera desconfianza, actos de traición. De ahí nació para mí una lucha que duró muchos años. Momentos de mucha complicidad con las mujeres y momentos de gran rivalidad.

En la universidad me volví una persona solitaria, era una mujer con una visión de vida muy peculiar... filósofa, mística. Encontré a mi esposo, encontré a mi maestro espiritual, y en esa sangha comencé a unirme más con las mujeres, pero aún entonces había prioridad en mi relación con los hombres.

Cuando empecé realmente a saborear su compañía fue en el momento en que fui madre; sin embargo, no fue eso lo que propició nuestro encuentro, sino la terapia, los grupos de crecimiento donde nos juntábamos (psicólogas y mujeres que querían crecer, sanarse) y mostrábamos nuestros dolores, nuestros enojos, nuestros encuentros y desencuentros románticos con la pareja que tuviéramos, nuestros miedos e ignorancia de qué hacer con nuestros hijos, nuestros fracasos, nuestros logros.

Por supuesto no todo fue color de rosa, pues hubo situaciones en las que me sentí traicionada, relegada, pero poco a poco fuimos aprendiendo, se quedaron algunas, otras se fueron y otras se sumaron. En nuestros encuentros había catarsis, bailes, buena comida, vino, lágrimas, abrazos, confesiones, ceremonias.

Y hago extensivos estos encuentros amistosos con las mujeres que tienen el valor de vivir los grupos de terapia que hago con mi hermana. Aunque sólo sea por unos días, en esos círculos nos vemos como somos, nos aceptamos, nos permitimos reír, llorar, bailar.

También abrazo a mis hermanas danzantes de luna, que una vez al año nos volvemos cómplices danzando por cuatro días bajo la luna.

Es con mis hermanas, con mis amigas, donde tejemos un nuevo mundo con sabor a tierra, con sabor a mujer.

MENOPAUSIA

Rhea: integración/sabiduría
En las primeras tradiciones, ella es conocida como "la madre de los dioses" y por lo tanto está fuertemente asociada con Gaia y Cibeles, que tienen funciones similares.

La Abuela da:
• Centro en sí misma • Iluminación • Significado • Soledad y contemplación

Debilidades de la Diosa Abuela:
• Soledad sin sentido • Resentimientos

Luz y sombra de los arquetipos femeninos

Soy la mujer que sólo nací.

Soy la mujer que sola caí.

Soy la mujer que espera.

Soy la mujer que examina.

Soy la mujer que mira hacia adentro.

Soy la mujer que mira debajo del agua.

Soy la nadadora sagrada

porque puedo nadar en lo grandioso.

Soy la mujer luna.

Soy la mujer que vuela.

Soy la mujer aerolito.

Soy la mujer constelación huarache.

Soy la mujer constelación bastón.

Soy la mujer estrella, Dios

porque vengo recorriendo los lugares desde su origen.

Soy la mujer de la brisa.

Soy la mujer rocío fresco.

Soy la mujer del alba.

Soy la mujer del crepúsculo.

Soy la mujer que brota.

Soy la mujer arrancada.

Soy la mujer que llora.

Soy la mujer que chifla.

Soy la mujer que hace sonar.

Soy la mujer tamborista.

Soy la mujer trompetista.

Soy la mujer violinista.

Soy la mujer que alegra

porque soy la payasa sagrada.

Soy la mujer piedra del sol.

Soy la mujer luz de día.

> Sanando la herida materna
>
> Soy la mujer que hace girar.
> Soy la mujer del cielo.
> Soy la mujer de bien.
> Soy la mujer espíritu
> porque puedo entrar y puedo salir
> en el reino de la muerte.
>
> María Sabina,
> curandera y chamana oaxaqueña

MI MENOPAUSIA

Me llegó muy joven, recién en mis cuarentas, en un retiro de vitalidad y sanación de un gran maestro dzogchen: Namkai Norbu.

Las canas empezaron incluso siendo más joven. La primera vez que me teñí el pelo fue porque mi hija quería ponerme hermosa para hacerme sentir bien en un momento de mucho dolor para mí: mi divorcio. Y me gustó.

Por varios años me mantuve así, sintiéndome madura pero contenta con lo que veía, pero con los años mi piel daba muestras de mi edad de una manera cada vez más descarada, sin tomar en cuenta que yo no estaba lista para eso.

Tengo la piel blanca y muy delicada. Empecé a compararme con mujeres de mi edad y siempre me veía más arrugada. Me daba vergüenza que me vieran de cerca. Y si le añadimos el ingrediente amargo de que algunas parejas que tuve prefirieron mujeres mucho más jóvenes, pues bueno, el proceso se hacía más difícil.

Hasta hace tres años decidí que era tiempo de que mis canas vivieran sin pena. Lo decidí porque no me parece justo que a los hombres con canas los consideren elegantes y a las mujeres con canas desarregladas. La verdad es que nos podemos ver muy hermosas y dignas con nuestra melena plateada.

También decidí tratar con más amor mi piel rugosa, pues al final hace un buen trabajo en mi cuerpo.

Aprendí también algo que mi madre hace: reírme un poco de mí misma.

Una amiga muy querida me decía: amiga, hay que aprovechar los cachitos que nos quedan bien... jajaja. Aprovechémoslos, pues. Y como dice Osho: "¡Qué descanso cuando ya no tenemos que cautivar! Se termina esta batalla de nunca ser suficientes. Por fin nos podemos relajar y sólo ser".

Esto me conecta con la parte dulce y libre de esta etapa de mi vida.

El regalo más grande que recibo hoy es ser abuela.

En esta etapa:

Quiero poder contarles a mis nietos historias de sus ancestros.

Quiero ser una anciana sabia, no una mujer con resentimientos de lo que no pudo ser.

Quiero, con mi cabello trenzado, que mis manos ancianas sigan prendiendo un tabaco para llenar mi pipa sagrada y elevar el rezo por todas las mujeres.

Quiero poder meditar en silencio para caer en la profundidad del misterio que soy y poder hablar con la voz del espíritu.

MUERTE

Perséfone: entrega/la sombra
Perséfone era la diosa reina del inframundo, esposa del dios Hades.
La Guardiana da:
• Posibilidad de penetrar el profundo inconsciente • Renacimiento • Jovialidad • Éxtasis

Debilidades de la Guardiana:
• Inconsciencia de su poder • Propensión a la locura • Falta de dirección • Falta de intento

Canto a la Diosa que hay en Mí

Hoy despierto y honro a la Diosa que hay en mí...
A la Mujer amplificada en Pensamiento y Alma
que vive y sueña con un Mundo mejor...
A la Mujer que pare sus hijos
con el dolor telúrico de la Madre Tierra...
A la Mujer que llora por los hijos de sus Hermanas sin Fronteras
como si fueran los suyos propios...
A la Mujer que renace cada día de las cenizas de una relación
y se reinventa para aprender a amarse cada día más...
A la Mujer que crea Obras Hermosas con sus Manos de Artista
y las ofrece al Universo para trascender...
A la Mujer que danza con su cuerpo desnudo
y entrega su Baile de Hada en el acto sagrado del Amor...
A la Mujer que con Ojos de Niña se sorprende y se asombra
de las cosas más sutiles...
A la Mujer que gesta en su Vientre Sagrado a los Hijos y los alimenta
con su Leche Nutritiva durante toda su vida
A la Mujer que con mil manos toma hoy sus responsabilidades
sin descuidar ninguna y aprende a disfrutar de todas...
A la Mujer que sabe esperar por las Oportunidades de Éxito en su vida
sin amargarse ni lamentar...
A la Mujer que con Hilos de Nieve en su cabeza
valora con sabiduría aquello que es verdaderamente importante...
A la Mujer que quiere ser Mujer sin poses, sin máscaras,
que fluye libre en su Esencia Femenina, sin complejos ni manipulaciones...

Luz y sombra de los arquetipos femeninos

Por todo ello:
Hoy canto y honro a la Diosa que hay en mí...
Soy la Diosa que el Cielo bendice hoy para sostener la Vida y la Fe
Soy la Diosa que la Tierra ha parido para asombrar al Mundo
con su Mágica y Especial Presencia
Soy la Diosa que no compite ni mora en ningún Panteón
porque su Altar está en su propio Corazón
Revivo a la Diosa que hay en mí para mirarme agradecida en los Ojos de
cada Mujer
... en la Negra, en la Blanca, en la Roja, en la Amarilla
Hoy rescato y honro a la Diosa que desde siempre ha existido en mí,
... la Mujer Ancestral, la Diosa de la Vida
Hoy saludo y reverencio a la Diosa que vive dentro de cada Mujer
porque Mi Alma es su Alma...
Mi risa y mi llanto son también suyos...
Mi Luz es su Luz... Mi Esencia es su Esencia
Mi Perdón es su Perdón...
Mi Sanación es su Vitalidad
Mi Valía es la suya...
¡TODAS somos una sola Alma... TODAS Somos Vida!
TODAS somos
¡MUJER!

Elcira Martínez Chacón

Soy una mujer que vive para encontrarle un sentido a la existencia a través de la conciencia y el amor. Tarea que seguramente me llevará toda esta vida y no sabré hasta dónde llegaré, pero me gusta que mi intención existencial sea ésa.

Sanando la herida materna

Patricia es licenciada en Psicología por la Universidad Iberoamericana, con formación como psicoterapeuta a través de diferentes diplomados: Corporal Neo Reichiano, Humanista y Transpersonal Ontogónico. Asimismo es instructora de meditaciones de diferentes escuelas. Actualmente da sesiones de psicoterapia individual, grupos de desbloqueo emocional, grupos de encuentro y sentido y talleres de meditación y tantra.

CAPÍTULO 11

Abrazando mi energía femenina

AMANA TROBE: SANANDO LO FEMENINO

Me siento muy conmovida y honrada de que Ansudhara (nombre espiritual de Aura) me haya pedido escribir algo acerca de sanar lo femenino.

Yo, como muchas de nosotras, crecí en un ambiente que valora las cualidades masculinas muy por encima de las femeninas. Tanto en mi familia, como en la cultura y sociedad en la que crecí, las cualidades de hacer, lograr, el valor, seguir adelante e ir por lo que se quiere eran vistas con mucha más importancia que relajarse, sentir, percibir, confiar y simplemente disfrutar estar vivas.

Recuerdo a una edad muy temprana empezar a sentirme apresurada y resistirme a ello, pero al final sucumbir a lo que se esperaba de mí. Naturalmente me empezaba a voltear en contra de mi naturaleza femenina. Esto creó una lucha interna en la cual me sentí desconectada y profundamente triste, al punto de perder sentido y deprimirme cuando era adolescente.

Me tomó años de trabajo interno profundo para empezar a reconocer y valorar poco a poco lo femenino.

Es natural valorar las cualidades masculinas ya que son más visibles, más ruidosas, más reconocibles. Es casi como si cuando entramos en nosotras, las cualidades femeninas estuvieran escondidas de inicio. Son casi como un susurro que podemos aprender a escuchar y a entonarnos con él.

Cuando menciono las cualidades femeninas y masculinas no me refiero a mujeres y hombres. Todas y todos albergamos ambas energías, femeninas y masculinas, ya sea que tengamos un cuerpo femenino o masculino. Y es un arte hermoso el aprender a honrar y respetar ambas, para que puedan vivir en armonía dentro de nosotros y apoyarse una a la otra en vez de pelear entre sí.

Cuando empezamos a encontrar ese equilibrio interno, es mucho más fácil vivir armoniosamente con una pareja en nuestra vida. De otra manera sólo estamos actuando en el exterior lo que no aceptamos y no amamos de nosotras.

En mi propia exploración, he descubierto que es de mucha ayuda primero afilar e intensificar las cualidades masculinas para que la mujer interna se sienta protegida. Una vez que se siente segura, puede abrirse totalmente y relajarse.

Por ejemplo, las hermosas cualidades femeninas se revelan cuando empezamos a ser capaces de poner límites y escuchar y honrar nuestras necesidades. Antes de esto, estamos tomadas por las cualidades negativas de lo femenino, las cuales son depresión, letargo, posponer, quejarnos, celos y amargura.

Cuando empezamos a movernos realmente de acuerdo con nuestra verdad, aun si es en contra de los deseos o expectativas de otras personas, algo hermoso sucede. La flor de la belleza femenina empieza a abrirse. Y nos movemos hacia un mundo de asombro, emoción, diversión, confianza, relajación, paz, quietud y creatividad.

Al ir desplegando lo profundo, energías más sutiles de lo femenino empiezan a liberarse y entramos a capas más profundas de percepción, sintiendo las olas de energía alrededor y en nosotras, percibiendo la energía y pensamientos de otras personas y moviéndonos más allá del espacio y del tiempo. Es como si más sentidos se revelaran y se desarrollaran, sentidos que estaban cubiertos por el ruido, la prisa y la presión.

Mi sensación es que esto nos sucede a todos en algún punto, hombres o mujeres, cuando tomamos el camino interior. Quizá se muestre de diferentes maneras y quizá al irnos abriendo se nos revelan sentidos únicos y diferentes. Es un viaje hermoso y emocionante que poco a poco sana tanto lo femenino como lo masculino. Y cuando lo masculino se sana, se aleja de la agresión, de la impaciencia, de presionar hacia la presencia, claridad y creatividad.

Amana Trobe nació en Dinamarca e inició su viaje interior temprano en su vida, a la edad de 21 años. Después de varios procesos de crecimiento intensivos y retiros de meditación, decidió vivir en la comuna del maestro iluminado Osho, en la India, por siete años, tiempo durante el cual conoció a Krish. Ellos han estado en una relación amorosa desde 1993. En 1995 empezaron a trabajar en conjunto y crearon The Learning Love Institute. Juntos viajan por todo el mundo, impartiendo seminarios y entrenamientos. Ella trabaja también con clientes de manera individual y en parejas. Hoy, cuando no están viajando, ella y Krish viven en el bello pueblo de Sedona, Arizona, en Estados Unidos. Juntos han escrito ocho libros acerca de su trabajo y su experiencia.
www.learningloveinstitute.com.

ANAMAR ORIHUELA: TÍRALA DE SU PEDESTAL

Durante mucho tiempo mi madre estuvo colocada en un pedestal para mí, como la diosa, la virgen, la intocable. Mi madre era el modelo de la luchadora, la valiente, la que me había inspirado siempre con su ejemplo a luchar por mis sueños. Ella se atrevió a salir de la dependencia que tenía con mi padre, un hombre narcisista y violento, y salir al mundo con sus seis hijos, trabajando duro para sacarnos adelante y darnos lo mejor que ella podía. Fui testigo de sus esfuerzos por darnos todo, de su compromiso con que nada nos faltara, de los múltiples esfuerzos de todo tipo, y de tantas y tantas cosas que vive una mujer que se hace cargo de sus hijos sola.

Mi madre es una mujer que perdió a su madre cuando tenía cuatro años, era muy chiquita. Su padre, mi abuelo, se casó con la bruja de Blanca Nieves, una mujer que le hizo la vida de cuadritos y nunca la quiso. Era una mujer dura, crítica, recuerdo que le decía que tenía dos pies izquierdos y que cocinaba pésimo. Ella la envió con su abuela para que la criara y la alejó de su papá. No puedo imaginar lo fuerte que fue para ella a sus cuatro o cinco años perder a su madre, perder a su familia, estar en otra casa y con una abuela que creo que sí la cuidaba, pero que al final no era su madre. Yo creo que ella creció muy solita, ella cuenta que jugaba con las plantas y la puedo imaginar solitaria, callada y sin querer hacer ruido ni causar problemas.

Ella era la única mujer y tenía tres hermanos hombres. La mujer de mi abuelo mandó a sus tres hermanos a un internado a vivir, como de cuento, y a ella también lejos. Cuando mi mamá creció, regresó a su casa, pienso que a cuidar a su hermana Lupita, hija de este segundo matrimonio de mi abuelo. Mi tía Lupita siempre cuenta que mi mamá era como su mamá, yo creo que la pusieron de nana cuando seguramente es lo que menos quería. A veces siento que por eso y muchas cosas más mi mamá ya no quería ser mamá, ya lo había sido de chiquita sin seguramente querer hacerlo.

No había forma de poder enojarme, reprochar, poner en tela de juicio a mi madre. No había forma de cuestionarla o confrontarla de nada, porque lo único que yo podía hacer era estar agradecida por lo que me dio y sus múltiples sacrificios. Y entonces siempre me tragué esas ganas de decirle: ¿Por qué nunca me viste?, ¿por qué me dejaste al último siempre?, ¿por qué jamás eres cariñosa conmigo?, ¿por qué me pegaste tanto?, ¿por qué siento que eres una desconocida?, ¿por qué parece que estás, pero no estás disponible para mí? No, yo no podía tener el descaro de hacerle esas preguntas a una mujer que lo dio todo y que sólo se dedicó a trabajar duro por mí.

Validar mi derecho a sentir eso que yo sentía ha sido un trabajo terapéutico de sanación súper importante. Yo simplemente cargaba con una madre víctima en mi espalda con una vida muy dura. Yo no debía causar más problemas, debía ayudarla, apoyarla y resolver. Mis necesidades no estaban en el radar de mi mamá, había mucha necesidad, me sentía totalmente invisible para ella. Siento que desde chiquita mi mamá me vio la fuerza y se despreocupó de mí. Yo no estaba enferma nunca, era fuerte, madura y entonces me dejó de ver. Después yo la relevé y me dejé de ver a mí también. Negar lo que siento, cargar con responsabilidades, aguantar, hacer, resolver, era lo que se requería.

Yo no entendía porque la amaba, la admiraba, era mi heroína, pero al mismo tiempo la odiaba. Tenía siempre ahogado ese grito de mi niña que no tuvo derecho de tener una madre presente. Entendí muy bien la necesidad de mi familia y me puse a resolver. Yo merecía tener una madre que me cuidara, que me amara, que me abrazara. Que me enseñara a cuidarme, que validara mis necesidades, una madre que estuviera atenta a lo que soy y necesito. Una madre disponible. Pero ésa no era mi madre ni mi circunstancia y yo tenía todo el derecho de estar enojada con eso y de poder darle voz a esa niña que esperó siempre a una madre que jamás llegó.

Siempre he compartido que mi búsqueda y trabajo con las heridas tiene que ver mucho con una búsqueda personal de sanación. Yo supe que si no me enojaba y sacaba eso que tanto me dolía con ella, jamás iba a poder verdaderamente relacionarme con ella y, lo peor, jamás podría habilitar a una mejor madre en mi interior para mí y para mis hijos. Cuando justificamos o negamos el dolor, éste se acentúa y repetimos los patrones inconscientemente. Nos convertimos en la madre que nos dolió.

La mayoría de las personas tenemos que hacer un trabajo importante con la madre. El planeta entero está lleno de manifestaciones de odio con la madre, empezando con la madre tierra. Esto tiene que ver con una época patriarcal, machista y de valores masculinos muy lastimosa. Tenemos a la madre colectiva dañada en nuestro interior, por eso somos depredadores.

A la madre se le trabaja en terapia, no se le tortura con todo lo que no fue y no hizo. Eso sólo podrías hacerlo si ella tiene apertura y madurez para escucharte, puede ser bueno sin buscar lastimar, sino expresar lo que te dolió. Lastimar y confrontar, desde mi punto de vista, no tiene caso hacerlo con ella, la madre con la que tenemos que trabajar vive en nuestro interior, que es la madre de la niña interna que hay que sanar. A la madre de hoy, si es que tienes la fortuna de tener, hay que ponerle límites si es el caso, amarla si es el caso y actualizar la relación, como dos mujeres adultas relacionándose con respeto y amor.

Hay que sanar a la madre que llevamos dentro porque esto nos hará ser una mejor madre de nosotras mismas y de nuestro mundo. Hay que sanar a la madre que llevamos dentro porque esto nos permitiría también ser más nutridoras y empáticas. Sanar a la madre es sanarnos a nosotras mismas y al planeta en el que vivimos. Si algo nos hace falta de manera urgente es mucha madre.

Anamar Orihuela es psicoterapeuta y escritora de longsellers *como* Hambre de hombre, Transforma las heridas de tu infancia, Sana tus heridas en pareja, Sobrevive, *en coautoría, y su más reciente libro,* Más allá del sobrepeso, *el cual ofrece las herramientas para sanar la psique del sobrepeso.*

Se ha formado como sanadora estudiando diversas técnicas de psicoterapia, como trabajo con trauma, Gestalt, análisis transaccional, filosofía metafísica, somatic experience, metagenealogía y muchas otras.

Especialista de programas de radio y televisión, referente en temas de las heridas de la infancia, con más de medio millón de libros vendidos y un impacto masivo en redes sociales con sus temas de sanación.
https://academiaanamarorihuela.com.

ELI MARTÍNEZ: A TODA SANTITA LE LLEGA SU FIESTECITA

Provengo de un sistema familiar de mujeres muy fuertes con una ausencia masculina real o simbólica, donde tuvieron que salir adelante por sí mismas y resolver los temas familiares solas. Ahora comprendo que desde bebé yo también me percibí como sola... Mujeres todo terreno, fuertes, impávidas, hipereficientes, pa'delante, con múltiples talentos y perfeccionistas. Nada de hacer las cosas al aventón.

Con el tiempo me di cuenta de que las mujeres de mi sistema percibíamos a los hombres como "inútiles" (cosa que evidentemente no era cierta), pasivos, irresponsables, "pobrecitos", quitándoles gran parte de su responsabilidad y justificando de más; jugando al papel de Wendy y Peter Pan con ellos, pero también quitándoles su poder como hombres.

No los dejábamos sentirse útiles, protectores y proveedores; reconozco que yo asumí de alguna manera el papel del hombre en la relación; yo podía ejercer de todo: doctora, administradora, hasta plomera, electricista, carpintera, cargadora, proveedora o lo que fuera necesario para que todo funcionara, aun a costa del cansancio físico y mental, del hartazgo e incluso de enfermedades, malestar y dolor.

Afortunadamente, como dice el dicho: "A toda santita le llega su fiestecita" y a mí me llegó. Hubo un punto en que, con toda esta situación, cargando todos los problemas, me deprimí. Fue el momento en que tuve que pedir ayuda, que me derroté, que comprendí que no estaba en mis manos resolver esta situación. Así es como empiezo mi proceso de crecimiento personal y me comienzo a recuperar, a dolerme, a conocerme, a reconocer mis necesidades desde las más básicas, tales como ganas de ir al baño, comer, descansar, el ocio, disfrutar, cuidar mi salud, pedir... Esto último fue lo más difícil, me daba miedo pedir y que me dijeran que no, como tantas veces me habían dicho en el pasado.

Sin embargo, empecé a hacerlo, empecé a equilibrar la balanza entre lo que daba y lo que tomaba, a hacer más recíprocas y justas mis relaciones. Me di permiso de comenzar a recibir humildemente, desde palabras de aliento, regalos, reconocimiento, oportunidades. Me abrí a la vida y solté la creencia de que estaba sola en el mundo. Comencé a hacer lazos más sanos y entendí que no quiero y no tengo por qué resolverlo todo yo sola, ya que afortunadamente siempre hay alguien que esté ahí para mí.

Asimismo me reconcilié con el hecho de ser mujer y con toda la intención dejé de hacer trabajos de hombres, no porque no los "pueda" hacer, sino porque no los "quiero" hacer, ya que me encanta que ellos los hagan para mí. Me dejo consentir... Les devuelvo su poder masculino y tomo mi energía femenina receptiva, sutil, misteriosa, quieta. Como menciona la Cábala, el hombre tiene una energía que va hacia afuera, produce y lleva a casa, mientras que la mujer reproduce hasta 1 000 veces esta energía que proviene de parte de ellos. La energía masculina se complementa de la femenina y viceversa. Eso hace muy atractiva y rica la relación. No está mal reconciliarse con la energía femenina, ¿no crees?

Eli Martínez es especialista en empoderamiento personal y organizacional con más de 20 años de experiencia, dedicada a desarrollar todo el potencial de las personas. Doctorado Honoris Causa Pax Mundi y autora del libro Crea una vida a tu medida. *También es psicoterapeuta, coach, tallerista* y *conferencista a nivel internacional, así como colaboradora en diversos medios de comunicación.*

www.elimartinez-seruno.com

Redes sociales: Eli Martínez Ser Uno

GEORGINA VELASCO: CASI TODO SOBRE MI MADRE

Cuando Aura me invitó a participar en este proyecto me asustó, no sabía qué decir ni qué escribir. Después me pareció un ejercicio interesante realizar esta retrospectiva de mi relación con mi madre, cómo me marcó, cómo intenté buscar mi madre interior, *maternarme*. Aún lo sigo explorando.

Escribo esto "por casualidad" el Día de la Madre, en el que hay palabras bonitas por doquier hacia las mamás, agradecimientos, reconocimientos, flores, bombones. Ideal para conectarse con la energía materna.

Busqué un espacio tranquilo en casa, encendí una vela, traje su foto frente a mí, puse aromas ricos (a ella le gustaban mucho), me serví una copa de vino (a ella le encantaba), y música suave (a ella le gustaba más bien intensa), en un intento por conectarme con ella y con lo que soy a partir de ella y de ese linaje femenino que me conforma.

En el encabezado anoté "casi" todo sobre mi madre, porque nunca lograré saber todo, ya que me perdí 20 años de su vida y sólo tengo relatos (a estas alturas recuerdos de lo que me contó) y referencias de quien la conoció.

Mi madre es la hermana sándwich de un grupo de tres hermanos, uno mayor, varón, y una menor, mujer, mi amada tía.

Mi abuela prácticamente crio a sus hijos sola —como muchas mujeres en México y en el mundo—. Mi abuelo, después de casarse y tener tres hijos con ella, decidió que era hora de volar hacia otros nidos —muchos—. Hizo lo mejor que pudo, con lo que podía y con las herramientas que tenía en esa época.

Mi madre, cuentan las que la conocieron, fue una niña muy inquieta, vivaracha y con gran entusiasmo. Géminis, siempre curiosa y exploradora que la llevó a ser demasiado traviesa y transgresora. En una época donde el cinturón era la mejor herramienta de educación. Nunca se sometió, lo que la convirtió en una niña rebelde, audaz, intrépida. Una energía vivaz, aunque siempre digo yo, mal encauzada.

Se casó joven y nací yo, la mayor de cuatro hermanos. Sobrevivieron dos varones. Falleció una niña menor que yo y supongo que eso me marcó en alguna forma que aún desconozco.

Mi hermana falleció de una lamentable enfermedad. Mientras mi madre se ocupaba de su enfermedad, yo fui llevada con mi abuela paterna, viviendo momentos que aún recuerdo vagamente. Debo haber tenido dos o tres años. No pude jugar con mi hermana, aunque, dicen, siempre insistí en que jugara conmigo. Nacieron mis dos hermanos menores y se conformó la familia.

Mi padre desapareció de escena cuando yo tenía cuatro o cinco años aproximadamente. Yo era cercana a mi padre, pero no recuerdo cómo desapareció (aunque mucho tiempo después lo averigüé y lo supe y de hecho me encontré con él, pero eso será para otra historia o para otro libro) y entonces la figura de mi madre fue la única que estuvo presente.

Como muchas mujeres, mi madre trabajó arduamente para sacarnos adelante. Era una mujer hábil, talentosa, alegre, vivaracha, intensa, gozadora, elegante, con un porte llamativo, era atractiva en muchos sentidos y se abrió paso en la vida a base de explotar talentos y picardía. No terminó sus estudios, un poco porque la época tampoco demandaba mucho, había que ser señorita, aprender a coser y cocinar y casarse rápido con algún príncipe azul, y otro poco porque ello implicaba esfuerzo, constancia que ella no estaba dispuesta a destinar.

Abrazando mi energía femenina

Mi madre se encontró con su príncipe azul, mi padre, pero no era rico ni famoso. Terminaron separándose y ello implicó la crianza de nosotros, con lo mejor que podía tener: su garra, fuerza, voluntad y su profundo amor por nosotros. Nos amaba, sí. Claro que sí.

En la primera infancia y ante la ausencia de mi padre, mi madre lo fue todo. Era mi ídolo, tan guapa y distinguida, se vestía tan bonito. Siempre deseé tener su ropa, peinados, forma de caminar. Era hermosa.

En esta etapa y con los recursos que había, pudo sostener una ayuda doméstica que nos cuidaba, alimentaba, mientras ella trabajaba, ¿de qué?, de lo que fuera: vendiendo libros, seguros, enciclopedias, de secretaria en bufetes de abogados, como fuera. Infancia feliz, sí. Sencilla, modesta, no nos faltó nada, nos acompañábamos como hermanos, jugábamos, ella llegaba siempre con pan dulce, bizcochos, nos hacía un rico chocolate y comíamos con fruición esas delicias.

Como todos, vivimos altos y bajos. Nos llegaron los bajos. Se acabó la abundancia, el trabajo, y empezó la estrechez y la inestabilidad.

En mi infancia tardía, 11 a 14 años, empecé a ver que mi madre no era tan perfecta como pensaba. Tenía limitaciones y carencias, defectos e imperfecciones. En mi estructura mental, la necesitaba perfecta. No podía estar desplomada, no podía rendirse. No era tiempo de flojera y desidia. Me irrité y me juré a mí misma que nunca sería como ella.

Me volví una adolescente desafiante y cuestionadora, pero no abiertamente. Fue soterrado, callado. En realidad era una persona obediente y sumisa. Pero por dentro fuertemente crítica hacia mi madre.

El caos empezó a imperar en casa. Mis hermanos crecieron y asumí el rol de poner orden en casa ante mi madre que se disminuía cada día más en su papel de líder y de madre.

¿Alguien me lo pidió?, no, nadie. Creí que eso era lo que se necesitaba para mantener el equilibrio y el orden que yo necesitaba.

Me hice cargo de la casa, mis hermanos y mi madre. Intentando restablecer un orden que me permitiera vivir.

Sanando la herida materna

Terminé los estudios medios y era tiempo de la decisión de universidad. Decidí que ya no quería vivir en casa y que era hora de independizarme. Había que planificar mi salida de casa.

Mi madre no se volvió a casar y no tuvo relaciones de pareja oficiales, aunque tuvo uno que otro galán cerca. Había frases que rondaban en su lenguaje que me marcaron: los hombres son inútiles, no sirven; las mujeres lo podemos hacer todo, no los necesitamos; nunca te dejes aplastar por un hombre; tú eres más que un hombre, y cosas así, que además de decirlas, yo las constataba con conductas o realidades en mi entorno. Entonces lo creí, crecí y una parte de mí decidió que así eran las relaciones y el mundo de los afectos y las parejas.

Una decisión importante impulsada por mi madre es que yo debía terminar una carrera universitaria. Dentro de mí, estaba convencida de que yo no quería estudiar mientras me casaba. Yo verdaderamente deseaba terminar mis estudios y ejercer mi actividad. Deseaba viajar, conocer el mundo.

Había cierta contradicción en mi madre, por un lado, deseaba que yo fuera profesional y que no siguiera los mandatos de la sociedad, pero, por otro lado —muy en lo profundo— quería que yo siguiera el camino tradicional de casarme pronto, tener hijos y todas esas cosas.

Entré a la universidad y pese a muchos comentarios en el entorno como: "para qué estudias si te vas a casar", desarrollé la convicción de que no me quería casar. Creo que el espíritu libre y transgresor de mi madre me marcó. Me impulsó a hacer cosas distintas, a no seguir la corriente.

Decidí trabajar y estudiar, financiarme mis estudios y forjar mi camino. Al terminar la universidad le entregaría mi título a mi madre como un agradecimiento y reconocimiento a su labor de crianza y para decirle que había terminado el ciclo, que seguía por mi cuenta. Doloroso. Creo que, a pesar de su admiración por mi decisión, estaba frustrada. Ella anhelaba que viajáramos juntas, que la incluyera en

Abrazando mi energía femenina

mis planes. Tristemente, estaba lejos de ello. Yo quería separarme por completo de ella. ¿Por qué? No quería ser como ella. Quería terminar lo que me proponía, no dejar nada en el camino. Me construí una personalidad en oposición a ella.

Ante la pregunta de Aura de: "¿Cómo te marcó tu madre en personalidad, en tus relaciones, en tus decisiones?", respondo que creo que esto es lo que me marcó. Ser distinta a ella. Lo más paradójico es que intrínsecamente era como ella. Hoy lo veo.

Refiné cosas, sí. La energía de mi madre era increíble, fuerte, apasionada, pero dispersa, siempre dije que mi madre era una mujer rota y nunca tuve claridad del porqué. Tengo teorías, pero no certezas. ¿Qué la llevó a tomar decisiones que fueron tan autodestructivas?, ¿por qué nunca se sobrepuso a heridas del corazón, a amores fallidos, abandonos? ¿Cómo la marcó la pérdida de mi hermana? Para una madre perder un hijo es devastador. ¿Fue eso?, ¿la culpa de no haber hecho algo más por su pequeño angelito? No lo sé, nunca me quiso decir abiertamente cómo lo vivió, aunque con la edad, puedo dimensionar el dolor atroz que significó la partida de su pequeña.

Por contradicción u oposición a esta tremenda figura materna, quise ser distinta. Estudiar, refinarme, leer, crecer, hacer terapia y revisar mi historia, reflexionar, indagar, escudriñar en el alma y la psiquis, ser exitosa y no dejarme vencer por nada. Ningún hombre me la ganaba. Al fin y al cabo, todos son inútiles. No me iba a dejar someter por nadie ni por nada.

Un día, en terapia, me di cuenta de que ese camino me iba a llevar justamente a ese punto. Me replanteé todo nuevamente y entonces vino el tránsito por el camino opuesto. Yo sí voy a ser capaz de sostener una relación duradera y auténtica. ¿El resultado? Relaciones desastrosas. No funcionaba nada.

Llegaba el momento de decidir sobre la maternidad. Mi madre con sus contradicciones admiraba mi posición profesional, mi libertad, independencia, vivía sola, tenía mi casa, viajaba, tenía auto, me desplazaba por la vida con confianza y autonomía. A pesar de ello, deseaba que fuera madre y le diera nietos como corresponde. Me rebelé. Yo no iba a tener hijos para complacerla.

En el fondo, si bien había algo de verdad en ello, había miedo también. No quería hacerme cargo de un hijo, cuando me había hecho cargo de mis hermanos y en cierta forma de mi madre, que a esas alturas estaba enferma. Una mujer joven de 45 años, en plenitud, pero completamente rota, frágil, descuidada y en abandono total de su persona, de sus ideales, perdió su fuerza y vitalidad. Se fue apagando y por más que intenté, no pude insuflar vitalidad, ganas de vivir y fuerza.

¿Me correspondía? No. Con el tiempo supe que no me correspondía. Pero ¿debía dejarla languidecer?, ¿ignorarla? No, no podía. Al mismo tiempo me llenaba de rabia, frustración, indignación, tristeza, impotencia, ver que su vida se desperdiciaba, que sus talentos los dejaba ir. Que era posible curar su depresión si ella quería. Pero no, no quiso.

De mucho tiempo atrás, germinó en mí una semillita perniciosa y distorsionada de salvadora. Yo debo salvarla... debo salvar a quien esté en desgracia. A mis hermanos, a mi madre, a mis amigos, conocidos, colegas, a quien sea. El tiempo y el camino me enseñaron que esto no es posible, y aunque lo he ido desarticulando, el impulso primario está. Debo estar atenta.

Postergué mi decisión de la maternidad porque sentí que había *maternado* demasiado a mi madre y hermanos y no deseaba tener hijos y prolongar esta tarea. Primero inconscientemente, decidí que no quería tener hijos. Después de mucho trabajo, angustias, contradicciones, peleas internas, conscientemente dije que no quería, que no es para mí. Así que hoy, a mis 59 años, sigo sosteniendo que fue la mejor decisión. Un día, a los 44 años, recuerdo que desperté con una certeza interna como pocas veces he tenido: "No quiero tener hijos". Desde entonces estoy en paz con la decisión. Ello no significa que haya dejado de *maternar* a muchas personas, incluyendo a mis hermanos, parejas y algunas personas más. Pero es distinto. Cada tanto me vuelve la idea de "qué hubiera pasado si", pero se desvanece en paz. No tengo conflicto con ello.

Mi madre se fue apagando poco a poco y con ella el enorme esfuerzo que puse para que recuperara su conexión con la vida. La enfermedad, la porfía o el destino, finalmente se la llevó a una edad que hoy la veo y siento como extremadamente joven: 55 años. Admito, admiro y hoy reconozco que vivió y murió como ella quiso, pues de lo contrario hubiera hecho algo distinto. Tuvo las oportunidades para hacerlo, pero sencillamente no quiso o tal vez… no pudo y está bien.

Con el tiempo y horas de terapia, conversaciones con amigos entrañables, hermanos del alma y de camino como Aura, he encontrado paz en mi relación con mi madre y conmigo.

Aun no aprendo a *maternarme* con ese amor contenedor con el que a veces consuelo a otros. Me falta. Tal vez eso sea la magia de la vida que siempre falta, pero todo está completo, todo está bien.

Estoy en paz con mi madre, con mi abuela, con mi linaje materno. Veo lo que me une y lo que me hace distinta. Amo mi herencia y soy responsable de mis propias acciones y decisiones que inevitablemente fueron marcadas por mi historia. Al mismo tiempo me hago cargo de lo que soy hoy.

Sí, hay momentos en que el anhelo de esa madre que necesité, soñé, deseé o quise, hubiera sido de otra forma. Afortunadamente son sólo pequeños instantes de la niña que aún tiene pequeñas fisuras, por eso la abrazo y le digo que no hace falta que anhele nada. Que aquí estoy yo para cuidarla y que nada le hace falta. Todo está bien.

¿Cómo desarrollar la madre interior?, no lo sé. No puedo decirle a nadie la receta. Es un camino personal, a veces doloroso, a veces satisfactorio. Requiere reflexión, valentía, autoexploración, decisión, honestidad, compasión, ver a los ojos a ese ser que nos dio la vida que casi no conocemos y que llamamos madre. Que hizo todo lo posible dentro de sus limitaciones para ayudarnos a crecer, pero que la decisión de ello está en nosotros.

¿Se llama madurez? No lo sé.

¿Se llama crecer? No lo sé.

Sólo sé que amo profundamente a mi madre y que la llevo en mí. Que, a la luz del tiempo, puedo comprender más su angustia y tristeza, sus limitaciones y carencias, sus vacíos y frustraciones, sus talentos y virtudes. Todo eso metido en un solo cuerpo, en una sola historia. Su historia, mi historia. Esto es casi todo sobre mi madre.

Georgina Velasco Bravo, mexicana viviendo en Santiago de Chile desde 1997, fundó el Centro de Bienestar Neroli en 2002, donde imparte cursos y brinda terapias. Es aromaterapeuta certificada por Qi (Holanda); Pranarôm-Dominique Baudoux (Bélgica), Jean-Pierre Willem, Pierre Franchomme (Francia) y Enrique Sanz Bascuñana (España), con experiencia en docencia y terapias. Formada en diferentes técnicas de masaje en Tailandia, México y Chile; reflexóloga, terapeuta floral registrada —sistema Bach, Bush, California— por el Instituto Mount Vernon; maestra de reiki, gemoterapeuta certificada por la Escuela Sabiduría de Cristales, Argentina. Instructora y capacitadora en aromaterapia, gemoterapia y técnicas de masaje en hoteles, spas, en Chile, Perú y Bolivia

www.neroli.cl

Correo: info@neroli.cl

KAMAKUMARI: DEL NARCISISMO AL AMOR

Porque me enseñaste a vivir entre corrientes y nunca cediste ante mi terquedad de muerte. Porque siempre mantuviste esperanza, contra toda esperanza. Porque me amaste.

Abrazando mi energía femenina

Ahora como hojita nueva, empiezo a ver el sol gracias a Dios y a ti, que, como tierrita buena, nunca me dejaste sola. Gracias por ser mi mamá. Con todo mi amor y vida.

La comida fue tropezada, llena de preguntas repetidas e ideas expresadas en frases inconexas y salpicadas de olvido. Más tarde yo estaba sentada frente a mi madre, que dormitaba. Su mente ya no estaba del todo ahí, pero ella, sí.

En el proceso de alejarse de su mente, había perdido mucho del control que nunca antes se había atrevido a soltar. ¿Entendió alguna vez de qué trataba esa necesidad de control? Ella, que fue letrada en psicología. ¿Entendió alguna vez el daño que hacía, sobre todo a sí misma?

Sentada en el sillón café de toda la vida, me di a la tarea de contactar a quien realmente vivía ahí adentro. Encontré a una niña asustada e insegura, un poco perdida, con mucho que decir y sin encontrar a quién decírselo. Una niña que creó un fuerte donde guarecerse del miedo, construido con piedra y dolor. Su sagaz inteligencia, su incomparable belleza y también una inseguridad que prefirió nunca ver, fueron tallando esta realidad irrefutable, que se transformó en su identidad.

Pero en la vejez se nos sueltan las amarras y se agrietan las paredes, entonces pude sentir su pesar añejo y olvidado, la confusión y el frío que implica vivir sin tocar la vida. Porque en su alcázar sólo existió ella. Las paredes, el suelo, los muebles y las personas eran ella. No había nada que no lo fuera. No es que todo girara a su alrededor, sino que todo era ella misma sin diferenciación.

Entendí que el "narcisismo" es un lugar muy solo, desconectado de las realidades más hermosas que nos presenta la existencia. La persona vive guarecida de la tristeza, del miedo y de la responsabilidad emocional, pero así mismo inconexa a la belleza, al profundo gozo de dar y de darse, incrédula de la locura divina de amar y de entregarse.

Sanando la herida materna

Vive desvinculada de la compasión y la sorpresa, del odio, del rencor, de la empatía y de la armonía. Pero siempre, siempre, presente en el terror de perder el domino de sí misma y de su realidad, que para ella es LA realidad y no hay diferencia.

Y así, se hace costumbre.

Recuerdo que mi madre tenía siempre que saber de qué se estaba hablando al otro lado de la mesa. ¿Qué te vas a poner para Navidad? ¿Cómo es el novio de tu hermana? ¿Quién vino? ¿Qué hizo? Mi madre necesitaba dictar cómo se hacen las cosas y hasta cómo debíamos de ser. Incluso ya entrados nosotros en años, quería saberlo todo, decirnos qué hacer y hasta escoger el color de un coche nuevo.

El control era su armadura.

¡Pobre!, con lo hermoso que es perder la razón de vez en cuando, disfrutar de la locura, de la poesía, del sinsentido.

Y es que, en esa existencia parapetada, nada es fuera de ti, no hay relación, no hay compartir, no hay explorar, no hay sorpresas, no hay nadie al otro lado de la mesa.

Es como vivir en una esfera de Navidad, de aquellas antiguas de vidrio delgadito, que se rompían de sólo mirarlas, en las que todo por dentro era espejo. Así. El narciso a donde voltee se encuentra a sí mismo.

No hay nada ni nadie más, sólo la persona que se encerró para no arriesgarse a ceder a equivocarse, a darse, a rendirse, a ser de verdad, a ser juzgada, a ser culpable, a reírse de sí misma, a ser vulnerable, a amar.

Si mi pobre madre hubiera "dado su brazo a torcer", se habría desmoronado. Ella no concebía soltar, no se daba cuenta de que ésa es la única forma de bailar con las nubes.

Ese día que la vi, que la vi de verdad, estaba ya en el último piso de la cordura, a punto de abrir la puerta a la azotea donde vive la loca de la casa.

Abrazando mi energía femenina

Ese día la vi profundamente, la vi como a una niña, la vi temblando de miedo, la vi generando su encierro de belleza y de poder, la vi mirándose dueña y señora, reina entre las reinas, hermosa, potente, vibrante, magnífica. Y, sin embargo, paralizada, congelada, quieta.

Entendí cómo entró en esa realidad de la que nunca más se atrevería a salir. Ahí nadie existió, sino como un reflejo, sólo criaturas de las cuales obtener el aplauso y la admiración que necesitaba como quien necesita respirar; elementos con los que trató de llenar los huecos afectivos de una infancia en la que la muerte, el abandono y la tradición crearon ese mundo vacío de una niña *bien élevée*.

Ella sólo defendía con todo su armamento ese palacio de espejos fuera del cual se hubiera muerto. Se hubiera muerto de vergüenza, ¡uy, el qué dirán! Muerto de vulnerabilidad, de humildad, de no saberse íntegra y magnífica, muerto de no saber, en realidad, dónde estaban parados sus pies.

Pero guarecerse ahí, cuesta. ¡Sale muy caro! Y la moneda con la que se paga es la capacidad de amar.

Y es que el narciso no es capaz de amar, porque el amor no conoce de límites ni de paredes ni de piedras ni de recato. El amor se va de boca a lo bruto, no calcula, no le importa, porque todo vale la pena si se trata de penetrar la extraordinaria delicia de la entrega, la disolución total del "uno" y fundirse en el éxtasis de la creación a través del otro.

El amor no se guarda ni se dosifica, se da todo enterito hasta quedar vacío, extenuado hasta la médula, aunque eso implique perder la individualidad. El amor no acata las reglas de nadie ni de nada, porque el amor es la única regla veraz y absoluta del universo y es expansión pura. Así, el amor, no puede vivir dentro de una fortificación.

Y no es que el amor no tenga miedo, no, ¡terror! Pero poco le importa, porque dice: "Si no fuera totalmente imposible, entonces ¿para qué lo haríamos?"

Sanando la herida materna

El alma que elige la quietud y la seguridad que brinda el control necesariamente sacrifica la posibilidad de tocar el cielo. Se autodicta la peor condena, el palacio de realidad elegida, la ilusión de seguridad manifestada es su propia celda.

Es una decisión dura porque se sacrifica nada más y nada menos que la más profunda libertad: El derecho al corazón.

Ahí, en el sillón café de siempre, hice las paces con ella y me despedí. No perdoné porque no soy nadie para perdonar; a cada uno nos toca vivir lo que precisamos para crecer y ésa no fue elección ni mía ni de ella.

Ahí entendí y entregué lo que nunca fue mío y me deslindé, agradecí y la amé. Regresé a casa con el corazón ligero, aunque triste y con la mente llena de respuestas.

Mi madre, con todo, fue una gran maestra. De ella aprendí cantidad de cosas que sería una cursilería mencionar a detalle, pero sí me doy el chance: ella nos levantaba del salvavidas con una mano mientras se sostenía de la cuerda con el otro brazo y nos enseñaba a esquiar en agua; ella nos cantaba todo el camino, sobre todo cruzando el Cañón del Zopilote, para que no enloqueciéramos a papá que manejaba más de 10 horas para llegar a Acapulco; ella me machacó las tablas de multiplicar y nos heredó a todos un gran sentido del humor que prevalece icónico en mis hermanos; ella nos dio en genética y en personalidad, creatividad y empuje enorme, mucho de lo que somos mis hermanos y yo.

Y aun, al final de su vida, ella siguió siendo mi maestra: me mostró cómo, si insistes en despegarte del universo, el universo te concede tu deseo. Vi en todo esto el daño que se hizo a sí misma, no sin dejar secuelas en los demás; aprendí cómo ese daño se derrama en generaciones venideras de una u otra manera.

Y es ahí donde pinto mi raya. Ahí es donde digo: ¡Ya no!

Y yo marco mi raya porque no, no es necesario seguir perpetrando la resonancia de ese miedo e incongruencia que va dando bandazos de generación en generación.

Abrazando mi energía femenina

Porque mi madre no nació así, se hizo y la hicieron. ¡Vaya usté a saber cómo! Porque nunca lo sabremos. ¿Qué pudo haberle sucedido? ¿Cómo empezó este proceso? ¿A qué edad? ¿Quién le hizo tanto daño? ¡Qué barbaridad! ¿Cómo es que nunca supimos nada?

Lo que conocimos de la abuela es que era un dulce, y ambas hablaban de una infancia feliz y un hogar tranquilo. Yo, hoy, no lo creo, porque no tiene sentido. Ahora bien, aunque nunca sabremos los detalles, la consecuencia grita volúmenes.

En ese extraño día de noviembre, en el que vi a esa chiquita todavía escondida dentro de las durísimas paredes de su existencia, sentí cómo se nos habían ido mil oportunidades de decirle: "Ven, toma mi mano, comencemos de nuevo". Pude ver cómo al irse su conciencia racional, se iba con ella el último resquicio de esperanza en esta vida. Ahí oré, ahí le hablé y le dije lo que la amaba y lo que la había odiado. Le dije cómo me conmovía y cómo me hubiera gustado haber llegado a este entendimiento antes, le hablé de lo agradecida que estaba y lo enojada, lo disociada y triste que había vivido. ¡Pudimos habernos amado tanto y tanto más! Habría valido la pena, ¡era una señorona! Hermosa, grande, divertidísima. Pero ahora eso ya no era una opción.

Así que aquí te digo, mujer: sí, tú, yo, ella y todas, escucha esta verdad: TODOS tenemos algún rasgo narciso, un miedo profundo, una rabia atorada entre pecho y espalda, todos en algún momento dijimos: "Sálvese quien pueda", y agarramos nuestra barca y abandonamos la realidad. Unos de una forma y otros de otra.

El estudio clínico del síndrome y de sus consecuencias es vasto, y sin embargo, ahí estamos, repitiendo el mismo necio y destructivo patrón. Porque no es lo mismo saber que reconocer, no es lo mismo entender que aceptar.

Pero no es tan difícil, no es tan sencillo tampoco, de acuerdo, pero ¡vale muchísimo la pena!

Sanando la herida materna

Mujer, mientras tengas conciencia y amor en tus manos, mientras en tus entrañas exista la vibración de la vida y tu sangre corra fuerte en tus venas, es posible. Lo único que tienes que hacer, madre, hermana, amiga, hija, es mirarte completa en íntima y verdadera entrega, fijarte en las paredes que todavía te defienden, buscar en qué esquinas todavía te escondes, descubrir quién eres en realidad. Y cuando te encuentres, salta por una de las ventanas más altas, porque, aunque te des un catorrazo, con eso vas a despertar. Créeme.

Lo sé porque al verla, yo me vi. Me vi haciendo lo mismo, de otras maneras, en otras manifestaciones, pero en esencia lo mismo. Me vi pasando diligentemente el problema a mis hijos, a mis preciosos bebés que han sido tan leales, tan continuos, tan colaboradores y sostenedores, amándome incondicionalmente.

Lacera muy hondo el saberlo y verlo en cada memoria. Porque todo pudo haber sido diferente de haber tenido la claridad y los cojones de enfrentar. Y ellos sin advertir el daño, sin reclamar, se aferraron a un "nosotros" que apreciamos los tres aun hoy, como los guerreros que son.

Y yo, ahí, continuando la estirpe, promoviendo la repetición obediente al patrón. ¡Qué estupidez!

El dolor de esto no acaba de sanar, pero tengo un plan. Y es que mi herida más profunda no es la que me hicieron sino la que hice, y es que mientras una se conduele del dolor propio se va la oportunidad de romper la cadena. Sólo es cosa de salirse precisamente de una misma y ver a los demás.

El plan es revertir, resarcir, meter segunda y frenar el carro. En ese camino he encontrado que sí hay maneras y he andado esa ruta cada uno de mis días desde que abrí los ojos. No desde que me di cuenta de que lo estaba haciendo, porque en realidad uno lo sabe todo el tiempo, más bien desde que me di cuenta de que lo que podía modificar era la visión, la manera de mirar ese patrón que daña.

No, no es fácil. Significa reorganizarte y en humildad y verdad aceptar tu condición y las repercusiones de tus actos y de tus palabras. Hay que saber que sí, sí eres capaz de hacer mucho daño y sí, también estás dañada, pero ¿y qué? De eso te sobrepones en el amor y la claridad. Se puede.

Yo encontré que el poder está en el impulso de sanar la herida de mis hijos provocada por esa larga historia de daños consecutivos mediante los cuales el patrón narcisista tiene la estúpida tendencia a repetirse y sobrevivir como un monstruo invisible que depreda y se alimenta del dolor, la incertidumbre, la ambivalencia y la tristeza.

Pero yo, en amor y claridad, puedo más que él.

P.D.: Mi madre llegó a conocer, todavía con su conciencia bastante íntegra, a quien nombró como "su príncipe": mi nieto.

Ese pedazo de cielo que abrió en mí una puerta en el corazón, de cuya existencia no tenía idea hasta que pegué esa carita nueva en mi mejilla. De ahí es de donde emana el amor más fuerte y puro del que jamás tuve experiencia y con él, el impulso de erradicar de una buena vez ese eco disfuncional que es el narcisismo.

Ésta es sólo mi experiencia. Si de algo sirve, ahí está. Que todo sea para bien y para beneficio de todos los seres.

Kamakumari. Consultoría chamánica.

Correo: Kamakumari222@gmail.com

LAURA PEREZGROVAS (KAMYA): LA HISTORIA CON MI MADRE

La historia de la relación con mi madre ha sido uno de los pilares de mi crecimiento emocional, afectivo y espiritual.

Y es que tengo claro que mi mayor aprendizaje ha girado en torno a mi proceso de individuación, a reconocerme, a volverme mi propia madre amorosa y responsable que tanta falta me hizo de pequeña, a honrar mi trayecto y a develar el sentido de mi propia vida.

Soy hija de una madre narcisista; una mujer que no pudo verme y mucho menos pudo crear un vínculo íntimo conmigo porque, en realidad, su desconexión e incapacidad de empatía comenzaban consigo misma. Ella vivió a través del pesado e inútil deber ser que la llevaba a sentir que nada de lo que pudiera hacer en la vida era suficiente.

Su nombre era Mercedes, fue la mayor de 13 hermanos, mujer católica, practicante al extremo, quien inculcó a mis hermanos y a mí sus formas y nos transmitió sus miedos.

Yo soy la menor de 12 hermanos y al mismo tiempo de que para mi mamá fui siempre su niña pequeña, su mascota, su talismán para conectar con la alegría, fui educada por ella con absoluta rigidez y bajo una mirada cargada de juicios sociales, morales y básicamente de orden religioso.

Aprendí que mi responsabilidad era hacerla sentir feliz, llenar sus huecos, lograr que se sintiera orgullosa de ser una "excelente madre", darle sentido a su vida aburrida y suavizar su frustración y su enojo, causa de haber sacrificado sus sueños por sacar adelante a una familia de 12 hijos.

Cuando gracias al dolor que viví dentro de una relación disfuncional en un matrimonio de 21 años me di cuenta de que no necesitaba que más nadie fuera de mí me causara sufrimiento, porque yo misma me juzgaba, me exigía, me castigaba y me trataba en forma tirana, decidí puntualmente que trabajaría en sanar la relación con mi madre.

Fue muy doloroso reconocer y responsabilizarme de mi simbiosis con aquella figura introyectada que tomé como perfecta, con esa mujer que tras haberme dado la vida, me tomó como suya y con la cual debido a la necesidad de niña de amor y contención, me fundí en ese vínculo lleno de carencias, de expectativas, de ambivalencia y de miedo.

Abrazando mi energía femenina

El culto a la madre que se hace en México, país donde crecí, obstaculizaba la separación y me empujaba a desarrollar un rol muy dañino de sometimiento y culpa.

Viví con ella una relación hundida en la ambivalencia de escuchar "te quieros" seguidos de frases y actos cargados de manipulación e invalidación, de exigencias e incluso de abuso físico. Mi autoestima era realmente nula; acepté su "amor" bajo esta dinámica aceptando así que ella tenía razón en lo que decía que yo era.

Si me atrevía a cuestionarlo, entonces me convertía, encima de todo, en una mala hija malagradecida con la única mujer que, a pesar de lo imperfecta que yo resultaba, decía amarme de manera "incondicional".

Durante mi adolescencia fui víctima de abuso sexual por parte del esposo de mi hermana. Mi madre lo supo y su reacción fue decirme: "Mi hijita, no estuvo bien, pero si no hubo penetración, al final gracias a Dios no pasó nada", y tras esa breve invalidación, siguió el pedirme que me quedara callada y no lo hiciera más grande porque si abríamos la situación, yo sería responsable "toda mi vida" del dolor de mi padre y de provocar el divorcio de mi hermana... lo mejor para todos, dijo, era hacer el momento de confusión de mi cuñado a un lado y nunca más volver a tocar el tema.

En el momento me sentí abandonada, me paralicé y la única posibilidad ante tal trauma fue bloquear ese recuerdo de mi campo consciente. Ahora sé que fue una experiencia que marcó mi vida, aunque por muchos años se mantuviera en el olvido. No fue únicamente la secuela del abuso en sí lo que me dañó, sino la negación de mi madre ante él, y su incapacidad para protegerme, para sensibilizarse, empatizar y validar mi miedo, mi vergüenza y todas aquellas emociones que me invadían.

Aprendí ciertos mecanismos de protección de entre los cuales la negación encabezaba la lista. Terminé por creer que la ansiedad, el miedo, la parálisis del *shock*, la vergüenza, la tristeza y la angustia que experimentaba, eran "la forma normal de vivir"; acabé por pensar que merecía el sufrimiento y el maltrato y que cualquier invasión o abuso que recibiera en el futuro por parte de quien dijera que me amaba, siempre sería "por mi bien".

Mi proceso de sanación comenzó por despertar de esa negación en la cual vivía, para enfrentarme con el dolor de la realidad del desamor, del narcisismo y de la incapacidad de mi madre. Fue necesario tocar a fondo mi dolor para sentir la imperiosa necesidad de tomarme a mí misma en brazos y rescatarme; para atreverme a explorar mi mundo interiormente y para lograr reconocer y aceptar mis carencias, mis heridas y de forma amorosa, abrazarlas, validar mis necesidades y responsabilizarme de cubrirlas.

Hoy sé que dicho proceso nunca termina, pero sé también que, aunque las heridas se detonen de cuando en cuando, hoy hay ya en mí una adulta amorosa y arraigada que se contiene, se ama, comparte en libertad y es capaz de construir relaciones sanas, profundas y que puedan nutrir a ambas partes.

Kamya es licenciada en Pedagogía por la Universidad Panamericana, en Neurolingüística y Psicopedagogía por el Colegio Superior de Neurolingüística, en Psicología —con especialidad en niños y adolescentes— por la University of the Incarnate World (San Antonio, Texas). Tiene estudios menores en religión y espiritualidad y preparada en sexualidad humana por la University of the Incarnate Word.

Asimismo es maestra en Psicoterapia Gestalt por el Centro de Psicoterapia Gestalt Fritz Perls, y certificada en codependencia, relaciones y trabajo con el niño interior por el Learning Love Institute. Actualmente cursa el máster en Musicoterapia Humanista por el Instituto Mexicano de Musicoterapia Humanista.

Cuenta con 20 años de experiencia en diferentes áreas de trabajo individual, de pareja, familiar y grupal. Desde hace 10 años y medio participa

semanalmente en "Tabú", una cápsula informativa sobre salud sexual que se presenta durante el noticiero nocturno de Univision San Antonio canal 41.
www. alasparavolar.com.mx
Correo: Kamyalpg22@gmail.com

LEIDY LORENA GIRÓN:
HOY DOY GRACIAS Y ELIJO SER DIFERENTE

Con tan sólo 17 años y con la satisfacción de haber cumplido mi ciclo estudiantil, ya tenía conocimiento de lo que no quería para mi vida, mi madre me lo había enseñado. De manera inconsciente, pero sí con mucho dolor, ella me había mostrado esa vida que yo decidí no vivir, no repetir su historia.

Desde que tengo uso de razón escuché a mi madre decir: "Si no hubieran nacido Leidy y mis tres hijos, mi vida sería diferente", en esos momentos yo imaginaba a una mujer exitosa sin hijos que alimentar y sostener, y una mujer-madre llena de muchos deseos de vivir, pero con mucha carga que sostener. Esto se tradujo en mucha dureza en su forma de criarnos, era una mujer que depositaba su frustración en nosotros.

Recuerdo que en mi adolescencia mi madre me llevaba a una discoteca de un pueblo, me compraba una coca, me sentaba allí toda la noche, y yo podía observarla reír, llorar, emborracharse y hasta caerse. Yo lloraba porque quería irme a la casa, y mi mamá decía: "Espera que amanezca, que haya gente en la calle para que no te pase nada", así que permanecía allí sentada esperando el amanecer para poder ir a descansar y después levantarme a ayudarla con su resaca.

Ella sabía lo que hacía, sabía la vida que me estaba mostrando, y por eso me sentaba y me decía llorando: "Ésta no es la vida que quiero para ti, no puedes repetir mi historia". Es por ello que a mis 17 años, a las seis de la mañana, el sonido del claxon del carro que avisaba que ya saliera, me avisaba también que era momento de cambiar mi historia.

Y así, con todo medio listo para mi marcha —que preparé sin que mi mamá se enterara para que no tratara de detenerme—, me levanté, eché mi ropa en una bolsa, me paré frente a su cama y le dije: "Mamá, me voy, debo hacer mi propia vida", le pedí la bendición y no me la dio.

Salió a la puerta para ver cómo me iba y sólo me gritaba: "¡Ingrata!" Yo había caminado unos cuantos metros desde la casa, en una mano llevaba cinco granitos de maíz, porque había escuchado muchas veces decir a mi abuelita que si yo quería salir de un lugar y nunca más regresar derrotada, tomara cinco granitos de maíz y los echara tras de mí, y sin importar lo que sucediera no mirara hacia atrás. Así lo hice, y hoy doy gracias a esa adolescente que tanto admiro que tuvo la valentía y la determinación de construir una vida diferente a la que mi madre se había encargado de mostrarme, vida que yo no podía permitirme vivir.

Hoy puedo decir con orgullo que logré mis estudios de psicología, logré construir un hogar con más de 20 años de convivencia y tengo dos hijos ya adolescentes, para quienes he trabajado con el fin de brindarles lo contrario a lo que yo viví. Hoy ayudo a mi madre, tengo con ella una relación cercana y de mucha gratitud.

Gracias, mamá, por cada una de tus lecciones que me volvieron la mujer que ahora soy.

Leidy Lorena Girón es especialista en psicología clínica con orientación psicoanalítica. Coach transformacional. Ha creado una empresa propia con la cual apoya a varios especialistas psicólogos y psicoterapeutas a promocionar su trabajo de forma internacional.

Abrazando mi energía femenina

MARISOL SANTILLÁN:
ENCONTRÉ MI CAMINO JUNTO A MI MADRE

De pronto me di cuenta de que haber trabajado el tema de mi madre, nuestra relación y la idea que yo sola había construido acerca de "nosotras" me había dado un nuevo camino.

Recuerdo las primeras veces que hablé sobre mi mamá en terapia, he de confesar que sentía culpa por criticarla, por quejarme de cómo yo había recibido un trato diferente al de mis hermanas; me avergonzaba hablar mal de la persona con quien, se supone, debía estar agradecida por darme la vida.

Fue a mis 24 años que escuché por primera vez: "Ella lo hizo lo mejor que pudo"; en aquel momento no comprendía el significado de esa frase, pero me permitió darle paso al enojo, aunque al principio me frustré porque yo quería una justificación que me ayudara a sacar mi coraje y mi dolor y lo que encerraban esas palabras era todo lo contrario.

No recuerdo cuántas sesiones de terapia me llevó asimilarlo, pero sé que todos los sentimientos que surgían al hablar de la relación con mi madre eran válidos, aceptables, permitidos y, sobre todo, que constituyeron un mapa para saber qué aspectos trabajar de mí misma. Ésa fue mi primera lección aprendida: aceptar los sentimientos sin juicio.

Cuando tuve la edad suficiente y la conciencia para mirar a mi mamá como MUJER, en lugar de verla con los ojos de aquella niña que exigía una supermamá, logré asimilar el significado real de aquella frase que tanto resuena hoy en mí: "Lo hizo lo mejor que pudo", con las herramientas que tuvo a la mano en aquel entonces, padeciendo también carencias, y seguramente deseando, del mismo modo, más de su propia madre. Sé que cumplió con su deber, según su propia idea de cómo debería educar a sus hijos.

Sanando la herida materna

Dentro de todos los aprendizajes que ella me dio sin darse cuenta, uno de los más valiosos es el reencuentro con mi parte femenina y con mi cuerpo. Por muchos años sostuvimos una relación en la que ella se esmeraba en no dejarme ser gorda, no quería que tuviera kilos extra y hacía todo para ayudarme: consultar doctores, planear dietas, proponerme ejercicios e incluso dejar de comprar alimentos poco saludables o golosinas.

Fue tan ardua la tarea que con el tiempo renunció y dejó que me encargara yo misma, sólo que mi cabeza estaba llena de ideas confusas acerca de bajar de peso, solamente quería ser FLACA. En esa búsqueda, encontré que mi cuerpo ya no era de niña sino de mujer, con curvas que lo demostraban a simple vista y esa aceptación me dio la fuerza para trabajar en mi independencia, y en el camino descubrí que gran parte de dicha fuerza venía de ella, del ejemplo en las acciones de mi madre más que en sus palabras.

Este tema ha sido tan importante que ahora le da rumbo a mi labor profesional, enfocada a la reconciliación con la comida, el cuerpo y las emociones, para lo cual, sin duda, la reconciliación con la nutrición que viene de mamá es indispensable.

Un día también me convertí en madre y hoy confirmo cuánta razón tenía cuando me decía: "Algún día lo entenderás"; me enfrenté al gran reto de formar a dos personitas que ahora dependían de mí, de mis carencias, de mis partes rotas, de mis partes reconstruidas y de lo que me había enseñado mi propia madre. Empecé a experimentar el miedo de fallarles, incluso de fracasar frente a mí misma al repetir patrones que juré que no replicaría; me había prometido hacerlo diferente, y con ello llegó el segundo gran aprendizaje: reflexionar y comprender —la relación madre e hija— que ambas habíamos construido. Ya había trabajado mucho a la supermamá y la mujer que estaba tras la palabra *mami*.

Mucho tiempo renegué de lo que mi madre no había podido darme, de lo que me faltó, lo que falló, pero y ¿dónde quedaba mi parte?

Yo había dado por sentado que todo le tocaba a ella, me di cuenta de que había sobreexigido sin poner poco o mucho de mi parte para que aquello que yo quería sucediera; también reconozco que hubo cosas que ella quiso darme libremente y que, por berrinche, yo no las tomé.

Ésta es una relación de dos personas y para comprenderla es necesario tomar en cuenta a las dos partes. No puedo negar que ha sido doloroso aceptar que yo tampoco soy perfecta, ni como hija ni como madre. El tercer aprendizaje es que yo construí una fantasía en torno a nosotras, quería una relación como las que mil veces vi en películas color de rosa, donde madre e hija juegan con muñecas, donde la adolescente se va de fiesta con su mamá, donde hay complicidad para hacer travesuras o tomar un café en el parque viendo correr el día... y sobre todo, en las que nunca hay desacuerdos ni reclamos, todo es felicidad.

Aceptar que aquello era una fantasía fue liberador, tanto para ella como para mí. No hay peor relación que la que no crece con algunas crisis, en la que no se habla y se hacen acuerdos, en la que no hay espacio vital y no se da oportunidad para el aprendizaje.

Responsabilizarme de lo que me corresponde y dejarle a ella lo que le toca ha sido mucho más enriquecedor de lo que pensaba, el perdón llegó para ambas, liberándonos de la carencia y permitiéndonos reconocer la abundancia que sí tuvimos, la riqueza de esta relación madre-hija en la que seguimos creciendo juntas.

Hoy agradezco haber tenido a mi madre, que me enseñó a caminar, a correr, a estudiar, a ser ama de casa, a ser leal, a trabajar, a no darme por vencida, a creer en mí, a aprender a dar pecho y nutrir a mis hijos, a cambiar un pañal, a ser la mejor madre que puedo ser para mis hijos, a quienes hoy también les digo: "Algún día lo entenderás".

Sin duda alguna aprender de la relación con mi madre no ha sido fácil, pero sí ha sido un camino sanador. Infinitas gracias.

Marisol Santillán es psicoterapeuta Gestalt con especialidad en detección y prevención en los trastornos de la conducta alimentaria y especialista en hambre emocional. En los últimos 12 años ha dado un gran impulso a su carrera con el taller "Mi relación emocional con la comida®", apoyando a muchas personas a encontrar el vínculo creado entre sus emociones y su forma de comer, obteniendo una mejor calidad de vida. Se ha formado en el Instituto Humanista de Psicoterapia Gestalt con la especialidad en psicoterapia con adolescentes, facilitador de grupos, trabajo corporal, trabajo de síntomas, sexualidad y experiencia adictiva, entre otros. Ha tomado cursos como Orientador Familiar, diplomado en Desarrollo Humano, Los Sentimientos en la Psicoterapia, Woman, Food and Love en San Francisco, California.

Es autora del libro Libérate del hambre emocional *y coautora de* El valor está en ti. *Actualmente sigue concentrada en su trabajo como psicoterapeuta, conferencista y facilitadora de talleres y cursos.*

www.marisolsantillan.com.mx

Correo: informes@marisolsantillan.com

MÓNICA SILVA RUIZ: LAS VOCES DEL CUERPO

Nuestro cuerpo es un flujo continuo de experiencias y realidades.

El Mandala supremo es el cuerpo, es el instrumento primordial para lograr nuestra evolución y liberación.

Carlos de León

La base de mi trabajo con mujeres y el que yo misma he experimentado en mi propio camino es el cuerpo. Restaurar la conexión con nuestro cuerpo, ya que allí se encuentra toda la sabiduría necesaria, es la fuente de sanación más directa y profunda.

Abrazando mi energía femenina

Yo acompaño a las personas en el proceso de permitir que su cuerpo revele aquello que necesita sanar o restaurar. Aprender a estar presentes para escuchar las voces de nuestro cuerpo.

Las memorias de los dolores primarios se pierden en la mente, pero el cuerpo las recuerda. Allí se encuentra nuestra historia y la historia de generaciones pasadas.

En mi experiencia, no podemos hablar de sanación en el sentido más total si no estamos conectadas con nuestro cuerpo. Éste es un árbol y mucho de lo que nos dañó sigue en las raíces, y para sanar de verdad hay que entrar en ellas, pues guardan mucho de nuestra oscuridad, lo que hemos guardado para no sentir, y hay que deslizarse por esos laberintos para ir limpiando hasta lo más profundo.

La experiencia de vida, sensaciones, emociones, pensamientos, forma de ser y de actuar, se traducen en la forma de nuestro cuerpo. Todas nuestras experiencias están reflejadas en nuestro cuerpo, sus formas, su postura, las dimensiones de éste, cada curva, están revelando quiénes somos, cuáles han sido nuestros anhelos, necesidades, encuentros y desencuentros, nuestros miedos, tristezas, iras y alegrías.

Nuestra capacidad de elección y la dirección de nuestra vida está siendo llevada a cabo por los contenidos que están encerrados en cada uno de los músculos de nuestro cuerpo. Estos contenidos, las voces de nuestro cuerpo, permanecen la mayoría de las veces inconscientes y en conflicto.

El espejo del ser es el cuerpo, es nuestro inconsciente, en él está la información que necesitamos para nuestro proceso de despertar y de curación. A través del trabajo psicocorporal nos damos cuenta de en qué partes del cuerpo se ha estancado tu energía y claridad, de cómo en una tensión crónica están congeladas una o varias experiencias sin asimilar, limitando el potencial de observación, conciencia y gozo que esa parte del cuerpo puede sumar a la totalidad de tu experiencia de vida.

Cada tensión actúa como una voz que disocia nuestra realidad, y a su vez cada tensión le da un orden (forma) al cuerpo solidificando una postura corporal errónea, en desarmonía con la gravedad de la tierra que expresa y consolida un orden falso de las fuerzas internas. Negamos el contacto con nuestra fuerza de vida alzando el cuerpo de forma artificial, expresando desafío o una actitud de defensa. O dejamos caer el cuerpo en una posición de derrota, bloqueando así sus fuerzas naturales y por lo tanto su parte animal, su poder biológico básico instintivo y su poder espiritual, ya que mientras más está en ese flujo de vida que corre por su cuerpo, más está en contacto con su verdadera naturaleza, con su ser interno.

Este trabajo ha representado para mí el poder habitar mi cuerpo, para reconocer la enseñanza viva que está depositada en nuestro propio ser. Es una herramienta que nos puede mostrar cómo desolidificar conductas y actitudes que están congeladas en la carne para abrirnos a la fuerza de vida original y poder desplegarla en la maestría de nuestra propia vida.

Mónica Silva Ruiz es psicoterapeuta corporal, transpersonal y ontogónica con 30 años de experiencia. Instructora de chi kung y kung fu.
  Correo: mokksha@hotmail.com

TERE DÍAZ: MI MADRE Y MIS DESMADRES

Si algún tema me mueve, me conmueve y me remueve es el tema de la maternidad. No sólo porque mi madre murió de cáncer tras cinco años de enfermedad cuando yo, la mayor de cuatro hermanas, tenía 22 años, sino porque además yo soy madre de cuatro hijos varones, y me eché la crianza de los mismos —entre trabajo, estudios, capoteos matrimoniales y asuntos varios— a dobles y triples jornadas.

Abrazando mi energía femenina

A esto agrego que mi formación como terapeuta familiar pone foco e intensidad entre las muchas interacciones que se dan dentro de la familia y el tema del rol materno, y que en mi quehacer profesional he acompañado a tantísimas mujeres —madres, hijas, hermanas, abuelas, madrastras, suegras— en su lucha por construirse en mujeres adultas y autónomas capaces de soltar el mandato maternalizado de ser "puro amor", "pura entrega" y "toda *chichi*" para los demás.

Siempre supe que no quería ser como mi mamá: ansiosa, perfeccionista, sumisa, culpígena, sobrecargada y desconectada. Con todo lo entregada y buena persona que fue, dejó en mi mente pocas imágenes de relajación y disfrute. La veía permanentemente en un ir y venir agitado, perfeccionando lo que ya había hecho, "sudando la gota gorda" para que todo estuviera en orden, y al final del día diciéndonos: "Estoy 'contenta', pero muuuy cansada". Mis hermanas y yo comentamos con frecuencia que no se puede estar contenta si vives permanentemente agotada.

Gran parte de su cansancio tuvo que ver con lo mucho que se esmeró en que sus cuatro hijas anduviéramos muy bien peinaditas, almidonadas, con modales de excelencia, con calificaciones destacadas, y con la clara consigna de que para ser señoritas respetables "nada de sexo, drogas y rock and roll". La veía ir y venir estresada y yo calladita resolvía mis cosas a solas para no sobrecargarla anhelando en silencio que en algún momento se sentase, me viera a los ojos, sonriera sin prisas y me dejase acurrucarme cerquita de su corazón.

Decir esto no implica negar lo mucho que nos cuidó, nos protegió y nos resolvió. Agrego que tengo la certeza de que nos dio ese alimento esencial para que fuéramos las buenas personas que de corazón ella siempre fue. Esto lo valoro infinitamente, porque creo que sólo desde la integridad y la congruencia se construye una vida plena.

Pero pues sí, fui parida por una mujer burguesa, prejuiciosa, religiosa, moralista, de derechas y con su peculiar estructura de personalidad, y me ha tomado la vida entera salirme de esos cánones, prescripciones, proscripciones, y tirar a la basura un sinfín de culpas que en este pequeño escrito no les voy a mencionar.

Y, aun así, y en mi infinita inconsciencia, me aventé el paquetito de tener cuatro hijos —"pensados", "planeados", y sin duda amados— que removieron con su presencia no sólo mi tiempo y mis planes, sino la ineludible tarea de reacomodar mi infancia y de crecer. Con el claro deseo de no ser esa mamá complicada, estresada y desgastada, y replicar como madre lo vivido como hija, empecé a intentar otras formas de educar, y si bien intenté hacerlo sin tanto "rococó", al paso del tiempo me vi repitiendo el mismito patrón ansioso, perfeccionista y desconectado de mi mamá.

Me fue necesario llegar a una profunda depresión para tocar fondo y salir a flote. Entré a terapia, me devoré un sinfín de libros, decepcioné a varios, observé con curiosidad y atención a mujeres que me resultaban interesantes y diferentes, viajé, me acompañé de un puñito de buenas amigas, estudié, terminé mi matrimonio, puse distancia a quienes me juzgaban, me equivoqué varias veces, me apropié de varias madres "putativas", medité, crecí profesionalmente, amé, pedí disculpas a quienes lastimé, y sigo dando tiempo al tiempo para que día a día haga lo suyo en mi alma y en mi corazón.

He vivido mucho y de nada me arrepiento. A veces pienso que la ausencia de mi madre me dio —a jalones y empujones— la libertad de ser distinta a ella conservando lo esencial de su ser. He podido entrar en mí misma y soltar el peso de creencias, sentencias y patrones que me lastimaron para luego asimilar e integrar con paz su imagen. Mi vida, mi ser mujer, mi maternidad, han sido invitaciones constantes a abrazar todo lo bueno que me dio, a aprovechar todos mis dolores y carencias como áreas de oportunidad, y finalmente a vivirme como la mujer autónoma, sensible, conectada, creativa y libre que siempre soñé ser.

Tere Díaz Sendra es licenciada en Pedagogía, maestra en Terapia Familiar Sistémica con especialidad en terapia de pareja y promotora de desarrollo humano grupal.

Ha cursado diplomados en clínica psicodinámica, terapia narrativa y terapia individual sistémica. Asimismo es especialista en el trabajo de prevención y atención de la violencia doméstica y estudiosa de los nuevos modelos amorosos y la soltería. Docente, conferencista y coach estratégico empresarial.

Es autora de artículos y libros diversos, entre los que se encuentran Cómo identificar a un patán, El amor no es como lo pintan, El que busca encuentra, *y coautora de* Celos, Volver a empezar, 29 claves para encontrar pareja *y* ¿Me quedo o me voy? *También es socia fundadora de Concepto Singular y de Psicoterapia La Montaña y participante en distintos medios.*

www.terediaz.com

Correo: contacto@terediaz.com

TESSY BARDAVID: A TRAVÉS DE TUS OJOS

A través de tus ojos veo a la bebita que llega a la vida en Nueva York, frágil, pequeñita, entregada al cuidado y amor de sus padres, maravillándose con los sonidos, los aromas, los sabores, los colores, las texturas… experimentando.

A través de tus ojos veo a la niña que juega, que ríe y que a veces llora, yendo a la escuela y al parque frente a su casa, reuniéndose con primos y amigas, saboreando las delicias que traía su papá del deli, o que cocinaba su mamá…

A través de tus ojos veo a la jovencita que viaja a México durante ocho meses a probar vida… y lo que prueba es el amor… despertando en ella la pasión y la decisión de entregarse y amar a su Johnny hasta le eternidad.

Sanando la herida materna

A través de tus ojos veo a la mujercita que después de cinco años de cartas, canciones, sueños y alguna que otra visita con besos robados, se une en matrimonio con el amor de su vida, viajando a México lindo y querido, dejando su natal Nueva York.

A través de tus ojos veo a la madre que da a luz a cuatro hijos a quienes ama, cuida, educa, y facilita que cada uno sea su mejor versión: acompañándolos en sus triunfos y en sus caídas… y con su impulso, motivación y positivismo, ayudándolos a levantarse, tener confianza, vencer sus miedos y brillar.

A través de tus ojos veo a la empresaria, visionaria que, con su sentido práctico, su dedicación y su gran capacidad de cuidar y guiar a sus clientes, proveedores y personal tuvo un papel primordial para el gran éxito de la empresa.

A través tus ojos veo a la anfitriona que prepara comidas familiares sirviendo en bellas mesas las delicias culinarias que tanto disfrutamos, satisfaciendo los gustos y preferencias de cada integrante.

A través de tus ojos veo a la hija dedicada y amorosa, que cuidó y procuró a sus padres hasta despedirlos de su tiempo en esta vida.

A través de tus ojos veo a la abuela consentidora que da su lugar a cada nieto, disfrutando el regalo de poder gozar a los hijos de sus hijos.

A través de tus ojos veo a la bisabuela que siente la alegría de expandir su amor sin límites a su descendencia.

A través de tus ojos veo a la mujer dulce e íntegra, amorosa y abarcante, valiente, compasiva y entregada que con su ejemplo ha sido una bendición para la vida de muchos.

Es a través de tus ojos que veo en un instante a la niña, la jovencita, la mujer, veo la esencia de tu alma eterna plasmada en sabiduría y luz.

Honro tu existencia, agradezco tu presencia, valoro tu SER, bendigo tu vida, mamita linda, y pido que cuando llegue tu momento, te integres plenamente y en gozo a la Gran Luz, al gran amor, a la eterna fuente creadora, de donde viniste.

Abrazando mi energía femenina

TE AMO CON TODO MI SER...

GRACIAS, GRACIAS, GRACIAS POR DARME LA VIDA

Tessy Bardavid es una constante aprendiz y apasionada de la vida. Psicoterapeuta corporal y transpersonal. Desde 1995 es instructora de chi kung y kung fu, artes marciales que llevan a un estado de salud, armonía, gozo, conexión y expansión. Motiva al desarrollo del potencial del SER.

Correo: tessy.ontogony@gmail.com

YADIRA CÁRDENAS: MUJER

Crecí en la casa de mi abuela paterna junto con mi tía, hermana de mi papá, mi mamá, mis dos hermanas, mi papá y yo. Por equis circunstancias las tres mujeres adultas llevaban todos los gastos de la casa y trabajaban mucho, las tres tenían al menos dos trabajos, así que aprendí que las mujeres podemos, y por las dudas, debemos ser independientes. ¿Y los hijos? ¡Ah! A los hijos se les lleva a la guardería o se les puede dejar encargados.

A esto y con el tiempo se sumaron las ideas adquiridas de luchar por nuestros derechos y en pocas palabras estar en contra del machismo. Yo en ese tiempo lo traduje en mi cabeza como una búsqueda con mi pareja de igualdad en gastos y responsabilidades domésticas. Decía, entre otras cosas: "Yo quiero un marido que quiera tener hijos conmigo, no que quiera que su mujer tenga hijos", como pensando que ambos haríamos de todo y a la par. Sin embargo, desde el momento en que nació mi primer hijo me di cuenta de mi gran confusión. Simplemente y para ponerlo muy claro: por más que yo quisiera que mi marido le diera la teta a nuestro hijo, incluso que él quisiera, era absolutamente imposible, ¡él no tenía!

Sanando la herida materna

Y definitivamente no quería sacrificar la calidad de la alimentación de mi bebé con leche de fórmula sólo para buscar "igualdad" de responsabilidades en cuanto a su crianza. ¡Ahí esta! La naturaleza comenzó a educarme. Este bebé me necesita a mí y a nadie más.

Aun así, en otros aspectos me puse necia e intenté seguir con mi vida, léanse actividades, como si nada. Es de esta forma que, a la semana de nacido, arrastraba a mi bebé por todos lados, hasta que un día intentando retomar hacer ejercicio estaba yo esperando a que dejara de llover para lanzarme de inmediato a la alberca del club que estaba al lado del edificio en donde vivía y podía ver desde mi ventana.

Apenas paró de llover agarré a mi bebé y bajé. Llevaba unos minutos muy feliz nadando, eso sí, con mi bebé en su carriola, muy juntita a la orilla de la alberca para que pudiera escucharlo por si cualquier cosa se despertaba, cuando de repente comenzó a llorar. Me salí de la alberca, jalé mi toalla para medio secarme y calmarlo, pero más tardé en regresar a la alberca cuando comenzó a llorar de nuevo. ¡Claro! Él era un pequeño bebé de ni siquiera dos meses de nacido, estábamos al aire libre, acababa de llover y hacía frío, ¿qué esperaba yo?

Entendí que estaba forzando la situación, por no decir que estaba siendo irresponsable pues en ese momento no me daba cuenta, y que realmente lo que tocaba era "echarme como vaca", dijera mi comadre, a amamantar a mi hijo y dejarme de necedades. No sin antes, en cierta ocasión, haber intentado dar un masaje con él a mis espaldas envuelto en un rebozo. ¡¡Hazme el favor!!

Con el paso del tiempo también nació nuestra hija. Más o menos fui adaptándome, pero siempre con un fuerte sentimiento de que algo faltaba, de que no estaba haciendo lo correcto, que no podía ser que estuviera yo "sin hacer nada" mientras mis hijos crecían. Claro, como si cuidarlos, alimentarlos, bañarlos, dormirlos, etc., y los trabajos domésticos no fuesen nada comparado con el trabajo profesional que podría estar haciendo en su lugar. Cabe decir que, aunque disminuí mi trabajo, nunca consideré dejar de trabajar, ni lo hice. Pero pensaba que simplemente debía esforzarme más y encontrar la forma de ser madre y profesionista exitosa a la vez. "Eso sí que es toda una mujer hecha y derecha."

Ya podemos continuar planteándonos: ¿qué es el éxito? En fin. Con todo, la propia cotidianeidad me dejaba ver una y otra vez lo importante que era estar ahí para mis hijos, desde las cosas aparentemente más simples, hasta las más complejas. Poco a poco me fui convenciendo de que si algún sentido tenía mi vida era ser lo que biológicamente me fue dado, ser la mamá de mis hijos. ¿En qué otro lugar podría ser más útil si no ahí? Entonces me escuchaba y cuestionaba sorprendida: "¿Escuchas lo que dices? ¿Realmente lo estás diciendo? ¡Quién te viera!" ¡Una parte de mí realmente estaba convencida, era lo natural! (de Naturaleza). Pero otra también se planteaba en dónde diablos estaba dejando mi desarrollo personal. Sí, ser madre te obliga a mirarte y crecer, pero y ¿mi carrera?, ¿mis sueños?, ¿el feminismo?, ¿para qué entonces tanto estudio? Yo me debatía entre estas dos cosas cuando un buen día, en medio de una discusión, mi marido me dijo que yo debía trabajar más con motivo de estar económicamente más holgados y poder acceder a otras diversiones y comodidades.

Por aquel entonces y dado que nuestro principal trabajo se encontraba fuera de la ciudad en que radicábamos, mi marido, en una semana normal, vivía tres días de la semana en otra ciudad y yo me iba uno. Cuando él se iba yo me quedaba sola con los niños y cuando yo me iba él se quedaba con ellos. Digamos que juntos, los cuatro solamente estábamos tres días, los fines de semana. De esta forma no veía mucho la manera de adquirir más trabajo como no fuera sacrificando tiempo con mis hijos o calidad en mi estar con ellos o calidad en mi propia vida.

Muy pronto también aprendí que, si quería que mis hijos estuvieran bien, primero yo debía estar bien. Una mujer frustrada, cansada, enojada, etc., difícilmente podría ser una mamá comprensiva, tolerante y feliz. Aun así me llené de duda. Tal vez mi marido tenía razón y estaba siendo muy egoísta al dejarle la mayor carga económica a él, tal vez debería buscar otro trabajo, uno de medio tiempo, tal vez debía empeñarme más.

En cierta ocasión, al final del día, mientras buscaba algo en la televisión para distraerme, topé con una película que ya estaba empezada, pero me atrapó. Se trataba de una mujer tailandesa que como muchos se fue a Estados Unidos en busca de mejores oportunidades. Era la nana de una pequeña cuya madre, soltera, era médico cirujano. La historia retrata precisamente lo incongruente y doloroso pero muchas veces necesario que resulta que una madre deje de cuidar a sus hijos para ir a trabajar por falta de dinero, y lo que hace es cuidar a la hija de alguien más, que a su vez tiene que hacerlo y decide trabajar para sacar adelante a su hija y continuar con su carrera.

Así, vemos cómo la mujer tailandesa comienza a ver el dolor de sus hijos reflejado en el dolor expresado por la propia niña a la que cuida y así mismo cómo vuelca su amor maternal en esa pequeña que ve tan sola, pues su madre trabaja todo el día, incluso a veces toda la noche debido a sus guardias en el hospital. De esa forma la relación entre la nana y la pequeña es cada vez más estrecha. La niña comienza a aprender algunas palabras de tailandés y en cierta ocasión en que su madre vuelve temprano con la ilusión de acompañarla para cenar y llevarla a dormir, la pequeña se reúsa insistiendo en que sea su nana la que la lleve a la cama. Claro, ella se desconcierta e incluso se muestra un poco celosa.

Por otro lado, la película nos muestra la vida carente de los hijos de la nana que se quedaron en Tailandia bajo el cuidado de su propia madre, su abuela. Ellos sufren y la extrañan.

Una noche, a punto de dormir, la nana recibe una llamada telefónica. Es su hijo menor que tiene alrededor de 11 años y que sin permiso de la abuela le llama para pedirle por favor que regrese, pues la extraña mucho. La abuela lo descubre y lo regaña fuertemente diciéndole que con qué derecho se atreve a molestar a su mamá, que si no se da cuenta de que así la inquieta cuando ella solamente trabaja sin parar para que ellos tengan una mejor vida. El pequeño sale corriendo de su casa, toma su bicicleta y arranca hacia la calle lleno de dolor y frustración. La abuela a su vez trata de tranquilizar a su hija diciéndole que ella se encargará del nieto y que ya se le pasará. Sin embargo, la mujer se queda intranquila y llena de duda.

Ella misma se da cuenta de que no tiene ningún sentido estar cuidando a la hija de alguien más cuando sus propios hijos la necesitan tanto. En otra escena, de vuelta en Tailandia, se ve que el niño en su desesperación sin fijarse llega a un lugar peligroso, un hombre topa con él y trata de llevárselo. La película no es explícita, solamente se ve la bicicleta tirada y aparece el niño muy mal en la cama de un hospital.

Más tarde la nana recibe una nueva llamada, es su propia madre contándole lo sucedido. Entonces ella llama a la médica para avisarle que se tiene que ir y que vaya de inmediato para cuidar a su hija, pues ya tiene el boleto de avión comprado y sale a cierta hora. Claro, ella le dice que cómo la puede dejar así, botada, etc., pero la nana es contundente.

Ver esta película disipó por completo todas mis dudas. Me quedó claro que lo natural y obvio, por más chusco que suene, es que una madre debe ser La Madre de sus hijos y nadie más. ¿Para qué decidí tener hijos si no iba a ser yo quien fuera a criarlos?, pensaba. ¡Claro! Una nunca sabe en lo que se mete hasta que ya los tiene entre sus brazos, pero con todo lo difícil y anímicamente retador que fue, decidí que era yo la que DEFINITIVAMENTE DEBÍA estar ahí para ellos. Que por fortuna en nuestro caso sí había un padre presente y económicamente proveedor, cosa por la cual estaré por siempre agradecida. Así que no había una razón real y lo suficientemente sustancial como para que yo buscara un trabajo adicional, aunque mi propio marido a veces esperara otra cosa de mí.

No fue fácil, en verdad dudaba si estaba haciendo lo correcto al dedicarles lo que para mí en ese momento era tanto tiempo a mis hijos. Tal vez estaba siendo retrógrada, tal vez estaba fomentando el machismo. ¿Qué es eso de soltar tu carrera por criar a tus hijos? ¿En dónde está tu modernidad? ¿En dónde tu empuje? ¿En dónde el modelo de estas mujeres entronas y luchonas que se esforzaron tanto para lograr lo que querían?

La presión era y es mucha, pero ver esta película me dio la claridad para quedarme en lo simple, en lo que fluye naturalmente, en lo que es; "y el hecho es que yo parí a estos niños", me decía, "lo natural es que ellos me busquen a mí, lo que fluye es la leche de mis senos y lo que ocupa es tiempo para estar ahí. Déjate de sembrar un árbol y escribir un libro, los hijos ya los tienes. ¿Quieres dejar algo positivo y trascendental? ¿Quieres tocar el corazón del mundo? ¡Enfócate en estos dos, no seas pretenciosa! Que tenerlos aquí tan cerquita, activando tus botones desquiciantes sí que es un reto, y si te sale más o menos bien, ya te puedes morir tranquila pues dejaste algo realmente trascendental que a través de ellos y su descendencia surcará todos los tiempos, y eso es tu presencia amorosa".

Hoy mis hijos ya están grandes y aunque vienen y van, básicamente ya no viven en nuestra casa. Nunca dejas de ser madre, pero en definitiva estamos en otro momento y yo lista para continuar con mis proyectos, pues otra cosa que he aprendido es que realmente nunca es tarde para retomar o iniciar. Sí, el tiempo le pasa factura al cuerpo, pero la actitud es un estado anímico mental sin tiempo.

Yadira Cárdenas Patiño es psicóloga egresada de la UNAM, *con más de 25 años especializada en el trabajo psicocorporal.*

Correo: yadira.cardenasp@gmail.com

Bibliografía

Las siguientes son obras que utilicé para escribir este libro y que recomiendo ampliamente:

Bader, Ellyn, y Peter Pearson (2014). *In Quest of the Mythical Mate*, Londres, Routledge.
Beattie, Melody (2017). *El lenguaje del adiós*, México, Grupo Editorial Patria.
Bradshaw, John (2016). *Volver a casa*, Madrid, Gaia Ediciones.
Dillon, Aneesha L. (2011). *Pulsaciones de la energía sexual*, México, Vergara.
Donaldson-Pressman, Stephanie, y Robert Pressman (1997). *The Narcissistic Family*, Nueva York, Jossey-Bass.
Friday, Nancy (1979). *Mi madre, yo misma*, Barcelona, Argos Vergara.
McBride, Karyl (2013). *Madres que no saben amar*, Barcelona, Ediciones Urano.
Medina de Wit, Aura (2018). *Crea el espacio para el amor*, México, Aguilar.
―――― (2019). *Amor… ¿o codependencia?*, México, Debolsillo.
Osho (2019). *The Psychology of the Esoteric*, Osho Media International.
Sanford, John A. (1998). *El acompañante desconocido*, Bilbao, Desclée de Brouwer.

Simon, J. H. (2016). *How to Kill a Narcissist*, s. e.

Trobe, Krishnananda (2003). *De la codependencia a la libertad. Cara a cara con el miedo*, Madrid, Gulaab.

Trobe, Krishnananda, y Amana Trobe (2009). *Stepping out of Fear*, Minneapolis, Langdon Street Press.

Webster, Bethany (2021). *Discovering the Inner Mother*, Nueva York, William Morrow.

Williamson, Marianne (1994). *El valor de lo femenino*, Barcelona, Ediciones Urano.